新时期交通土建类高职高专规划教材

公路检测技术

王愉龙　主　编

内 容 提 要

本书为新时期交通土建类高职高专规划教材。本书以公路工程质量检测的全过程为主线,重在认识检测工作的流程和主要方法,共设置了十一个任务,主要介绍了检测项目及工程质量评定、竣(交)工验收评定、公路技术状况评定、检测数据处理、公路几何线形检测、路基路面压实度检测、路面使用性能检测、路基路面强度检测、路面施工控制检测、桥梁桩基质量检测、桥梁技术状况评定等内容。

本书可作为高职高专院校道路与桥梁工程技术专业、道路养护与管理专业、工程造价、工程监理等专业的教学用书,亦可作为公路工程管理人员培训及在职人员继续教育和参考书。

本书有配套课件,教师可通过加入职教路桥教学研讨群(QQ:561416324)获取。

图书在版编目(CIP)数据

公路检测技术 / 王愉龙主编. — 北京:人民交通出版社股份有限公司, 2019.3
新时期交通土建类高职高专规划教材
ISBN 978-7-114-15223-8

Ⅰ.①公… Ⅱ.①王… Ⅲ.①道路工程—检测—高等职业教育—教材 Ⅳ.①U41

中国版本图书馆 CIP 数据核字(2018)第 288919 号

新时期交通土建类高职高专规划教材
书　　名:公路检测技术
著 作 者:王愉龙
责任编辑:任雪莲
责任校对:刘　芹
责任印制:刘高彤
出版发行:人民交通出版社股份有限公司
地　　址:(100011)北京市朝阳区安定门外外馆斜街 3 号
网　　址:http://www.ccpress.com.cn
销售电话:(010)59757973
总 经 销:人民交通出版社股份有限公司发行部
经　　销:各地新华书店
印　　刷:中国电影出版社印刷厂
开　　本:787×1092　1/16
印　　张:12.5
字　　数:302 千
版　　次:2019 年 3 月　第 1 版
印　　次:2024 年 1 月　第 3 次印刷
书　　号:ISBN 978-7-114-15223-8
定　　价:38.00 元

(有印刷、装订质量问题的图书由本公司负责调换)

新时期交通土建类高职高专规划教材
编审委员会

主　　　任：杨云峰

副　主　任：王天哲　薛安顺

委　　　员：张　鹏　魏　锋　王愉龙　田建辉
　　　　　　邹艳琴　焦　莉　殷青英　周庆华
　　　　　　王少宏　王学礼　张　建　米国兴
　　　　　　尚同羊　石雄伟　李芳霞　赵仙茹
　　　　　　赵国刚　李彩霞　赵亚兰　柴彩萍
　　　　　　王亚利　李青芳　黄　娟　李　艳
　　　　　　张军艳　李婷婷　张丽萍　王万平
　　　　　　张松雷　李晶晶

序
PREFACE

建设教育强国是中华民族伟大复兴的基础工程。交通运输是国民经济基础性、先导性、战略性产业。交通高等职业教育鼎力支持交通运输事业,弘扬劳模精神和工匠精神,营造"劳动光荣、技能宝贵、创造伟大"的社会风尚和精益求精的敬业风气,建设知识型、技能型、创新型劳动者大军,培养德智体美全面发展的社会主义建设者和接班人。

习近平总书记明确指出,"十三五"是交通运输基础设施发展、服务水平提高和转型发展的黄金时期,要抓住这一时期,加快发展,不辱使命,为实现中华民族伟大复兴的中国梦发挥更大的作用。当前,在我国经济发展进入新常态后,交通运输作为国民经济重要的基础性、先导性、服务性行业的基础地位没有改变,在经济社会发展中先行官的职责和使命没有改变,在稳增长、促投资、促消费中的重要作用没有改变,由基本适应向适度超前发展的阶段性特征和态势没有改变。我国正由"交通大国"向"交通强国"迈进。交通高等职业教育肩负着交通运输人才培养、科学研究、社会服务、文化传承创新的神圣使命,在实现"两个一百年"奋斗目标的伟大进程中必须有担当、有作为。

陕西交通职业技术学院是国家优质高职院校立项建设单位、陕西省优秀示范性高职院校,被誉为中国西部"交通建设管理人才的摇篮"。学校以全国交通运输示范专业——道路桥梁工程技术专业为核心,构建公路工程专业集群,弘扬"吃苦实干,爱岗敬业,默默奉献,图强创新"的"铺路石"精神,秉持"立足交通,服务交通,引领交通"的发展理念,坚持"校企合作实践育人,提升能力内涵发展"的建设思想,锻造"公在心中,路在脚下,铁肩担当,道存目击"的精神文化,开展"大专业小方向"的专业改革,实施"岗位导向,学训交替,能力递进,分组顶岗"的人才培养模式,紧密对接交通运输行业转型升级,紧紧围绕交通基础设施建设与管理的产业需求,培养热爱交通、扎根基层、吃苦实干的公路交通技术技能人才。

近年来,陕西交通职业技术学院不忘初心、拼搏奋斗,深化教育教学改革,优化专业体系结构,加强师资队伍建设,完善质量保证体系,始终致力于提升内涵建设品质,提高人才培养质量,增强社会服务能力。公路工程专业集群以道路桥梁工程技术专业为引领,先后获得国家级教学团队、全国职业院校交通运输类示范专业、高等职业教育创新发展行动计划骨干专业、陕西高职院校"一流专业"、陕西省重点专业、陕西省示范院校建设重点专业、陕西高职院校综合改革试点专业等重大荣誉和政策支持。"十三五"是交通运输基础设施加速成网的黄金时期,也是我国交通运输基础设施集中建设、扩大规模的重要时期,更是交通运输优化结构、提升服务水平的关键时期。在这样的背景下,陕西交通职业技术学院成立"新时期交通土建类高职高专规划教材"编审委员会,以长期教育教学改革实践为基础,系统总结教学内涵建设经验,编写系列教材,期望以此形式固化、展示、应用、分享改革建设的成果,培养符合新时期交通运输发展需求的高质量技术技能人才。

"新时期交通土建类高职高专规划教材"以提高人才培养质量为根本目标,贯彻高等职业教育教学改革发展新理念,对接交通运输行业最新颁布标准、规范、规程,努力从内容到形式上都有所创新。教材丛书依据专业集群的核心课程而规划,体现产教融合特色。教材突出工匠精神、职业道德、职业技能和就业创业能力教育的完美融合,注重学生全面培养。教材功能基于服务课程教学的基本载体和直观媒介而定位,凸显学生主体地位;教材内容按照职业岗位知识和能力需求而取舍,突出实践能力培养;教学方法遵循高职学生学习特点和认知规律而设计,强调理实一体教学。我们期待这套教材能在新时期交通土建类高职人才培养中起到积极的作用。

向支持交通高职教育教材建设的人民交通出版社表示衷心感谢。向关心、支持、帮助教材编审的合作企业、专家学者、校友致以崇高敬意和诚挚谢意。

新时期交通土建类高职高专
规划教材编审委员会主任
2017 年 12 月

前 言
FOREWORD

  本书主要介绍了公路工程检测项目及工程质量评定、竣(交)工验收评定、公路技术状况评定、检测数据处理、公路几何线形检测、路基路面压实度检测、路面使用性能检测、路基路面强度检测、路面施工控制检测、桥梁桩基质量检测、桥梁技术状况评定等内容。

  本书编写的主要依据为《公路工程技术标准》(JTG B01—2014)、《公路工程质量检验评定标准 第一册 土建工程》(JTG F80/1—2017)、《公路工程竣(交)工验收办法实施细则》(交公路发[2010]65号)、《公路路基路面现场测试规程》(JTG E60—2008)、《公路技术状况评定标准》(JTG H20—2007)、《公路工程试验检测人员考试大纲》。

  本书编写人员及分工为:任务一由陕西交通职业技术学院王愉龙编写;任务二、任务七、任务八、任务九由陕西交通职业技术学院张磊编写;任务三、任务四、任务六由陕西交通职业技术学院王菲编写,任务五、任务十、任务十一由陕西交通职业技术学院张松雷编写。全书由王愉龙统稿并担任主编。

  本书在编写过程中参考了国内近年来最新规范和相关著作,特此向相关作者表示衷心的感谢。由于编者水平有限,加之编写时间仓促,书中难免有错误和疏漏之处,恳请读者批评指正。

编 者
2018 年 8 月

目录
CONTENTS

任务 1　工程质量评定 …………………………………………………………………………… 1

任务 2　竣(交)工验收评定 ……………………………………………………………………… 12

任务 3　公路技术状况评定 ……………………………………………………………………… 17

任务 4　检测数据处理 …………………………………………………………………………… 41

任务 5　公路几何线形检测 ……………………………………………………………………… 61

任务 6　路基路面压实度检测 …………………………………………………………………… 77

任务 7　路面使用性能检测 ……………………………………………………………………… 96

　任务 7-1　平整度检测 ………………………………………………………………………… 96

　任务 7-2　抗滑性能检测 ……………………………………………………………………… 104

　任务 7-3　车辙检测 …………………………………………………………………………… 113

任务 8　路基路面强度检测 ……………………………………………………………………… 117

　任务 8-1　强度和回弹模量 …………………………………………………………………… 117

　任务 8-2　承载能力 …………………………………………………………………………… 126

任务 9　路面施工控制检测 ……………………………………………………………………… 137

　任务 9-1　热拌沥青混合料施工温度测试 …………………………………………………… 137

　任务 9-2　沥青喷洒法施工沥青用量测试 …………………………………………………… 139

　任务 9-3　沥青混合料质量总量检验 ………………………………………………………… 141

　任务 9-4　半刚性基层透层油渗透深度测试 ………………………………………………… 142

任务 10　桥梁桩基质量检测 …………………………………………………………………… 145

任务 11　桥梁技术状况评定 …………………………………………………………………… 166

参考文献 …………………………………………………………………………………………… 190

任务1 工程质量评定

(1)了解公路工程检测涵盖的项目。
(2)掌握公路工程质量的评定方法。
(3)掌握公路工程实体检测的抽查频率和检测项目。

已知某山岭区三级公路路基工程进行交工验收质量鉴定,要求学生按照《公路工程竣(交)工验收办法实施细则》(交公路发〔2010〕65号)和《公路工程质量检验评定标准》(JTG F80/1—2017)对该项目进行划分,确定需要进行的检测项目,明确具体检测内容和评分方法。

一、公路工程检测涵盖的项目和内容

随着我国经济的不断发展,公路行业发展迅猛。作为基础设施的公路,其建设投资不断增大,同时公路的技术等级也在不断地提高,公路工程试验检测技术也随之不断地发展。在当前的公路工程施工中,公路工程试验检测具有非常重要的作用。

从广义上说,公路工程试验检测的范围比较广,主要涵盖了原材料试验检测、混合料配合比试验检测、施工控制检测、竣(交)工验收和公路技术状况评定调查检测等内容。原材试验检测,是指对公路工程结构中使用的原材料、成品、半成品及设备进行相关的质量检测,确定其力学或结构性能。混合料配合比试验检测,是指对公路工程结构中用到的一些混合料,(如水泥混凝土、沥青混合料等),确定其配比的试验。施工控制检测是指在公路工程施工过程中,对施工质量进行控制的试验检测方法。公路工程竣(交)工验收检测是指在公路工程进入交工验收阶段或者竣工验收阶段需要进行的检测工作。公路技术状况评定调查检测,是指在役公路在使用达到一定年限或者使用中遇到一定的质量问题时,为确定养护方式和依据而进行的试验检测及路况调查。

二、工程质量评定方法

(一)工程项目的划分

一个公路建设项目规模庞大,为了便于进行质量控制和管理,根据建设任务、施工管理和质量检验评定的需要,在施工准备阶段将建设项目划分为单位工程、分部工程和分项工程。同一项目中,施工单位、监理单位和建设单位必须按相同的工程项目划分进行工程质量的监控和管理。

在建设项目中,根据签订的合同,具有独立施工条件、可以单独核算成本的工程称为单位工程。在单位工程中,按结构部位、路段长度及施工特点或施工任务划分为若干个分部工程。

在分部工程中,又可按不同的施工方法、材料、工序及路段长度等划分为若干个分项工程。工程质量检验评分以分项工程为基本单元,采用百分制进行。在分项工程评分的基础上,逐级计算各相应分部工程、单位工程、合同段和建设项目的评分值。工程质量评定等级分为合格与不合格两级,必须按照分项工程、分部工程、单位工程、合同段和建设项目的顺序逐级评定。在进行工程项目质量评定时,施工单位应对各分项工程按基本要求、实测项目和外观鉴定进行自检,按"分项工程质量检验评定表"及相关施工技术规范提交真实、完整的自检资料,并对工程质量进行自我评定。工程监理单位应按规定要求对工程质量进行独立抽检,对施工单位检评资料进行签认,对工程质量作出评定。建设单位根据对工程质量的检查及平时掌握的情况,对工程监理单位所做的工程质量评分及等级进行审定。一般建设项目的工程划分见表1-1。

一般建设项目的工程划分　　　　　　　　　表1-1

单位工程	分部工程	分项工程
路基工程 (每10km或每合同段)	路基土石方工程(1~3km路段)①	土方路基,石方路基,软土地基处治,土工合成材料处治层等
	排水工程(1~3km路段)①	管节预制,混凝土排水管施工,检查(雨水)井砌筑,土沟,浆砌水沟,盲沟,跌水,急流槽,水簸箕,排水泵站,沉井,沉淀池等
	小桥及符合小桥标准的通道、人行天桥、渡槽(每座)	钢筋加工及安装,砌体,混凝土扩大基础,钻孔灌注桩,混凝土墩、台,墩、台身安装,台背填土,就地浇筑梁、板,预制安装梁、板,就地浇筑拱圈,混凝土面板桥面防水层,支座垫石和挡块,支座安装,伸缩装置安装,栏杆安装,混凝土护栏,桥头搭板,砌体坡面护坡,混凝土构件表面防护,桥梁总体等
	涵洞、通道(1~3km路段)①	钢筋加工及安装,涵台,管节预制,管座及涵管安装,波形钢管涵安装,盖板预制,盖板安装,箱涵浇筑,拱涵浇(砌)筑,倒虹吸竖井、集水井砌筑,一字墙和八字墙,涵洞填土,顶进施工的涵洞,砌体坡面防护,涵洞总体等
	砌筑防护工程(1~3km路段)①	砌体挡土墙,墙背填土,边坡锚固防护,土钉支护,砌体坡面防护,石笼防护,导流工程等
	大型挡土墙,组合挡土墙(每处)	基础,墙身,墙背填土,构件预制,构件安装,筋带,锚杆、拉杆,总体等
路面工程 (每10km或每合同段)	路面工程(1~3km路段)①	垫层,底基层,基层,面层,路缘石,路肩等
桥梁工程② (每座或每合同段)	基础及下部构造(1~3墩台)③	钢筋加工及安装,预应力筋加工和张拉,预应力管道压浆,混凝土扩大基础,钻孔灌注桩,挖孔桩,沉入桩,灌注桩桩底压浆,地下连续墙,沉井,沉井、钢围堰的混凝土封底,承台等大体积混凝土结构,砌体,混凝土墩(台),墩(台)身安装,支座垫石和挡块,拱桥组合桥台,台背填土等
	上部构造预制和安装(1~3跨)③	钢筋加工及安装,预应力筋加工和张拉,预应力管道压浆,预支安装梁、板,悬臂施工梁,顶推施工梁,转体施工梁,拱圈节段预制,拱的安装,转体施工拱,中下承式拱吊杆和柔性系杆,刚性系杆,钢梁制作,钢梁安装,钢梁防护等

续上表

单位工程	分部工程	分项工程
桥梁工程② （每座或每合同段）	上部构造现场浇筑(1~3跨)③	钢筋加工及安装,预应力筋加工和张拉,预应力管道压浆,就地浇筑梁、板,悬臂施工梁,就地浇筑拱圈,劲性骨架混凝土拱,钢管混凝土拱,中下承式拱吊杆和柔性系杆、刚性系杆等
	桥面系、附属工程及桥梁总体	钢筋加工及安装,混凝土桥面板桥面防水层,钢桥面板上防水黏结层,混凝土桥面板桥面铺装,钢桥面板上沥青混凝土铺装,支座安装,伸缩装置安装,人行道铺设,栏杆安装,混凝土栏杆,钢桥上钢护栏安装,桥头搭板,混凝土小型构件预制,砌体面层护坡,混凝土构件表面防护,桥梁总体等
	防护工程	砌体坡面护坡,护岸④,导流工程等
	引道工程	见"路基工程""路面工程"的分项工程
隧道工程⑤	总体及装饰装修(每座或每合同段)	隧道总体、装饰装修工程
	洞口工程(每个洞口)	洞口边、仰坡防护,洞门和翼墙的浇(砌)筑,截水沟,洞口排水沟,明洞浇筑,明洞防水层,明洞回填
	洞身开挖(100延米)	洞身开挖
	洞身衬砌(100延米)	喷射混凝土,锚杆,钢筋网,钢架,仰拱,仰拱回填,钢筋衬砌,混凝土衬砌,超前锚杆,超前小导管,管棚混凝土衬砌*,钢支撑等
	防排水(100延米)	防水层,止水带,排水
	路面(1~3km路段)①	基层,面层
	辅助通道⑥(100延米)	洞身开挖,喷射混凝土,锚杆,钢筋网,钢架,仰拱,仰拱回填,钢筋衬砌,混凝土衬砌,超前锚杆,超前小导管,管棚,防水层,止水带,排水
绿化工程 （每合同段）	分隔带绿地,边坡绿地,护坡道绿地,碎落台绿地,平台绿地(每2km路段),互通式立体交叉区与环岛绿地,管理养护设施区绿地,服务设施区绿地,取、弃土场绿地(每处)	绿地整理,树木栽植,草坪、草本植被及花卉种植,喷播绿化
声屏障工程 （每合同段）	声屏障工程(每处)	砌块体声屏障,金属结构声屏障,复合结构声屏障
交通安全设施 （每20km或每合同段）	标志,标线,突起路标,轮廓标(5~10km路段)①	标志,标线,突起路标,轮廓标
	护栏(5~10km路段)①	波形梁护栏,缆索护栏,混凝土护栏,中央分隔带开口护栏
	防眩设施,隔离栅,防落网(5~10km路段)①	防眩板,防眩网,隔离栅,防落物网等

续上表

单位工程	分部工程	分项工程
交通安全设施 (每20km或每合同段)	里程碑和百米桩(5km路段)	里程碑、百米桩
	避险车道(每处)	避险车道
附属设施	管理中心,服务区,房屋建筑,收费站,养护工区等设施	按其专业工程质量检验评定标准评定

注:①按路段长度划分的分部工程,高速公路、一级公路宜取低值,二级及二级以下公路可取高值。
②分幅桥梁按照单幅划分,特大斜拉桥和悬索桥按照《公路工程质量检验评定标准》(JTG F80/1—2017)附表 A-2 划分。
③按单孔跨径确定的特大桥取1,其余根据规模取2或3。
④护岸可参照挡土墙进行划分。
⑤双洞隧道每单洞作为一个单位工程。
⑥辅助通道包括竖井、斜井、平行导坑、横通道、风道、地下风机房等。

(二)工程质量检验

1. 分项工程质量评分

分项工程质量检验内容包括基本要求、实测项目、外观鉴定和质量保证资料4个部分。分项工程质量应在其使用的原材料、半成品、成品及施工控制要点等方面符合基本要求的规定,且无外观质量限制缺陷、质量保证资料真实齐全时,才可以进行检验评定。

(1)基本要求检查应符合下列规定:
①分项工程应对所列基本要求逐项检查,经检查不符合规定时,不得进行工程质量的检验评定。
②分项工程所用的各种原材料的品种、规格、质量及混合料配合比,以及半成品、成品应符合有关技术标准规定并满足设计要求。

(2)实测项目检验应符合下列规定:
①对检查项目按规定的检查方法和频率进行随机抽样检验并计算合格率。
②应采用《公路工程质量检验评定标准》(JTG F80/1—2017)规定方法,采用其他高效检测方法时应比对后确认。
③以路段长度规定的检查频率为双车道路段的最低检查频率,对多车道应按车道数与双车道之比相应增加检查数量。

按照式(1-1)计算检查项目合格率。

$$检查项目合格率(\%) = \frac{检查合格的点(组)数}{该检查项目的全部检查点(组)数} \times 100 \quad (1-1)$$

判定检查项目合格与否应符合下列规定:
涉及结构安全和使用功能的重要实测项目为关键项目,其合格率不得低于95%(机电工程为100%),否则,该检查项目为不合格。
一般项目的合格率不应低于80%,否则,该检查项目为不合格。
实测项目的规定极值是指任一单个检测值都不能突破的极限值。有规定极值的检查项目,任一单个检测值不应突破规定极值,否则,该检查项目为不合格。

(3)对外观质量应进行全面检查,并满足规定要求;否则,该检验项目为不合格。
(4)工程应有真实、准确、完整的施工原始记录、试验检测数据、质量检验结果等质量保证

资料。质量保证资料应包括以下内容:
①工程所用原材料、半成品和成品质量检验结果。
②材料配比、拌和加工控制检验和试验数据。
③地基处理、隐蔽工程施工记录和大桥、隧道施工监控资料。
④各项质量控制指标的试验记录和质量检验汇总图表。
⑤施工过程中遇到的非正常情况记录及其对工程质量影响分析。
⑥施工过程中如发生质量事故,经处理补救后,达到设计要求的认可证明文件等。
检验项目评为不合格的,应进行整修或返工处理,直至合格。

2. 工程质量评定

工程质量等级分为合格与不合格。
(1)分项工程质量评定合格应符合下列规定:
①检验记录应完整。
②实测项目应合格。
③外观质量应满足要求。
(2)分部工程质量评定合格应符合下列规定:
①评定资料应完整。
②所含分项工程及实测项目应合格。
③外观质量应满足要求。
(3)单位工程质量评定合格应符合下列规定:
①评定资料应完整。
②所含分部工程应合格。
③外观质量应满足要求。
评定为不合格的分项工程、分部工程,经返工、加固、补强或调测,满足设计要求后,可以重新进行评定。
所含单位工程合格,则该合同段评定为合格;所含合同段合格,则该建设项目评定为合格。

三、工程实体检测频率和项目

1. 交(竣)工验收检测频率

(1)路基工程压实度、边坡,每公里抽查不少于1处;路基弯沉,应逐车道连续检测。
(2)排水工程的断面尺寸每公里抽查2~3处,铺砌厚度按合同段抽查。
(3)对小桥抽查不少于总数的20%。
(4)对涵洞抽查不少于总数的10%。
(5)对支挡工程抽查不少于总数的10%,且每种类型抽查不少于1处。
(6)对路面工程的弯沉、平整度逐车道连续检测,其他抽查项目每公里不少于1处。
(7)特大桥、大桥逐座检查;中桥抽查不少于总数的50%。桥梁下部工程,特大桥、大桥少于5个墩(台)的逐个检查,多于5个墩(台)的抽查总数的50%;中桥抽查墩(台)总数的50%。
(8)隧道,逐座检查。
(9)交通安全设施中的防护栏,每公里抽查1处;标志,抽查不少于总数的10%。

2. 抽查项目

工程实体检测抽查项目见表1-2。

工程实体检测抽查项目　　　　　表1-2

单位工程	分部工程类别	抽查项目	备注
路基工程	路基土石方	压实度	双车道每处1点
		弯沉	双车道每公里80点
		边坡*	每处两侧各测两个坡面
	排水工程	断面尺寸	每处抽两个断面
		铺砌厚度	每合同段开挖检查5～10个断面
	小桥	混凝土强度	每座用回弹仪、超声波测不少于10个测区
		主要结构尺寸	每座抽10～20个
	涵洞	结构尺寸	每道5～10个
		流水面高程	每道2～3点
	支挡工程	混凝土强度	每处用回弹仪、超声波测不少于10个测区
		断面尺寸	每处开挖检查1个断面
		表面平整度	每处测3尺
路面工程	路面面层	沥青路面压实度	每处1点
		沥青路面弯沉*	逐车道检测
		沥青路面车辙*	允许偏差:10mm;每处每车道各测2个断面
		混凝土路面强度	每处1点
		混凝土路面相邻板高差*	每处测膨胀缝位置相邻板高差3点
		平整度*	每车道连续检测
		抗滑*	每处测摩擦系数、构造深度
		厚度	每车道连续检测或双车道每公里测2点
		宽度、横坡	每1～2个断面
桥梁工程（不含小桥）	下部	墩(台)混凝土强度	每个墩(台)用回弹仪、超声波测不少于2个测区
		主要结构尺寸	每个墩(台)测2～4点
		墩(台)垂直度	墩高超过20m时,权值取2;每个墩(台)测两个方向
	上部	混凝土强度	抽查主要承重构件,每座桥用回弹仪、超声波测不少于10个测区
		主要结构尺寸	每座桥测10～20点
		伸缩缝与桥面高差*	逐条缝检测
		桥面铺装平整度*	每联＞100m时用连续式平整度仪分车道检测,不足100m时每联用3m直尺测3处,每处3尺,最大间隙h:高速、一级公路允许偏差为3mm,其他公路允许偏差为5mm
		桥面宽度、厚度、横坡	每100m测3个断面
		桥面抗滑*	每200m测3处

续上表

单位工程	分部工程类别	抽查项目	备 注
隧道工程	衬砌	衬砌强度	用回弹仪、超声波每座中、短隧道测不少于10个测区，特长、长隧道测不少于20个测区
		衬砌厚度	用高频地质雷达连续检测拱顶拱腰3条线或钻孔检查
		大面平整度	衬砌平整度实测：每座中、短隧道测5~10处，长隧道测10~20处，特长隧道测20处以上
	总体	宽度	每座中、短隧道测5~10点，长隧道测10~20点，特长隧道测20点以上
		净空	每座中、短隧道测5~10点，长隧道测10~20点，特长隧道测20点以上
		隧道路面	参见路面要求
交通安全设施	标志	立柱竖直度	每柱测两个方向
		标志板净空	取不利点
		标志板尺寸	每块测2点
		标志板厚度	每块测2点
	防护栏	波形板厚度	每处20点
		立柱壁厚度	每处20点
		横梁中心高度	每处20点
		混凝土护栏强度	每处5~10测区
		混凝土护栏断面尺寸	每处20点

注：1. 本表规定的抽检项目均应在交工验收前完成检测。竣工验收前，应对带"*"的抽检项目进行复测，其检测结果和其他抽检项目在交工验收时的检测结果，作为竣工验收质量评定的依据。
2. "支挡工程"指挡土墙、抗滑桩、铺砌式坡面防护、喷锚等防护工程。
3. 对弯沉、路面厚度、平整度、摩擦系数、隧道强度、厚度等抽查项目优先采用自动化检测设备进行检测，也可采用常规方法进行检测。采用自动化检测（或无损检测）结果有争议时，由交通主管部门组织有关专家确定。
4. 表中未列出的检查项目，质量监督机构可根据工程实际情况增加检测项目。对独立桥梁工程，批复的设计中有护岸工程要求的，护岸防护工程应作为检查项目进行检查。
5. 表中未包括技术复杂的工程如悬索桥、斜拉桥等工程的检查项目，质量监督机构可根据工程实际情况增加检测项目。

3. 抽查项目的规定值或允许偏差

除《公路工程竣（交）工验收办法实施细则》已明确了规定值或允许偏差的抽查项目外，其余抽查项目的规定值或允许偏差按照《公路工程质量检验评定标准 第一册 土建工程》（JTG F80/1—2017）执行。

四、外观检查

1. 基本要求

（1）由该项目工程质量鉴定的质量监督机构或其委托的有资质的检测单位负责在交工验收前和竣工验收前对工程外观进行全面检查。

(2)工程外观存在严重缺陷和安全隐患或已降低服务水平的建设项目不予验收,经整修达到设计要求后方可组织验收。

(3)项目交工验收前应对桥梁、隧道、重点支挡工程、高边坡等涉及安全运营的重要工程部位进行详细检查。

2.检查内容及扣分标准

外观检测内容及扣分标准见表1-3。

外观检测内容及扣分标准　　　　　　　　　　　　　表1-3

单位工程	分部工程类别	检查内容及扣分标准	备注
路基工程	路基土石方	(1)路基边坡坡面平顺、稳定,曲线圆滑,不得亏坡,不符合要求时,单向累计长度每50m扣1~2分; (2)路基沉陷,每处扣1~2分	按每公里累计扣分的平均值扣分
	排水工程	(1)排水沟内侧及沟底应平顺,无阻水现象,外侧无脱空,不符合要求时,每处扣1分; (2)砌体坚实、勾缝牢固,不符合要求时,每5m扣1分	按每公里累计扣分的平均值扣分
	小桥	(1)混凝土表面粗糙,模板接缝处不平顺,有漏浆现象,扣2~5分; (2)混凝土表面蜂窝麻面面积不得超过该部位面积的0.5%,不符合要求时,扣3~5分; (3)桥梁的内外轮廓线条应顺滑清晰,栏杆、护栏应牢固、直顺、美观,不符合要求时,扣1~3分; (4)桥头有跳车现象,每处扣2分; (5)桥下施工弃料应清理干净,未清理干净时扣1~3分	按每座累计扣分的平均值扣分
	涵洞	(1)涵洞进出口不顺适,洞身不直顺,帽石、八字墙、一字墙不平直,存在翘曲现象,洞内有杂物、淤泥、阻水现象时,每种病害扣1~3分; (2)台身、涵底铺砌、拱圈、盖板有裂缝,每道裂缝扣2~3分; (3)涵洞处路面有跳车现象时,每处扣1~3分	按每道累计扣分的平均值扣分
	支挡工程	(1)砌体坚实牢固,勾缝平顺,无脱落现象,不符合要求时,每10m扣1分; (2)沉降缝垂直、整齐,上下贯通,不符合要求时,扣1~3分; (3)泄水孔坡度向外,无阻塞现象,不符合要求时,扣1~3分; (4)墙身裂缝、局部破损,每处扣3分; (5)混凝土表面的蜂窝麻面不得超过该部位面积的0.5%,深度不得超过10mm,不符合要求时,扣2~5分	按每处累计扣分值的平均值扣分

续上表

单位工程	分部工程类别	检查内容及扣分标准	备注
路面工程	面层	水泥混凝土路面： (1)混凝土板的断裂块数，高速公路和一级公路不得超过0.2%。其他公路不得超过0.4%，每超过0.1%扣1分； (2)混凝土板表面的脱皮、印痕、裂纹、石子外露和缺边掉角等病害现象，高速公路和一级公路不得超过受检面积的0.2%。其他公路不得超过0.3%，不符合要求时，每超过0.1%扣1分；对于连续配筋的混凝土路面和钢筋混凝土路面，因干缩、温缩产生的裂缝，可不扣分； (3)路面侧石应直顺、曲线圆滑，越位2cm以上者，每处扣1~2分； (4)接缝填筑应饱满密实，不符合要求时，累计长度每100m扣2分； (5)胀缝有明显缺陷时，每条扣1~2分。 沥青混凝土面层、沥青碎石面层： (1)面层有修补现象，每处扣1~3分； (2)表面应平整密实，不应有泛油、松散、裂缝、粗细料明显离析等现象，对于高速公路和一级公路，有上述缺陷的面积(凡属单条的裂缝，则按其实际长度乘以0.2m宽度，折算成面积)之和不得超过受检面积的0.03%，其他公路不得超过0.05%；不符合要求时，每超过0.03%或0.05%扣2分；半刚性基层的反射裂缝可不计作施工缺陷，但应及时进行灌缝处理； (3)搭接处应紧密、平顺，烫缝不应枯焦；不符合要求时，累计每10m长扣1分； (4)面层与路缘石及其他构筑物应衔接平顺，不得有积水现象，不符合要求时，每处扣1分。 沥青表面处治： (1)表面应平整密实，不应有松散、油包、波浪、泛油、封面料明显散失等现象，有上述缺陷的面积之和不得超过受检面积的0.2%，不符合要求时，每超过0.2%扣2分； (2)无明显碾压轮迹，不符合要求时，每处扣1分； (3)面层与路缘石及其他构筑物应衔接平顺，不得有积水现象，不符合要求时，每处扣1分	按每公里累计扣分的平均值扣分
桥梁工程（不含小桥）	下部工程及上部工程	基本要求： (1)混凝土表面平滑，模板接缝处平顺，无漏浆现象，不符合要求时扣2~5分； (2)混凝土表面蜂窝麻面面积不得超过该部位面积的0.5%，不符合要求时扣2~5分； (3)混凝土表面出现非受力裂缝，扣1~2分；结构出现受力裂缝宽度超过0.15mm时，每条扣2~3分，并对其是否影响结构承载力进行分析论证； (4)结构钢筋外露，每处扣1~5分，并应进行处理 支座要求： 支座位置应准确，无脱空及非正常变形，不符合要求时每个扣1分	下部工程按基本要求和支座要求累计扣分；上部工程按基本要求、上部结构要求和桥面系要求累计扣分

续上表

单位工程	分部工程类别	检查内容及扣分标准	备注
桥梁工程（不含小桥）	下部工程及上部工程	上部结构要求： (1) 预制构件安装应平整，不符合要求时每处扣1分； (2) 悬臂浇筑的各梁段之间应接缝平顺，色泽一致，无明显错台，不符合要求时每处扣2~5分； (3) 主体钢结构外露部分的涂装和钢缆的防护防蚀层必须保护完好，不符合要求时扣1~2分，并应及时处理； (4) 拱桥主拱圈线形圆滑，无局部凹凸，不符合要求时扣2~5分，拱圈无裂缝，不符合要求时扣2~5分，并对其是否影响结构承载力进行分析论证	下部工程按基本要求和支座要求累计扣分；上部工程按基本要求、上部结构要求和桥面系要求累计扣分
		桥面系要求： (1) 桥梁的内外轮廓线应顺滑清晰，不符合要求时扣1~3分； (2) 栏杆、护栏应牢固、直顺、美观，不符合要求时扣1~2分； (3) 桥面铺装沥青混凝土表面应平整密实，不应有泛油、松散、裂缝、粗细料明显离析等现象，有上述缺陷的面积（凡属单条的裂缝，则按其实际长度乘以0.2m宽度，折算成面积）之和不得超过受检面积的0.03%，不符合要求时每超过0.03%扣1分； (4) 伸缩缝无阻塞、变形、开裂现象，不符合要求时扣1~2分；桥头有跳车现象，每处扣1~2分； (5) 泄水管安装不阻水，桥面无低凹，排水良好，不符合要求时扣1~2分	
隧道工程	衬砌	(1) 混凝土衬砌表面，任一延米的隧道面积中，蜂窝麻面不超过1%，不符合要求时，每超过1%扣5分； (2) 施工缝平顺，无错台，不符合要求时每处扣1分； (3) 隧道衬砌出现裂缝，裂缝累计长度每超过隧道长度的1%扣1~2分	
	总体	(1) 隧道洞内渗水、漏水，每处扣1~2分； (2) 洞内排水系统应畅通，无阻塞，不符合要求时扣2~5分，并应查明原因后进行处理； (3) 隧道洞门按支挡工程要求检查； (4) 隧道路面按路面工程的扣分标准进行扣分	
交通安全设施	标志	(1) 金属构件镀锌面不得有划痕、擦伤等损伤，不符合要求时，每一构件扣2分； (2) 标志板面不得有划痕、较大气泡和颜色不均匀等表面缺陷，不符合要求时，每块板扣2分	按每块累计扣分的平均值扣分
	防护栏	(1) 波形梁线形顺适，色泽一致，不符合要求时，每处扣1~2分； (2) 立柱顶部应无明显塌边、变形、开裂等现象，不符合要求时每处扣2分； (3) 混凝土护栏预制块不得有断裂现象，不符合要求时每处扣1分； (4) 掉边、掉角长度每处不得超过2cm，否则每块混凝土构件扣1分； (5) 混凝土表面蜂窝、麻面、裂缝、脱皮等缺陷面积不超过该构件面积的0.5%，不符合要求时，每超过0.5%扣2分	按每公里累计扣分的平均值扣分

五、内业资料审查

质量监督机构应按公路工程竣工档案管理的有关规定,对监理资料、施工资料、科研和新技术应用资料进行审查,主要要求如下:

(1)内业资料未按要求整理或经检查有检查项目不全、频率不足现象或缺少必要的数据,不能有效证明工程所用的原材料、施工工艺及工程质量符合规范要求或资料反映的工程质量未达到合格标准,不能保证安全运营及正常使用时,工程不予验收。在对内业资料进行重新整理,达到要求后方可组织验收。

(2)内业资料应字迹清晰、工整,表格内容应填写完整,签字齐全,并按要求分类编排,装订整齐。

(3)按施工工序、工艺的要求,所有资料应齐全、完整,资料反映出的抽查频率、质量指标应满足有关标准、规范规定的要求。

任务实施

按照《公路工程竣(交)工验收办法实施细则》(交公路发〔2010〕65号)和《公路工程质量检验评定标准》(JTG F80/1—2017),对于路基工程,每个合同段作为一个单位工程,对于中桥和大桥,每座作为一个单位工程。整个项目划分为若干个单位工程,分别按照规定对相应的分项工程进行实测项目和外观质量、内业资料检查,按照规范的方法进行质量评定。

思考与练习

1. 试验检测包括哪些内容?其各自适用的情况是什么?
2. 公路工程建设项目划分为哪几级进行质量评定?
3. 工程质量评定时,对基本要求有哪些规定?
4. 工程质量评定时,应检查哪些方面的内业资料?

任务2 竣(交)工验收评定

(1)掌握公路工程竣(交)验收的条件、验收内容和方法。
(2)能够根据检测项目实际情况,制订竣(交)验收方案,进行竣(交)工验收检测。
(3)能够根据现场检测的结果,进行分析计算,撰写验收报告。

某山岭区三级公路路基工程进行交工验收质量鉴定。已知路基工程资料如下:路基土石方工程12.7km,中桥2座,小桥5座,涵洞19道,排水工程、支挡工程若干。本任务要求学生对该段路基工程进行交工验收质量评定的项目组织。

相关知识

一、竣(交)工验收概况

公路工程验收分为交工验收和竣工验收两个阶段。交工验收阶段,其主要工作是:检查施工合同的执行情况,评价工程质量,对各参建单位工作进行初步评价。竣工验收阶段,其主要工作是:对工程质量、参建单位和建设项目进行综合评价,并对工程建设项目作出整体性综合评价。

公路工程竣(交)工验收的依据有以下几点:
(1)批准的项目建议书、工程可行性研究报告。
(2)批准的工程初步设计、施工图设计及设计变更文件。
(3)施工许可。
(4)招标文件及合同文本。
(5)行政主管部门的有关批复、批示文件。
(6)公路工程技术标准、规范、规程及国家有关部门的相关规定。

二、交工验收

1. 交工验收的条件

公路工程交工验收工作一般按合同段进行,并应具备以下条件:
(1)合同约定的各项内容已全部完成。各方就合同变更的内容达成书面一致意见。
(2)施工单位按《公路工程质量检验评定标准》(JTG F80/1—2017)及相关规定对工程质量自检合格。
(3)监理单位对工程质量评定合格。
(4)质量监督机构按《公路工程质量鉴定办法》对工程质量进行检测,并出具检测意见。检测意见中需整改的问题已经处理完毕。

(5)竣工文件应按公路工程档案管理的有关要求,完成"公路工程项目文件归档范围"第三、四、五部分(不含缺陷责任期资料)内容的收集、整理及归档工作。

(6)施工单位、监理单位完成该合同段的工作总结报告。

2. 交工验收程序

(1)施工单位完成合同约定的全部工程内容,且经施工自检和监理检验评定均合格后,提出合同段交工验收申请报监理单位审查。交工验收申请应附自检评定资料和施工总结报告。

(2)监理单位根据工程实际情况、抽检资料以及对合同段工程质量评定结果,对施工单位交工验收申请及其所附资料进行审查并签署意见。监理单位审查同意后,应同时向项目法人提交独立抽检资料、质量评定资料和监理工作报告。

(3)项目法人对施工单位的交工验收申请、监理单位的质量评定资料进行核查,必要时可委托有相应资质的检测机构进行重点抽查检测,认为该合同段满足交工验收条件时应及时组织交工验收。

(4)对若干合同段完工时间相近的,项目法人可合并组织交工验收。对分段通车的项目,项目法人可按合同约定分段组织交工验收。

(5)通过交工验收的合同段,项目法人应及时颁发"公路工程交工验收证书"。

(6)各合同段全部验收合格后,项目法人应及时完成"公路工程交工验收报告"。

3. 交工验收的主要工作内容

(1)检查合同执行情况。

(2)检查施工自检报告、施工总结报告及施工资料。

(3)检查监理单位独立抽检资料、监理工作报告及质量评定资料。

(4)检查工程实体,审查有关资料,包括主要产品的质量抽(检)测报告。

(5)核查工程完工数量是否与批准的设计文件相符,是否与工程计量数量一致。

(6)对合同是否全面执行、工程质量是否合格得出结论。

(7)按合同段分别对设计、监理、施工等单位进行初步评价。

在进行交工验收时,应邀请各合同段的设计、施工、监理等单位参加,由项目法人负责组织。路基工程作为单独合同段进行交工验收时,应邀请路面施工单位参加。拟交付使用的工程,应邀请运营、养护管理等相关单位参加。交通运输主管部门、公路管理机构、质量监督机构视情况参加交工验收。

4. 交工验收的结果评定

根据交通运输部《公路工程竣(交)工验收办法实施细则》(交公路发〔2010〕65号)文件对工程质量交工验收结果进行评定。

合同段工程质量评分采用所含各单位工程质量评分的加权平均值。即:

$$合同段工程质量评分值 = \frac{\Sigma(单位工程质量评分值 \times 该单位工程投资额)}{\Sigma 单位工程投资额}$$

工程各合同段交工验收结束后,由项目法人对整个工程项目进行工程质量评定,工程质量评分采用各合同段工程质量评分的加权平均值。即:

$$工程质量评分值 = \frac{\Sigma(合同段工程质量评分值 \times 该合同段投资额)}{\Sigma 合同段投资额}$$

项目投资额原则上使用结算价,当结算价暂时未确定时,可使用招标合同价,但在评分计算时应统一。

交工验收工程质量等级评定分为合格和不合格,工程质量评分值大于等于80分的为合格,小于80分的为不合格。交工验收不合格的工程应返工整改,直至合格。交工验收提出的工程质量缺陷等遗留问题,由项目法人责成施工单位限期完成整改。对通过交工验收的工程,应及时安排养护管理。

三、竣工验收

1. 竣工验收的条件

按照公路工程管理权限,各级交通运输主管部门应于年初制订年度竣工验收计划,并按计划组织竣工验收工作。列入竣工验收计划的项目,项目法人应提前完成竣工验收前的准备工作。

公路工程竣工验收应具备以下条件:

(1)通车试运营两年以上。
(2)交工验收提出的工程质量缺陷等遗留问题已全部处理完毕,并经项目法人验收合格。
(3)工程决算编制完成,竣工决算已经审计,并经交通运输主管部门或其授权单位认定。
(4)竣工文件已完成"公路工程项目文件归档范围"的全部内容。
(5)档案、环保等单项验收合格,土地使用手续已办理。
(6)各参建单位完成工作总结报告。
(7)质量监督机构对工程质量检测鉴定合格,并形成工程质量鉴定报告。

2. 竣工验收准备工作程序

(1)公路工程符合竣工验收条件后,项目法人应按照公路工程管理权限及时向相关交通运输主管部门提出验收申请,其主要内容包括:
①交工验收报告。
②项目执行报告、设计工作报告、施工总结报告和监理工作报告。
③项目基本建设程序的有关批复文件。
④档案、环保等单项验收意见。
⑤土地使用证或建设用地批复文件。
⑥竣工决算的核备意见、审计报告及认定意见。
(2)交通运输相关主管部门对验收申请进行审查,必要时可组织现场核查。审查同意后报负责竣工验收的交通运输主管部门。
(3)以上文件齐全且符合条件的项目,由负责竣工验收的交通运输主管部门通知所属的质量监督机构开展质量鉴定工作。
(4)质量监督机构按要求完成质量鉴定工作,出具工程质量鉴定报告,并审核交工验收对设计、施工、监理初步评价结果,报送交通运输主管部门。
(5)对工程质量鉴定等级为合格及以上的项目,负责竣工验收的交通运输主管部门应及时组织竣工验收。

3. 竣工验收主要工作内容

(1)成立竣工验收委员会。
(2)听取公路工程项目执行报告、设计工作报告、施工总结报告、监理工作报告及接管养护单位项目使用情况报告。

(3)听取公路工程质量监督报告及工程质量鉴定报告。

(4)竣工验收委员会成立专业检查组检查工程实体质量,审阅有关资料,形成书面检查意见。

(5)对项目法人建设管理工作进行综合评价。审定交工验收对设计单位、施工单位、监理单位的初步评价。

(6)对工程质量进行评分,确定工程质量等级,并综合评价建设项目。

(7)形成并通过"公路工程竣工验收鉴定书"。

(8)负责竣工验收的交通运输主管部门印发"公路工程竣工验收鉴定书"。

(9)质量监督机构依据竣工验收结论,对各参建单位签发"公路工程参建单位工作综合评价等级证书"。

竣工验收委员会由交通运输主管部门、公路管理机构、质量监督机构、造价管理机构等单位代表组成。对国防公路,应邀请军队代表参加。对于大中型项目及技术复杂工程,应邀请有关专家参加。项目法人、设计、施工、监理、接管养护等单位代表参加竣工验收工作,但不作为竣工验收委员会成员。

4. 参加竣工验收工作各方的主要职责

竣工验收委员会负责对工程实体质量及建设情况进行全面检查。对工程质量进行评分,对各参建单位及建设项目进行综合评价,确定工程质量和建设项目等级,形成"工程竣工验收鉴定书"。项目法人负责提交项目执行报告及验收工作所需资料,协助竣工验收委员会开展工作。设计单位负责提交设计工作报告,配合竣工验收检查工作。施工单位负责提交施工总结报告,提供各种资料,配合竣工验收检查工作。监理单位负责提交监理工作报告,提供工程监理资料,配合竣工验收检查工作。接管养护单位负责提交项目使用情况报告,配合竣工验收检查工作。公路建设项目设计、施工、监理、接管养护等有多家单位的,项目法人应组织汇总设计工作报告、施工总结报告、监理工作报告、项目使用情况报告。竣工验收时选派代表向竣工验收委员会汇报。

5. 竣工验收工程质量评定

根据交通运输部《公路工程竣(交)工验收办法实施细则》(交公路发〔2010〕65号)文件对工程质量竣工验收结果进行评定。

竣工验收工程质量评分采取加权平均法计算,其中交工验收工程质量得分权值为0.2,质量监督机构工程质量鉴定得分权值为0.6,竣工验收委员会对工程质量的评分权值为0.2。对于交工验收和竣工验收合并进行的小型项目,质量监督机构对工程质量鉴定得分权值为0.6,监理单位对工程质量评定得分权值为0.1,竣工验收委员会对工程质量的评分权值为0.3。工程质量评分大于等于90分为优良,小于90分且大于等于80分为合格,小于80分为不合格。

(1)对建设项目出现以下特别严重问题的合同段,整改合格后,合同段工程质量不得评为优良,质量鉴定得分按照整改前的鉴定得分,超出80分的按80分计算,不足80分的按原得分;建设项目竣工验收工程质量等级和综合评定等级直接确定为合格。

①路基工程的大段落路基沉陷、大面积高边坡失稳。

②路面工程车辙深度大于10mm的路段累计长度超过该合同段车道总长度的5%。

③特大桥梁主要受力结构需要或进行过加固、补强。

④隧道工程渗漏水经处治效果不明显,衬砌出现影响结构安全的裂缝,衬砌厚度合格率小

于 90% 或有小于设计厚度 1/2 的部位,空洞累计长度超过隧道长度的 3% 或单个空洞面积大于 $3m^2$。

⑤重大质量事故或严重质量缺陷,造成历史性缺陷的工程。

(2)对建设项目出现以下严重问题的合同段,整改合格后,合同段工程质量不得评为优良,质量鉴定得分按 80 分计算;并视对建设项目的影响,由竣工验收委员会决定建设项目工程质量是否评为优良。

①路基工程的重要支挡工程严重变形。

②路面工程出现修补、唧浆、推移、网裂等病害路段累计长度超过路线长度的 3% 或累计面积大于总面积的 1.5%;竣工验收复测路面弯沉合格率小于 90%。

③大桥、中桥主要受力结构需要或进行过加固、补强。

(3)竣工验收委员会对项目法人及设计、施工、监理单位工作进行综合评价。评定得分大于等于 90 分且工程质量等级优良的为好,小于 90 分且大于等于 75 分的为中,小于 75 分的为差。

(4)竣工验收建设项目综合评分采取加权平均法计算,其中竣工验收工程质量得分权值为 0.7,参建单位工作评价得分权值为 0.3(项目法人占 0.15,设计单位、施工单位、监理单位各占 0.05)。评定得分大于等于 90 分且工程质量等级优良的为优良,小于 90 分且大于等于 75 分的为合格,小于 75 分的为不合格。

(5)对于发生过重大及以上生产安全事故的建设项目,综合评定等级不得评为优良。

任务实施

首先对该任务进行分解。路基工程以 12.7km 作为一个单位工程,抽查两座中桥的 1 座,作为一个单位工程,一共检测 2 个单位工程。路基单位工程中,路基土石方、排水、抽查 1 座小桥、抽查 2 道涵洞、支挡工程等分别作为一个分部工程,一共 7 个分部工程;桥梁单位工程中,桥梁的上部、下部各作为一个分部工程。

检测项目和频率:按照任务一中的规定,对各个分部工程进行基本要求、外观检查、内业资料检查和工程实体检测,根据检测的结果,逐级进行该段公路的工程质量评定。

思考与练习

1. 交工验收是在工程施工的哪个阶段进行?主要做哪些方面的工作?
2. 竣工验收主要进行哪些方面的工作?与交工验收的区别在哪里?
3. 交工验收中,各方的主要职责是什么?竣工验收呢?
4. 沥青混凝土路面交工验收时,主要有哪些检测项目?各检测项目的频率是多少?

任务3 公路技术状况评定

 学习目标

(1)掌握公路技术状况评价指标体系和公路技术状况评定标准。
(2)熟悉公路技术状况检测与调查方法,能够制订公路技术状况检测与调查方案。
(3)掌握路面、路基、桥隧、沿线设施病害的识别和评定。
(4)能够依据《公路技术状况评定标准》(JTG H20—2007)进行公路技术状况评定。

 任务描述

已知某高速公路为国道主干线连接段,全长32.85km,面层为沥青混凝土,设计速度为120km/h。其中,K15+500~K28+000为双向六车道,K28+000~K48+350为双向四车道。通车一年后,为了了解该路段的公路使用状况,为下一年度养护计划提供依据,管养单位拟对该高速公路进行路况检测、调查与评定。要求学生依据《公路技术状况评定标准》(JTG H20—2007),制订检测评定方案。

相关知识

公路技术状况评定的目的是为公路管理部门编制公路养护和维修计划提供依据,为积极实施预防性养护奠定基础,对公路养护质量和管理水平进行科学评价。公路技术状况评定工作,应遵循客观、科学和高效的原则,积极采用先进的检测与评价手段,保证结果准确可靠。

一、公路技术状况评价指标体系和评定标准

1.公路技术状况评价指标体系

公路技术状况评价包含路面、路基、桥隧构造物和沿线设施4部分内容。评价指标见图3-1。

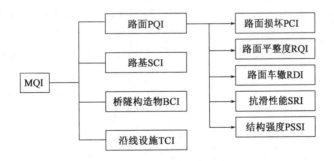

图3-1 公路技术状况评价指标体系

图3-1中:
MQI——公路技术状况指数;
PQI——路面使用性能指数(Pavement Quality or Performance Index);

SCI——路基技术状况指数(Subgrade Condition Index);
BCI——桥隧构造物技术状况指数(Bridge,Tunnel and Culvert Condition Index);
TCI——沿线设施技术状况指数(Traffic-facility Condition Index);
PCI——路面损坏状况指数(Pavement Surface Condition Index);
RQI——路面行驶质量指数(Riding Quality Index);
RDI——路面车辙深度指数(Rutting Depth Index);
SRI——路面抗滑性能指数(Skidding Resistance Index);
PSSI——路面结构强度指数(Pavement Structure Strength Index)。

2. 公路技术状况评价评定标准

公路技术状况用公路技术状况指数 MQI 和相应分项指标表示,MQI 和相应分项指标的值域均为 0~100。

公路技术状况分为优、良、中、次、差 5 个等级。公路技术状况等级按表 3-1 规定的标准确定。

公路技术状况评定标准　　　　　　　　　　　　　　表 3-1

评价等级	优	良	中	次	差
MQI 及各级分项指标	≥90	≥80,<90	≥70,<80	≥60,<70	<60

二、公路技术状况检测与调查

1. 检测与调查内容

公路技术状况检测与调查包括路面、路基、桥隧构造物和沿线设施 4 部分内容。路面检测包括路面损坏、平整度、车辙、抗滑性能和结构强度 5 项指标。其中,路面结构强度为抽样检测指标。桥隧构造物调查包括桥梁、隧道和涵洞 3 类构造物。

2. 检测与调查频率

公路技术状况评定所需数据的最低检测与调查频率按表 3-2 的规定执行。

最低检测与调查频率　　　　　　　　　　　　　　表 3-2

检测内容			路面损坏(PCI)	路面平整度(RQI)	抗滑性能(SRI)	路面车辙(RDI)	结构强度(PSSI)
路面 PQI	沥青	高速、一级公路	1年1次	1年1次	2年1次	1年1次	抽样检测
		二、三、四级公路	1年1次	1年1次			
	水泥混凝土	高速、一级公路	1年1次	1年1次	2年1次		
		二、三、四级公路	1年1次	1年1次			
	砂石		1年1次				
路基 SCI			1年1次				
桥隧构造物 BCI			采用最新桥梁、隧道、涵洞技术状况评定结果				
沿线设施 TCI			1年1次				

3. 检测与调查单元

公路技术状况检测以1000m路段为基本检测或调查单元。

公路技术状况数据按上行方向(桩号递增方向)和下行方向(桩号递减方向)分别检测。二、三、四级公路可不分上、下行。

采用快速检测方法检测路面使用性能评定所需数据时,每个检测方向至少检测一条主要行车道。

4. 检测与调查方法

公路技术状况检测与调查方法见表3-3、表3-4。

公路技术状况检测与调查方法 表3-3

检测调查内容		调查方法	备注
路面检测	路面损坏状况检测	自动化快速检测	(1)应纵向连续检测,横向检测宽度不得小于车道宽度的70%; (2)检测设备应能够分辨1mm以上的路面裂缝,检测结果宜采用计算机自动识别,识别准确率应达到90%以上; (3)检测数据以10m为单位长期保存
		人工快速检测	(1)调查范围应包含所有行车道,按损坏类型实地调查; (2)紧急停车带按路肩处理; (3)路面损坏检测数据应以100m为单位长期保存
	路面平整度检测	自动化快速检测	路面平整度检测数据应以20m为单位长期保存
		3m直尺人工检测	(1)条件不具备的三、四级公路,路面平整度可采用3m直尺人工检测,检测结果按表3-4评定; (2)路面平整度检测数据应以100m为单位长期保存
	路面车辙检测	自动化快速检测	(1)可结合路面损坏和路面平整度一并检测; (2)根据断面数据计算路面车辙深度(RD),计算结果应以10m为单位长期保存
	路面抗滑性能检测	自动化快速检测	路面抗滑性能检测数据(横向力系数)应以20m为单位长期保存
	路面结构强度检测	自动化快速检测	(1)路面结构强度为抽检指标; (2)检测结果换算为回弹弯沉; (3)检测数据以20m为单位长期保存; (4)采用贝克曼梁检测时,检测数量应不小于20点/(km·车道); (5)抽样检测时,检测范围可控制在养护里程的20%以内
路基调查		人工调查	按路基损坏类型实地调查
桥隧构造物调查			实地调查后分别按桥梁、隧道、涵洞规定的等级评定
沿线设施调查			按沿线设施的损坏类型实地调查

路面平整度人工评定标准 表3-4

技术等级	优	良	中	次	差
RQI	≥90	≥80,<90	≥70,<80	≥60,<70	<60
3m 直尺(mm)	≤10	>10,≤12	>12,≤15	>15,≤18	>18
颠簸程度	无颠簸,行车平稳	有轻微颠簸,行车尚平稳	有明显颠簸,行车不平稳	严重颠簸,行车很不平稳	非常颠簸,非常不平稳

注意:对于沥青路面的高速公路和一级公路,将路面车辙列为独立的评价指标,所以在进行路面损坏状况调查检测时,表3-3中的路面车辙损坏不再重复计算。

5. 检测数据的记录

(1)对于采集到的损坏数据,整数按常规填写,非整数保留至小数点后1位。

(2)计算结果保留至小数点后2位。

课堂练习1

你作为××检测公司的一名检测人员,将对S省道×××K0+000~K6+000进行公路技术状况调查与评定。其中K0+000~K2+200为沥青路面,K2+200~K6+000为水泥混凝土路面,该路段有效宽度为7.5m。该省道为二级公路。请你:

(1)确定检测与调查的内容及频率;

(2)划分调查单元;

(3)确定检测与调查方法。

三、路面病害识别与评定

公路路面病害识别包括沥青路面病害识别、水泥混凝土路面病害识别和砂石路面病害识别3种。

1. 沥青路面损坏

沥青路面损坏分11类21项,见表3-5。

沥青路面损坏类型 表3-5

损坏类型及表现形式	分级	特征及分级指标	计量方法
1. 龟裂:路面表现为相互交错的小网格状裂缝,因其形状类似乌龟背而被称为龟裂	轻	初期裂缝,裂区无变形、无散落,缝细,主要裂缝宽度在2mm以下,主要裂缝块度在0.2~0.5m之间	损坏按面积计算
	中	龟裂的发展期,龟裂状态明显,裂缝区有轻度散落或轻度变形,主要裂缝宽度在2~5mm,部分裂缝块度小于0.2m	
	重	龟裂特征显著,裂块较小,裂缝区变形明显,散落严重,主要裂缝宽度大于5mm,大部分裂缝块度小于0.2m	

续上表

损坏类型及表现形式	分级	特征及分级指标	计 量 方 法
2.块状裂缝	轻	缝细、裂缝区无散落,裂缝宽度在3mm以内,大部分裂缝块度大于1.0m	损坏按面积计算
	重	缝宽、裂缝区有散落,裂缝宽度在3mm以上,主要裂缝块度在0.5~1.0m之间	
3.纵向裂缝:与行车方向基本平行的裂缝	轻	缝细、裂缝壁无散落或有轻微散落,无支缝或有少量支缝,裂缝宽度在3mm以内	损坏按长度计算,检测结果要用影响宽度(0.2m)换算成面积
	重	缝宽、裂缝壁有散落、有支缝,主要裂缝宽度大于3mm	
4.横向裂缝:与行车方向基本垂直的裂缝	轻	缝细、裂缝壁无散落或有轻微散落,裂缝宽度在3mm以内	损坏按长度计算,检测结果要用影响宽度(0.2m)换算成面积
	重	缝宽、裂缝贯通整个路面,裂缝壁有散落并伴有少量支缝,主要裂缝宽度大于3mm	
5.坑槽	轻	坑浅,有效坑槽面积在0.1m²以内(约0.3m×0.3m)	损坏按面积计算
	重	坑深,有效坑槽面积大于0.1m²(约0.3m×0.3m)	
6.松散	轻	路面细集料散失、脱皮、麻面等表面损坏	损坏按面积计算
	重	路面粗集料散失、脱皮、麻面、露骨,表面剥落、有小坑洞	
7.沉陷:大于10mm的路面局部下沉	轻	深度在10~25mm,正常行车无明显感觉	损坏按面积计算
	重	深度大于25mm,正常行车有明显感觉	
8.车辙:轮迹处深度大于10mm的纵向带状凹槽(辙槽)	轻	辙槽浅,深度在10~15mm	损坏按长度计算,检测结果要用影响宽度(0.4m)换算成面积
	重	辙槽深,深度在15mm以上	
9.波浪拥包	轻	波峰波谷高差小,高差在10~25mm	损坏按面积计算
	重	波峰波谷高差大,高差大于25mm	
10.泛油:路面沥青被挤出或表面被沥青膜覆盖形成发亮的薄油层	—	—	损坏按面积计算
11.修补:龟裂、坑槽、松散、沉陷、车辙等的修补面积或修补影响面积	—	—	裂缝修补按长度计算,影响宽度为0.2m

沥青路面损坏调查数据填写在表 3-6 中。

沥青路面损坏调查表　　　　　　　　　　　　表 3-6

路线名称：		调查方向：		调查时间：				调查人员：					
调查内容	程度	权重 w_i	单位	起点桩号： 路段长度：				终点桩号： 路面宽度：					累计损坏
				1	2	3	4	5	6	7	8	9	10	
龟裂	轻	0.6	m²											
	中	0.8												
	重	1.0												
块状裂缝	轻	0.6	m²											
	重	0.8												
纵向裂缝	轻	0.6	m											
	重	1.0												
横向裂缝	轻	0.6	m											
	重	1.0												
坑槽	轻	0.8	m²											
	重	1.0												
松散	轻	0.6	m²											
	重	1.0												
沉陷	轻	0.6	m²											
	重	1.0												
车辙	轻	0.6	m											
	重	1.0												
波浪拥包	轻	0.6	m²											
	重	1.0												
泛油		0.2	m²											
修补		0.1	m²											
评定结果： DR =　　% PCI =				计算方法： $PCI = 100 - a_0 DR^{a_1}$ $DR = 100 \times \dfrac{\sum w_i A_i}{A}$ $a_0 = 15.00$ $a_1 = 0.412$										

课堂练习 2

你作为××检测公司的一名检测人员，对 S 省道×××K0+000～K6+000 进行公路技术状况调查与评定。请指出图 3-2 中沥青路面病害的类型。

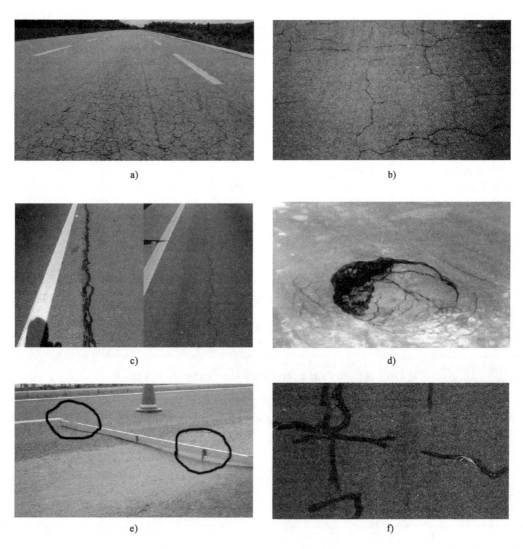

图 3-2 课堂练习图

2. 水泥混凝土路面损坏

水泥混凝土路面损坏分 11 类 20 项,见表 3-7。

水泥混凝土路面损坏类型　　　　　　表 3-7

损坏类型及表现形式	分级	特征及分级指标	计量方法
1. 破碎板	轻	板块被裂缝分为 3 块以上,破碎板未发生松动和沉陷	损坏按面积计算
	重	板块被裂缝分为 3 块以上,破碎板有松动、沉陷和唧泥等现象	
2. 裂缝:板块上只有一条裂缝,裂缝类型包括横向、纵向和不规则的斜裂缝等	轻	裂缝窄、裂缝处未剥落,缝宽小于 3mm,一般为未贯通裂缝	损坏按长度计算,检测结果要用影响宽度(1.0m)换算成面积
	中	边缘有碎裂,裂缝宽度在 3~10mm 之间	
	重	缝宽、边缘有碎裂并伴有错台出现,缝宽大于 10mm	

续上表

损坏类型及表现形式	分级	特征及分级指标	计 量 方 法
3. 板角断裂:裂缝与纵横接缝相交,且交点距板边小于或等于板边长度一半的损坏	轻	裂缝宽度小于3mm	损坏按断裂板角的面积计算
	中	裂缝宽度在3~10mm之间	
	重	裂缝宽度大于10mm,断角有松动	
4. 错台:接缝两边出现的高差大于5mm的损坏	轻	高差小于10mm	损坏按长度计算,检测结果要用影响宽度(1.0m)换算成面积
	重	高差在10mm以上	
5. 唧泥:板块在车辆驶过后,接缝处有基层泥浆涌出	—	—	
6. 边角剥落:沿接缝方向的板边碎裂和脱落,裂缝面与板面成一定角度	轻	浅层剥落	
	中	中深层剥落,接缝附近水泥混凝土有开裂	
	重	深层剥落,接缝附近水泥混凝土多处开裂,深度超过接缝槽底部	
7. 接缝料损坏:由于接缝的填缝料老化、剥落等原因,接缝内已无填料,接缝被砂、石、土等填塞	轻	填料老化,不泌水,但尚未剥落脱空,未被砂、石、泥土等填塞	
	重	1/3以上接缝出现空缝或被砂、石、土填塞	
8. 坑洞:板面出现有效直径大于30mm、深度大于10mm的局部坑洞	—	—	损坏按坑洞或坑洞群所涉及的面积计算
9. 拱起:横缝两侧的板体发生明显抬高,高度大于10mm	—	—	损坏按拱起所涉及的板块面积计算
10. 露骨:板块表面细集料散失、粗集料暴露或表层松疏剥落	—	—	损坏按面积计算
11. 修补裂缝、板角断裂、边角剥落、坑洞和层状剥落的修补面积或修补影响面积	—	—	裂缝修补按长度计算,影响宽度为0.2m

水泥混凝土路面损坏调查数据按表3-8记录。

水泥混凝土路面损坏调查表　　　　　　　　　　　　　　表3-8

路线名称：		调查方向：		调查时间：				调查人员：					
调查内容	程度	权重 w_i	单位	起点桩号： 路段长度：					终点桩号： 路面宽度：					累计损坏
				1	2	3	4	5	6	7	8	9	10	
破碎板	轻	0.8	m²											
	重	1.0												
裂缝	轻	0.6	m											
	中	0.8												
	重	1.0												
板角断裂	轻	0.6	m²											
	中	0.8												
	重	1.0												
错台	轻	0.6	m											
	重	1.0												
唧泥	—	1.0	m											
边角剥落	轻	0.6	m											
	中	0.8												
	重	1.0												
接缝料损坏	轻	0.4	m											
	重	0.6												
坑洞	—	1.0	m²											
拱起	—	1.0	m²											
露骨	—	0.3	m²											
修补	—	0.1	m²											
评定结果： DR = 　% PCI =				计算方法： $PCI = 100 - a_0 DR^{a_1}$ $DR = 100 \times \dfrac{\sum w_i A_i}{A}$ $a_0 = 10.66$ $a_1 = 0.461$										

3. 砂石路面损坏

砂石路面损坏分6类,见表3-9。

砂石路面损坏类型　　　　　　　　　　　　　　　　　表3-9

损坏类型	表现形式	计量方法
1.路拱不适	路拱过大或过小,过大将降低行车安全性,过小将使路面雨水不能及时排出	路拱不适程度根据经验确定,按长度计算,检测结果要用影响宽度（3.0m）换算成面积

续上表

损坏类型	表现形式	计量方法
2.沉陷	路面表面的局部凹陷	按面积计算
3.波浪搓板	峰谷高差大于30mm的搓板状纵向连续起伏	按面积计算
4.车辙	轮迹处深度大于30mm的纵向带状凹槽(辙槽)	按长度计算,检测结果要用影响宽度(0.4m)换算成面积
5.坑槽	路面上深度大于30mm、直径大于0.1m的坑洞	按面积计算
6.露骨	黏结料和细集料散失,主骨料外露	按面积计算

砂石路面损坏调查数据以表3-10记录。

砂石路面损坏调查表　　　　表3-10

路线名称：		调查方向：	调查时间：				调查人员：					
调查内容	权重 w_i	单位	起点桩号： 路段长度：				终点桩号： 路面宽度：					累计损坏
			1	2	3	4	5	6	7	8	9	10	
路拱不适	0.1	m											
沉陷	0.8	m²											
波浪搓板	1.0	m²											
车辙	1.0	m											
坑槽	1.0	m²											
露骨	0.8	m²											
评定结果： DR = 　% PCI =			计算方法： $PCI = 100 - a_0 DR^{a_1}$ $DR = 100 \times \dfrac{\sum w_i A_i}{A}$ $a_0 = 10.10$ $a_1 = 0.487$										

4.路面使用性能的评定

沥青路面使用性能评价包括路面损坏、平整度、车辙、抗滑性能和结构强度5项技术内容。其中,路面结构强度为抽样评定指标,单独计算与评定,评定范围根据路面大中修养护需求、路基的地质条件等自行确定。

水泥混凝土路面使用性能评价包括路面损坏、平整度和抗滑性能3项技术内容。

砂石路面使用性能评价只有路面损坏一项技术内容。

根据《公路技术状况评定标准》(JTG H20—2007),路面使用性能指数(PQI)按式(3-1)计算。

$$PQI = w_{PCI}PCI + w_{RQI}RQI + w_{RDI}RDI + w_{SRI}SRI \tag{3-1}$$

式中:w_{PCI}——PCI在PQI中的权重,按表3-11取值;

w_{RQI}——RQI在PQI中的权重,按表3-11取值;

w_{RDI}——RDI 在 PQI 中的权重,按表 3-11 取值;
w_{SRI}——SRI 在 PQI 中的权重,按表 3-11 取值。

PQI 分项指标权重　　　　　　　表 3-11

路面类型	权重	高速、一级公路	二、三、四级公路
沥青路面	w_{PCI}	0.35	0.60
	w_{RQI}	0.40	0.40
	w_{RDI}	0.15	—
	w_{SRI}	0.10	—
水泥混凝土路面	w_{PCI}	0.50	0.60
	w_{RQI}	0.40	0.40
	w_{SRI}	0.10	—

(1)路面损坏状况指数 PCI 的计算如下:

$$PCI = 100 - a_0 DR^{a_1} \quad (3-2)$$

$$DR = 100 \times \frac{\sum_{i=1}^{i_0} w_i A_i}{A} \quad (3-3)$$

式中:DR——路面破损率(Pavement Distress Ratio),为各种损坏的折合损坏面积之和与路面调查面积之百分比(%);

A_i——第 i 类路面损坏的面积(m^2);

A——调查的路面面积,调查长度与有效路面宽度之积(m^2);

w_i——第 i 类路面损坏的权重,沥青路面按表 3-12 取值,水泥混凝土路面按表 3-13 取值,砂石路面按表 3-14 取值;

a_0——沥青路面采用 15.00,水泥混凝土路面采用 10.66,砂石路面采用 10.10;

a_1——沥青路面采用 0.412,水泥混凝土路面采用 0.461,砂石路面采用 0.487;

i——考虑损坏程度(轻、中、重)的第 i 项路面损坏类型;

i_0——包含损坏程度(轻、中、重)的损坏类型总数,沥青路面取 21,水泥混凝土路面取 20,砂石路面取 6。

沥青路面损坏类型和权重　　　　　　　表 3-12

类型 i	损坏名称	损坏程度	权重 w_i	计量单位
1	龟裂	轻	0.6	面积 m^2
2		中	0.8	
3		重	1.0	
4	块状裂缝	轻	0.6	面积 m^2
5		重	0.8	
6	纵向裂缝	轻	0.6	长度 m（影响宽度:0.2m）
7		重	1.0	
8	横向裂缝	轻	0.6	长度 m（影响宽度:0.2m）
9		重	1.0	

续上表

类型 i	损坏名称	损坏程度	权重 w_i	计量单位
10	坑槽	轻	0.8	面积 m²
11		重	1.0	
12	松散	轻	0.6	面积 m²
13		重	1.0	
14	沉陷	轻	0.6	面积 m²
15		重	1.0	
16	车辙	轻	0.6	长度 m（影响宽度：0.4m）
17		重	1.0	
18	波浪拥包	轻	0.6	面积 m²
19		重	1.0	
20	泛油	—	0.2	面积 m²
21	修补	—	0.1	面积 m²

水泥混凝土路面损坏类型和权重　　　　表3-13

类型 i	损坏名称	损坏程度	权重 w_i	计量单位
1	破碎板	轻	0.8	面积 m²
2		重	1.0	
3	裂缝	轻	0.6	长度 m（影响宽度：1.0m）
4		中	0.8	
5		重	1.0	
6	板角断裂	轻	0.6	面积 m²
7		中	0.8	
8		重	1.0	
9	错台	轻	0.6	长度 m（影响宽度：1.0m）
10		重	1.0	
11	唧泥	—	1.0	长度 m（影响宽度：1.0m）
12	边角剥落	轻	0.6	长度 m（影响宽度：1.0m）
13		中	0.8	
14		重	1.0	
15	接缝料损坏	轻	0.4	长度 m（影响宽度：1.0m）
16		重	0.6	
17	坑洞	—	1.0	面积 m²
18	拱起	—	1.0	面积 m²
19	露骨	—	0.3	面积 m²
20	修补	—	0.1	面积 m²

砂石路面损坏类型和权重　　　　　　　　　表 3-14

类型 i	损坏名称	权重 w_i	计量单位
1	路拱不适	0.1	长度 m（影响宽度:3.0m）
2	沉陷	0.8	面积 m²
3	波浪搓板	1.0	面积 m²
4	车辙	1.0	长度 m（影响宽度:0.4m）
5	坑槽	1.0	面积 m²
6	露骨	0.8	面积 m²

（2）路面行驶质量指数 RQI 的计算

路面行驶质量指数 RQI 是反映道路舒适性的一个评定指标，是一个关于国际平整度指数 IRI 的评定指标。从路面状况的角度看，影响路面行驶质量的主要因素是路面平整度。不平整的路面会使乘客舒适性降低，增加行车阻力，加大油耗，同时影响行车安全性，因此 RQI 是路面使用性能重要的评定指标。其计算公式为：

$$\mathrm{RQI} = \frac{100}{1 + a_0 e^{a_1 \mathrm{IRI}}} \tag{3-4}$$

式中：IRI——国际平整度指数；

a_0——高速、一级公路采用 0.026，其他等级公路采用 0.0185；

a_1——高速、一级公路采用 0.65，其他等级公路采用 0.58。

（3）路面车辙深度指数 RDI 的计算

沥青路面车辙是路面结构各层永久变形的积累，其变形对路面平整、使用性能、行车安全和舒适均有重要影响。基于此，现行规范专门针对沥青路面的车辙制定了相关的路面车辙深度指数 RDI。其计算公式如下：

$$\mathrm{RDI} = \begin{cases} 100 - a_0 \mathrm{RD} & (\mathrm{RD} \leqslant \mathrm{RD}_a) \\ 60 - a_1(\mathrm{RD} - \mathrm{RD}_a) & (\mathrm{RD}_a < \mathrm{RD} \leqslant \mathrm{RD}_b) \\ 0 & (\mathrm{RD} > \mathrm{RD}_b) \end{cases} \tag{3-5}$$

式中：RD——车辙深度（Rutting Depth，mm）；

RD_a——车辙深度参数，采用 20mm；

RD_b——车辙深度限值，采用 35mm；

a_0——模型参数，采用 2.0；

a_1——模型参数，采用 4.0。

（4）路面抗滑性能指数 SRI 的计算

路面抗滑性能指数 SRI 是反映道路安全性的指标，其计算公式如下：

$$\mathrm{SRI} = \frac{100 - \mathrm{SRI}_{\min}}{1 + a_0 e^{a_1 \mathrm{SFC}}} + \mathrm{SRI}_{\min} \tag{3-6}$$

式中：SFC——横向力系数（Side-way Force Coefficient）；

$\mathrm{SRI}_{\min}$——标定参数，采用 35.0；

a_0——模型参数，采用 28.6；

a_1——模型参数,采用 -0.105。

(5)路面结构强度指数 PSSI 的计算

$$PSSI = \frac{100}{1 + a_0 e^{a_1 SSI}} \quad (3-7)$$

$$SSI = \frac{l_d}{l_0} \quad (3-8)$$

式中:SSI——路面结构强度系数(Structure Strength Index),为路面设计弯沉与实测代表弯沉之比;

l_d——路面设计弯沉(mm);

l_0——实测代表弯沉(mm);

a_0——模型参数,采用 15.71;

a_1——模型参数,采用 -5.19。

 课堂练习3

你是 S 省道××公路管理段的养护管理人员,对省道×××K0+000～K0+1000 上行方向进行了路面损坏调查,该路段为二级公路,沥青路面,有效路面宽度为7.5m,用3m 直尺测得的平整度为12mm。采集到的路面损坏数据如表3-15所示。

请你完成该路段的路面损坏状况、路面行驶质量及路面使用性能评定。

沥青路面损坏调查表　　表3-15

路线名称:		调查方向:		调查时间:				调查人员:				
调查内容	程度	权重 w_i	单位	起点桩号: 路段长度:					终点桩号: 路面宽度:				累计损坏
				1	2	3	4	5	6	7	8	9	10	
龟裂	轻	0.6	m²	3						2				
	中	0.8					4							
	重	1.0			1									
块状裂缝	轻	0.6	m²		3	8								
	重	0.8			1						5		3	
纵向裂缝	轻	0.6	m	2			4							
	重	1.0		4	2									
横向裂缝	轻	0.6	m						1	3				
	重	1.0												
坑槽	轻	0.8	m²								1		3	
	重	1.0				3								
松散	轻	0.6	m²						2		4			
	重	1.0		3	5		1							
沉陷	轻	0.6	m²	1		7								
	重	1.0								2	2			

续上表

路线名称：		调查方向：		调查时间：				调查人员：				
调查内容	程度	权重 w_i	单位	起点桩号： 路段长度：				终点桩号： 路面宽度：				累计损坏
				1	2	3	4	5	6	7	8	9	10	
车辙	轻	0.6	m						7	5	4			
	重	1.0		2	4	2								
波浪拥包	轻	0.6	m²		1	3								
	重	1.0									2	4		
泛油	—	0.2	m²					10	15	8				
修补	—	0.1	m²	5	8	4								
评定结果： DR = % PCI =				计算方法： $PCI = 100 - a_0 DR^{a_1}$ $DR = 100 \times \sum (w_i A_i / A)$ $a_0 = 15.00$ $a_1 = 0.412$								

四、路基病害识别与评定

1. 路基病害识别

路基损坏分为 8 类,见表 3-16。

路基损坏类型 表 3-16

损坏类型及表现形式	分级	特征及分级指标	计量方法
1. 路肩边沟不洁：路肩(包括土路肩、硬路肩和紧急停车带)和边沟(包含边坡)有杂物、油渍、垃圾及堆积物	—	—	按行车方向的长度计算,每1m扣0.5分
2. 路肩损坏：路肩上出现的各种损坏	轻	沥青路面和水泥混凝土路面路肩所有轻、中度损坏,砂石路面损坏按轻度处理	所有损坏均按损坏的实际面积计算,每1m²扣1分,累计面积不足1m²按1m²计算
	重	沥青路面和水泥混凝土路面路肩所有重度损坏	所有损坏均按损坏的实际面积计算,每1m²扣2分,累计面积不足1m²按1m²计算
3. 边坡坍塌：挖方路段边坡坍塌	轻	长度小于或等于5m	损坏按处和行车方向的长度(m)计算
	中	长度在 5～10m 之间	
	重	长度大于10m	
4. 水毁冲沟：填方路段边坡由于雨水冲刷形成的冲沟	轻	深度小于或等于0.2m	损坏按处和冲刷深度计算
	中	深度在 0.2～0.5m 之间	
	重	深度大于0.5m	

31

续上表

损坏类型及表现形式	分级	特征及分级指标	计量方法
5. 路基构造物损坏：包括挡墙等圬工体断裂、沉陷、倾斜、局部坍塌、松动和较大面积勾缝脱落	轻	长度小于或等于5m	损坏按处和长度(m)计算
	中	长度在5～10m之间	
	重	长度大于10m	
6. 路缘石缺损：路缘石丢失或损坏	轻	长度小于5m	按行车方向上的长度计算，每1m扣4分
7. 路基沉降：深度大于30mm的沉降	重	长度在5～10m之间	损坏按处和长度(m)计算
8. 排水系统淤塞	轻	边沟、排水沟、截水沟等排水系统淤积	按长度计算，每1m扣1分，累计长度不足1m按1m计算
	重	边沟、排水沟和截水沟等排水系统全截面堵塞	损坏按处计算，每处扣20分

路基损坏调查数据以表3-17记录。

路基损坏调查表　　　　　　　　　　　　　　　　　　　表3-17

路线名称：		调查方向：			调查时间：			调查人员：						
调查内容	程度	单位扣分	权重 w_i	计量单位	起点桩号： 路段长度：				终点桩号： 路面宽度：					累计损坏
					1	2	3	4	5	6	7	8	9	10	
路肩边沟不洁	—	0.5	0.05	m											
路肩损坏	轻	1	0.10	m²											
	重	2													
边坡坍塌	轻	20	0.25	处											
	中	30													
	重	50													
水毁冲沟	轻	20	0.25	处											
	中	30													
	重	50													
路基构造物损坏	轻	20	0.10	处											
	中	30													
	重	50													
路缘石缺损	—	4	0.05	m											
路基沉降	轻	20	0.10	处											
	中	30													
	重	50													
排水系统淤塞	轻	1	0.10	m											
	重	20		处											
评定结果： SCI =					计算方法： $SCI = \sum w_i (100 - GD_{iSCI})$										

2.路基技术状况的评定

路基技术状况用路基技术状况指数(SCI)评价,按下式计算:

$$\text{SCI} = \sum_{i=1}^{8} w_i (100 - \text{GD}_{i\text{SCI}}) \qquad (3\text{-}9)$$

式中:$\text{GD}_{i\text{SCI}}$——第 i 类路基损坏的总扣分(Global Deduction),最高分值为100,按表3-17的规定计算;

w_i——第 i 类路基损坏的权重,按表3-9取值;

i——路基损坏类型,见表3-18。

路基损坏扣分标准　　　　　　　　　　表3-18

类型 i	损坏名称	损坏程度	计量单位	单位扣分	权重 w_i
1	路肩边沟不洁	—	m	0.5	0.05
2	路肩损坏	轻	m²	1	0.10
		重		2	
3	边坡坍塌	轻	处	20	0.25
		中		30	
		重		50	
4	水毁冲沟	轻	处	20	0.25
		中		30	
		重		50	
5	路基构造物损坏	轻	处	20	0.10
		中		30	
		重		50	
6	路缘石缺损	—	m	4	0.05
7	路基沉降	轻	处	20	0.10
		中		30	
		重		50	
8	排水系统淤塞	轻	m	1	0.10
		重	处	20	

课堂练习4

你是S省道××公路管理段的养护管理人员,对省道×××K0+000~K0+1000上行方向进行了路况调查,该路段为二级公路,沥青路面,有效路面宽度为7.5m。采集到的路基损坏数据如表3-19所示,请完成该表,并对该路段的路基技术状况进行评定。

路基损坏调查表　　　　　表3-19

路线名称：				调查方向：		调查时间：			调查人员：				
调查内容	程度	单位扣分	权重 w_i	计量单位	起点桩号： 路段长度：				终点桩号： 路面宽度：				累计损坏
					1	2	3	4	5	6	7	8	9	10	
路肩边沟不洁	—	0.5	0.05	m		4		4		6		6		10	
路肩损坏	轻	1	0.10	m²	2		4		4	2		10	10		
	重	2					5		5		10	10			
边坡坍塌	轻	20	0.25	处		1									
	中	30													
	重	50								1					
水毁冲沟	轻	20	0.25	处					1			1			
	中	30						1							
	重	50													
路基构造物损坏	轻	20	0.10	处		1									
	中	30							1						
	重	50													
路缘石缺损	—	4	0.05	m										20	
路基沉降	轻	20	0.10	处									1		
	中	30			1										
	重	50													
排水系统淤塞	轻	1	0.10	m		10						10			
	重	20		处					1						
评定结果： SCI =					计算方法： $SCI = \sum w_i (100 - GD_{iSCI})$										

五、桥隧构造物病害识别与评定

1. 桥隧构造物损坏

桥隧构造物包括桥梁、隧道和涵洞三类，见表3-20。

(1) 桥梁技术等级

桥梁技术等级采用《公路桥涵养护规范》(JTG H11—2004)规定的等级评定方法。规定一、二类桥梁不扣分，三类桥梁每处扣40分，四类桥梁每处扣70分，五类桥梁每处扣100分，同时直接将 MQI 设为最低值。

(2) 隧道技术等级

隧道技术等级采用《公路隧道养护技术规范》(JTG H12—2015)规定的等级评定方法。规定 S 类隧道(无异常)不扣分，B 类隧道(有异常)每处扣50分，A 类隧道(有危险)每处扣100分，同时直接将 MQI 设为最低值。

(3) 涵洞技术等级

涵洞技术等级采用《公路桥涵养护规范》(JTG H11—2004)规定的等级评定方法。规定好、较好类涵洞不扣分,较差类涵洞每处扣 40 分,差类涵洞每处扣 70 分,危险类涵洞每处扣 100 分,同时直接将 MQI 设为最低值。

桥隧构造物损坏调查表　　　　　　　　　　　　　　　　　　表 3-20

路线名称:		调查方向:			调查时间:			调查人员:						
项目	技术状况	单位扣分	计量单位	起点桩号: 路段长度:				终点桩号: 路面宽度:						累计损坏
				1	2	3	4	5	6	7	8	9	10	
桥梁	一、二	0	座											
	三	40												
	四	70												
	五	100												
隧道	S:无异常	0	座											
	B:有异常	50												
	A:有危险	100												
涵洞	好、较好	0	道											
	较差	40												
	差	70												
	危险	100												
评定结果: BCI =				计算方法: BCI = min(100 − GD$_{iBCI}$)										

2. 桥隧构造物技术状况评定

桥梁、隧道和涵洞技术状况用桥隧构造物技术状况指数(BCI)评价,按下式计算:

$$BCI = \min(100 - GD_{iBCI}) \tag{3-10}$$

式中:GD_{iBCI}——第 i 类构造物损坏的总扣分,最高分值为 100,按表 3-21 的规定计算;

　　　i——构造物类型(桥梁、隧道或涵洞)。

桥隧构造物扣分标准　　　　　　　　　　　　　　　　　　表 3-21

类型 i	项目	技术状况评定等级	计量单位	单位扣分	备注
1	桥梁	一、二	座	0	采用《公路桥涵养护规范》(JTG H11—2004)的评定方法,五类桥梁所属路段的 MQI = 0
		三		40	
		四		70	
		五		100	
2	隧道	S:无异常	座	0	采用《公路隧道养护技术规范》(JTG H12—2015)的评定方法,危险隧道所属路段的 MQI = 0
		B:有异常		50	
		A:有危险		100	
3	涵洞	好、较好	道	0	采用《公路桥涵养护规范》(JTG H11—2004)的评定方法,危险类涵洞所属路段的 MQI = 0
		较差		40	
		差		70	
		危险		100	

六、沿线设施损坏识别与评定

1.沿线设施损坏

(1)防护设施缺损

防护设施(防撞护栏、防落网、声屏障、中央分隔带活动护栏和防眩板等)缺少、损坏或损坏修复后部件尺寸和安装质量达不到规范的技术要求,损坏按处和长度(m)计算。

轻:长度小于或等于4m,每缺损一处扣10分。

重:长度大于4m,每缺损一处扣30分。

(2)隔离栅损坏

隔离栅损坏后修复不及时或修复质量达不到规范的技术要求,损坏按处计算,每缺损一处扣20分。

(3)标志缺损

各种交通标志(如指示标志、警告标志、禁令标志、里程牌、轮廓标、百米标等)残缺、位置不当或尺寸不规范、颜色不鲜明、污染,可变信息板故障等。损坏按处计算,其中,轮廓标和百米标每3个损坏算1处,累计损坏不足3个按1处计算,每处扣20分。

(4)标线缺损

标线(含凸起路标)缺少或损坏,损坏按长度(m)计算。每缺损10m扣1分,累计长度不足10m按10m计算,评定时不考虑车道数量的影响。

(5)绿化管护不善

树木、花草枯萎或缺树,虫害未及时防治,绿化带未及时修剪或有杂物,路段应绿化而未绿化。损坏按长度(m)计算,每10m扣1分,累计长度不足10m按10m计算。

沿线设施损坏调查数据以表3-22记录。

沿线设施损坏调查表 表3-22

路线名称:		调查方向:			调查时间:			调查人员:					
调查内容	程度	单位扣分	权重 w_i	计量单位	起点桩号: 路段长度:				终点桩号: 路面宽度:				累计损坏
					1	2	3	4	5	6	7	8	9	10	
防护设施缺损	轻	10	0.25	处										
	重	30												
隔离栅损坏	—	20	0.10	处										
标志缺损	—	20	0.25	处										
标线缺损	—	0.1	0.20	m										
绿化管护不善	—	0.1	0.20	m										
评定结果: TCI =					计算方法: TCI = $\sum_{i=1}^{} w_i(100 - GD_{iTCI})$									

2.沿线设施技术状况评定

沿线设施技术状况用沿线设施技术状况指数(TCI)评价,按下式计算:

$$TCI = \sum_{i=1}^{5} w_i (100 - GD_{iTCI}) \tag{3-11}$$

式中:GD_{iTCI}——第i类设施损坏的总扣分,最高分值为100,按表3-23的规定计算;

w_i——第 i 类设施损坏的权重,按表 3-22 取值;

i——设施的损坏类型。

沿线设施扣分标准　　　　表 3-23

类型 i	损坏名称	损坏程度	计量单位	单位扣分	权重 w_i	备注
1	防护设施缺损	轻	处	10	0.25	
		重		30		
2	隔离栅损坏	—	处	20	0.10	
3	标志缺损	—	处	20	0.25	
4	标线缺损	—	m	0.1	0.20	每 10m 扣 1 分,不足 10m 以 10m 计
5	绿化管护不善	—	m	0.1	0.20	

七、公路技术状况的评定

1. 评定要求

公路技术状况评定以 1000m 路段长度为基本评定单元。在路面类型、交通量、路面宽度和养管单位变化处,评定单元不受此限制,但评定路段长度不应超过 2000m。

MQI 的确定方法如下:

$$MQI = w_{PQI}PQI + w_{SCI}SCI + w_{BCI}BCI + w_{TCI}TCI \tag{3-12}$$

式中:w_{PQI}——PQI 在 MQI 中的权重,取值为 0.70;

w_{SCI}——SCI 在 MQI 中的权重,取值为 0.08;

w_{BCI}——BCI 在 MQI 中的权重,取值为 0.12;

w_{TCI}——TCI 在 MQI 中的权重,取值为 0.10。

2. 综合评定

(1)路段 MQI

路段 MQI 按式(3-12)计算。对非整公里的路段,除 PQI 外,SCI、BCI 和 TCI 三项指标的实际扣分均应换算成整公里值(扣分 × 基本评定单元长度/实际路段长度)。桥隧构造物评价结果(BCI)计入桥隧构造物所属路段。

存在五类桥梁、危险隧道、危险涵洞的路段,MQI = 0。

(2)路线 MQI

进行路线技术状况评定时,应采用路线所包含的所有路段 MQI 算术平均值作为该路线的 MQI 值,并按表 3-24 汇总。

公路技术状况评定明细表　　　　表 3-24

路线名称:			技术等级:		路面类型:		检测方向:		年 月 日		
路段桩号	长度(m)	MQI	路面 PQI	路面分项指标					路基 SCI	桥隧构造物 BCI	沿线设施 TCI
				PCI	RQI	RDI	SRI	PSSI			

第 页 总 页

注:表中 PSSI 为抽样评定指标。

(3)等级评定

按表 3-1 的规定确定公路技术状况等级。按表 3-25 的格式统计 MQI 及分项指标的优良、中、次、差的长度及比例。

公路技术状况评定汇总表 表 3-25

年 月 日

基本信息						
所属省市						
路线名称(编码)						
技术等级						
路面类型						
评定长度(km)						
管养单位						
主管单位						
平均 MQI			评定等级			
平均 MQI(上行)			评定等级(上行)			
平均 MQI(下行)			评定等级(下行)			
上行评定长度(km)			下行评定长度(km)			
统计信息						
项目	上下行		上行		下行	
	长度(km)	比例(%)	长度(km)	比例(%)	长度(km)	比例(%)
MQI(优、良)						
MQI(中)						
MQI(次、差)						
PQI(优、良)						
PQI(中)						
PQI(次、差)						
SCI(优、良)						
SCI(中)						
SCI(次、差)						
BCI(优、良)						
BCI(中)						
BCI(次、差)						
TCI(优、良)						
TCI(中)						
TCI(次、差)						

第 页 总 页

任务实施

1. 进行工程概述

某高速公路为国道主干线连接段,全长32.85km,面层为沥青混凝土,设计速度为120km/h。其中,K15+500~K28+000为双向六车道,K28+000~K48+350为双向四车道。

2. 确定检测评定目的和依据

评定目的:为全面掌握某高速公路技术状况,科学评定公路使用性能,同时为高速公路养护工作提供基础数据和相关信息。

检测评定依据:《公路技术状况评价标准》(JTG H20—2007)。

3. 确定检测内容

检测内容包括路面破损、车辙深度、平整度、抗滑。此外,路基、桥隧涵构造物、沿线设施和绿化状况的调查数据由日常养护单位和桥检单位提供。

4. 检测与调查

检测与调查方法采用多功能路况快速检测车,自动、快速采集《公路技术状况评定标准》(JTG H20—2007)要求的主要路况指标,包括路面破损、路面平整度、路面车辙、路面构造深度、道路前方景观图像和地理位置等路况信息。

5. 检测结果评定

(1) 路面使用性能(PQI)评定

参考《公路技术状况评定标准》(JTG H20—2007),依次进行路面损坏状况(PCI)、路面行驶质量(RQI)、路面车辙深度(RDI)、路面抗滑性能(SRI)和路面结构强度(PSSI)评定。

(2) 路基使用性能(SCI)评定

参考《公路技术状况评定标准》(JTG H20—2007)进行评定。

(3) 桥隧构造物技术状况(BCI)评定

按照《公路桥涵养护规范》(JTG H11—2004)的要求评定所有桥梁的技术状况等级,按照《公路隧道养护技术规范》(JTG H12—2015)的要求评定所有隧道技术状况等级,按照《公路桥涵养护规范》(JTG H11—2004)的要求评定所有涵洞的技术状况等级,完成此三项后,最后按照《公路技术状况评定标准》(JTG H20—2007)中桥涵构造物扣分标准得出桥隧构造物技术状况(BCI)。

(4) 交通设施使用性能(TCI)评定

参考《公路技术状况评定标准》(JTG H20—2007)进行评定。

6. 整理评定结果

(1) 按照《公路技术状况评定标准》(JTG H20—2007)填写公路技术状况评定明细表。

(2) 按照《公路技术状况评定标准》(JTG H20—2007)填写公路技术状况评定汇总表。

思考与练习

1. 根据已知数据计算该路段使用性能指数(PQI)值,并根据公路技术状况评定标准划分该路段路面使用性能等级。

该调查路段为一级公路,沥青路面,调查长度1km,有效宽度30m;经路面行驶质量检测,该路段国际平整度指数平均值 $IRI=3.5$;经路面抗滑性能检测,横向力系数 $SFC=0.034$;车辙深度12mm。路面损坏调查结果见表3-26,PQI各分项指标权重。

沥青路面损坏调查表　　　　　　表3-26

路线名称:		调查方向:		调查时间:			调查人员:					
调查内容	程度	权重 w_i	单位	起点桩号: 路段长度:				终点桩号: 路面宽度:				累计损坏
				1	2	3	4	5	6	7	8	9	10	
龟裂	轻	0.6	m²		1	1			1.4					
	中	0.8					1							
	重	1.0												
块状裂缝	轻	0.6	m²		1			1			1			
	重	0.8												
纵向裂缝	轻	0.6	m	5	6		10		5			9		
	重	1.0												
横向裂缝	轻	0.6	m	1		2	9	10	5	5	10	7	8	
	重	1.0												
坑槽	轻	0.8	m²					1	2					
	重	1.0												
松散	轻	0.6	m²											
	重	1.0												
沉陷	轻	0.6	m²											
	重	1.0												
车辙	轻	0.6	m			10			10					
	重	1.0												
波浪拥包	轻	0.6	m²				1				1			
	重	1.0												
泛油	—	0.2	m²					1						
修补	—	0.1	m²	5		10			15	10		10	5	

评定结果:
DR = %
PCI =

计算方法:
$PCI = 100 - a_0 DR^{a_1}$
$DR = 100 \times \sum(w_i A_i / A)$
$a_0 = 15.00$
$a_1 = 0.412$

2. 选择校园内某1000m路段,组织实施路面损坏状况的检测与调查。

任务4　检测数据处理

学习目标

(1)理解抽样检验基础知识,熟悉公路工程检测项目、频率和取样要求。
(2)掌握有效数字的定义及数字的修约规则。
(3)掌握检测数据的统计特征和可疑数据的取舍方法。
(4)了解误差分析的基本知识。

任务描述

已知某检测公司受委托对某一级公路路面维修工程的回弹弯沉值进行了抽检,要求学生对采集到的试验检测数据进行处理,掌握抽样检验、数据的统计特征以及可疑数据的剔除等内容。

相关知识

公路工程质量的评价是以各种试验检测数据为依据的,试验检测采集得到的大量原始数据必须经过分析处理,如有些数据要经过无量纲化处理之后才具备可比性,而且原始数据中还存在各种误差,甚至还有一些错误数据须剔除。因此,原始数据一定要经过科学的分析处理,才能取得可靠的试验检测成果。

一、抽样检验

检验是对被检查项目的特征和性能进行检查、检测、试验等,并将结果与标准规定的要求进行比较,以判定其是否合格所进行的活动。检验是公路工程质量控制的重要环节,是保证公路工程质量的必要手段。

检验可分为全数检验和抽样检验两大类。全数检验是对一批产品中的每一个产品进行检验,从而判断该批产品质量状况;抽样检验是从一批产品中抽出少量的单个产品进行检验,从而判断该批产品质量状况。

全数检验较抽样检验可靠性好,但检验工作量大,往往难以实现;抽样检验方法以数理统计学为理论依据,具有很强的科学性和经济性,在许多情况下,只能采用抽样检验方法。

> 公路工程不同于一般产品,它是一个连续的整体,且采用的质量检测手段又多属于破坏性的。所以,就公路工程质量检验而言,不可能采用全数检验,只能采用抽样检验,即从待检工程中抽取样本,根据样本的质量检查结果,推断整个待检工程的质量状况。

1.总体与样本

总体:又称母体,是统计分析中所需研究对象的全体。
个体:组成总体的每个单元。

样本:又称子样,即从总体中抽取的一部分个体。

样本容量:是样本中所含样品的数量,通常用 n 来表示。

例如:一批水泥有 500 袋,为了检测这批水泥的指标,随机抽取了 20 袋,每袋取样 1 份,共 20 个试样进行试验。则这 500 袋水泥是总体,每 1 袋称为个体。这 20 个试样称为样本,样本容量为 20。

2.抽样检验的类型

抽样是从总体中抽取样本的过程,通过对样本的检验推测了解总体。抽样检验可分为非随机抽样和随机抽样两大类。

(1)非随机抽样

进行人为地、有意识地挑选取样即为非随机抽样。非随机取样中,人的主观因素占主导作用,由此所得到的质量数据,往往会对总体作出错误的判断。因此,采用非随机抽样方法所得的检验结论,其可信度较低。

(2)随机抽样

随机抽样排除了人的主观因素,使待检总体中每一个产品具有同等被抽取到的机会。只有随机抽样的样本才能客观地反映总体的质量状况。这类方法所得到的数据代表性强,质量检验的可靠性得到了基本保证。因此,随机抽样是以数理统计的原理,根据样本取得的质量数据来推测、判断总体的一种科学抽样检验方法,因而被广泛应用。

3.随机抽样的方法

随机抽样的方法有多种,公路工程质量检验的随机抽样方式一般采用单纯随机抽样、系统抽样和分层抽样。

(1)单纯随机抽样

单纯随机抽样也称简单随机抽样,是一种最简单、最基本的抽样方法。在进行单纯随机抽样时,要求对总体中每个个体进行编码,利用抽签、随机数字等方法抽取样本,其特点是每个个体被抽到的概率相等。例如,同一台班内,由同一焊工完成的 300 个同牌号、同直径焊接接头作为一批,从中随机切取 6 个接头,其中 3 个做拉伸试验,3 个做弯曲试验。

(2)系统抽样

系统抽样又称等距抽样,它是先将总体中各单位按一定顺序排列,根据样本容量要求确定抽选间隔,然后随机确定起点,每隔一定间隔抽取一个单位的抽样方式。例如,用 3m 直尺测定 2km 的沥青路面的平整度时,每 200m 划分为一段,每段测 2 处,每处连续 10 尺。这时可以掷骰子或者用其他随机方法确定起始位置,如从 K0+015 作为起始位置,然后分别测定 K0+215、K0+415、K0+615 等位置的路面平整度。

系统抽样适用于连续作业、产品为连续体或流水作业中的工序质量控制,但当产品质量特性发生变化时,容易产生较大偏差。

(3)分层抽样

一项工程或工序往往是由若干不同的班组施工的。分层抽样法就是依据此类情况,将工程或工序分为若干层,可以从所有分层中按一定比例取样。分层抽样法便于了解每层的质量状况,分析每层产生质量问题的原因。例如,同一生产厂家生产的每种规格或型号的钢绞线,都应抽样检验一次。

相比于简单随机抽样,分层抽样可以消除层间差异性对总体样本标准误差的影响。

公路试验检测项目、频率及取样要求见表4-1。

公路试验检测项目、频率及取样要求　　　　　表4-1

序号	试验类别	试验项目及参数	施工自检频率	监理抽检频率	取样方法	取样容器、数量
1	土	颗粒分析、液限、塑性指数、承载比CBR、最大干密度、最佳含水率、天然含水率	(1)开工前检验一次,施工过程中每5000m³检验一次;(2)天然含水率:压实前随时检测	开工前检验一次,施工过程中每25000m³检验一次	按《公路土工试验规程》(JTG E40—2007)要求取具有代表性的样品	编织袋,100kg
2	细集料(水泥混凝土用)	筛分、含泥量、泥块含量	每批次进场检验一次,每检验批代表数量不得超过200m³	每检验批代表数量不得超过1000m³	按《公路工程集料试验规程》(JTG E42—2005)取样。先铲除表面处无代表性的部分,然后在料堆的顶部、中部、底部取得大致相等的若干份组成一组试样。抽检混合料合成级配时也可在拌和楼直接取料	编织袋,10kg
3	粗集料(水泥混凝土用)	筛分、含泥量、针片状颗粒含量、压碎值	每批次进场检验一次,每检验批代表数量不得超过400m³	每检验批代表数量不得超过2000m³		编织袋,筛分等30kg,压碎值料10kg
4	集料(水泥稳定或级配碎石)	筛分、含泥量、针片状颗粒含量、压碎值、颗粒组成(合成级配)、塑性指数	每批次进场检验一次,每检验批代表数量不得超过1000m³	每检验批代表数量不得超过5000m³		编织袋,30kg
5	粗集料(沥青混凝土用)	颗粒组成、针片状含量、含泥量(小于0.075mm颗粒含量)、压碎值、密度及吸水率	每批次进场检验一次,每检验批代表数量不得超过1000m³	每检验批代表数量不得超过5000m³		编织袋,筛分30kg,压碎值料10kg
		黏附性、石料酸碱性、软石含量	必要时做	必要时做		
6	细集料(沥青混凝土用)	颗粒组成、含泥量(小于0.075mm颗粒含量)、砂当量、密度	每批次进场检验一次,每检验批代表数量不得超过500m³	每检验批代表数量不得超过2500m³	按《公路工程集料试验规程》(JTG E42—2005)要求取具有代表性的样品	编织袋,10kg
		棱角性	必要时做	必要时做		
7	矿粉	筛分、含水率	每批次进场检验一次,每检验批代表数量不得超过100t	每检验批代表数量不得超过500t	按《公路工程集料试验规程》(JTG E42—2005)要求取具有代表性的样品	水泥留样桶,2kg
		表观密度、塑性指数、亲水系数、加热安定性	必要时做	必要时做		
8	水泥	细度、比表面积、标准稠度用水量、凝结时间、安定性、胶砂强度	每批次进场检验一次,每检验批代表数量袋装不得超过200t,散装不得超过500t	每检验批代表数量袋装不得超过1000t,散装不得超过2500t	按《公路工程集料试验规程》(JTG E42—2005)水泥取样方法从20个以上的不同部位取等量样品作为一组试样,提供产品材质单	水泥留样桶,总量至少6kg

续上表

序号	试验类别	试验项目及参数	施工自检频率	监理抽检频率	取样方法	取样容器、数量
9	粉煤灰	细度、烧失量、含水率、三氧化硫	每批次进场检验一次,每检验批代表数量不超过200t	每检验批代表数量不超过1000t	从每批中任抽10袋,每袋取试样不少于1kg,混拌均匀后按四分缩样;提供材质单	水泥留样桶,质量大于3kg
10	钢筋原材	极限强度、屈服强度、伸长率、冷弯	每批次进场检验一次,每检验批代表数量不得超过60t	每检验批代表数量不超过300t	取两根原材,每根截取拉伸试件和冷弯试件各一根;提供材质单	取拉伸试样2根,长度500mm,取冷弯试样2根,长度: $(150+5d)$ mm,d 为钢筋直径;分组用绑线绑扎
11	钢筋机械连接	极限强度	同一施工条件下采用同一批材料的同等级、同形式、同规格接头,以500个为一个验收批,不足500个也作为一个验收批,随机取3个试件进行检验	同一施工条件下采用同一批材料的同等级、同形式、同规格接头,每2500个为一个验收批,随机取3个试件进行检验	1.在钢筋骨架安装时,随机截取接头试件; 2.套筒长度L必须大于或等于$2d+10mm$(d 为钢筋直径;分组用绑线绑扎);提供材质单	取3个机械连接试样,3个原材试样。长度50cm,分组用绑线绑扎
12	焊接钢筋	极限强度、闪光对焊弯曲	以300个同接头形式、同钢筋级别的接头作为一批	以1500个同接头形式、同钢筋级别的接头作为一批	从不同部位随机取样,闪光对焊弯曲试样应对焊接表面进行抛光	分组用绑线绑扎;闪光对焊取6根(其中3根做冷弯,需将焊口磨平);搭接焊取3根
13	钢绞线	极限强度、屈服强度、伸长率、松弛试验	机械力学性能试验:每批次进场检验一次,每检验批代表数量不得超过60t;松弛试验:同一生产厂家每一种规格或型号检验一次	监理单位监督见证施工单位的取样过程,共同送检外委试验	每批任选3盘,每盘取一根做拉伸试验、一根做松弛试验;提供材质单	分组用绑线绑扎,每根长度:拉伸100cm,松弛240cm

续上表

序号	试验类别	试验项目及参数	施工自检频率	监理抽检频率	取样方法	取样容器、数量
14	锚板、夹片	外观、硬度、锚固系数	每批进场检验一次，每检验批代表数量不超过100套	监理单位监督见证施工单位的取样过程，共同送检外委试验	从不同部位随机抽取试样；提供材质单	木箱或纸箱；外观检查抽取10%且不少于10套，硬度检验5%且不少于5套，静载试验3套
15	土工隔栅	外观拉伸屈服力、屈服伸长率、2%伸长率时的拉伸力、5%伸长率时的拉伸力	每批次进场检验一次，每检验批代表数量不超过200卷	监理单位监督见证施工单位的取样过程，共同送检外委试验	按《公路土工合成材料试验规程》（JTG E50—2006）取样方法在整卷材料上裁所需要的试样；提供合格证、材质单	分组用绑线绑扎；在同批土工隔栅产品中随机抽取5卷，每卷截取1m作为样品，共5件
16	土工布	规格尺寸、单位面积质量、宽条拉伸强度、伸长率、顶破强度、渗透系数	每批次进场检验一次，每检验批代表数量不超过5000m³	监理单位监督见证施工单位的取样过程，共同送检外委试验	按《公路土工合成材料试验规程》（JTG E50—2006）取样方法在整卷材料上裁所需要的试样并标明长度方向；提供合格证、材质单	分组用绑线绑扎，4m²
17	塑料波纹管、聚乙烯双壁波纹管	外观、冲击性能、环刚度、局部横向荷载、烘箱试验	每批次进场检验一次，每检验批代表数量不超过10000m	监理单位监督见证施工单位的取样过程，共同送检外委试验	现场取样，拉伸取样长度100cm，6根，抗弯试样长度60d（d为管内径），3根；提供合格证、材质单	分组用绑线绑扎；拉伸取样长度为100cm，6根，抗弯试件长度为60d，3根
18	伸缩缝	外观、物理力学性能	每批次进场检验一次，每检验批代表数量不超过500m	监理单位监督见证施工单位的取样过程，共同送检外委试验	根据检测需要取样；提供合格证、材质单	
19	橡胶支座	外观、极限抗压强度、弹性模量、老化、转角	每批次进场检验一次，每检验批代表数量不超过200块	监理单位监督见证施工单位的取样过程，共同送检外委试验	每批逐个进行外观质量检查，再从检查合格的样品中取至少3块进行物理力学性能试验；提供合格证、材质单	至少3块进行物理力学性能试验

续上表

序号	试验类别	试验项目及参数	施工自检频率	监理抽检频率	取样方法	取样容器、数量
20	盆式支座	外观、极限抗压强度、弹性模量、老化、转角	每批次进场检验一次,每检验批代表数量不超过20块	监理单位监督见证施工单位的取样过程,共同送检外委试验	每批逐个进行外观质量检查,再从检查合格的样品中取至少3块进行物理力学性能试验;提供合格证、材质单	至少3块进行物理力学性能试验
		探伤检测	每批次进场检验一次	监理单位监督见证施工单位的取样过程,共同送检外委试验		
21	混凝土外加剂	拌和物性能检验、匀质性检验	根据生产厂家产量和生产设备条件,将产品分批编号,掺量大于1%(含1%)同品种的外加剂每一编号为100t,掺量小于1%的外加剂每一编号为50t,不足50t的也可按一个批量计;以进场的同批产品数量为一检验批,不同批号产品应分别取样	监理单位监督见证施工单位的取样过程,共同送检外委试验	所取的样品应具有代表性,从3个或更多的点样等量均匀混合而获得的试样;提供合格证、材质单	密封容器取样;取样品两份,一份试验、一份封存留样;每份质量大于2.5L或2.5kg
22	轮廓标	外观、色度性能、光度性能	每批次进场检验一次,每批不超过3000个	监理单位监督见证施工单位的取样过程,共同送检外委试验	根据要求随机取样;提供合格证、材质单	5块
23	突起路标	发光强度系数、抗压荷载	每批次进场检验一次	监理单位监督见证施工单位的取样过程,共同送检外委试验	根据要求随机取样;提供合格证、材质单	6个
24	反光膜	外观、色度性能、光度性能、抗拉荷载、附着性能	每批次进场检验一次	监理单位监督见证施工单位的取样过程,共同送检外委试验	根据要求随机取样;提供合格证、材质单	3块,20cm×20cm
25	防护栏、立柱	外观、几何尺寸、防腐层性能	每批次进场检验一次,每批不超过10000根	监理单位监督见证施工单位的取样过程,共同送检外委试验	根据要求随机取样;提供合格证、材质单	3段,每段40cm

续上表

序号	试验类别	试验项目及参数	施工自检频率	监理抽检频率	取样方法	取样容器、数量
26	拼接螺栓	整体抗拉荷载	每批次进场检验一次	监理单位监督见证施工单位的取样过程,共同送检外委试验	根据要求随机取样;提供合格证、材质单	8套,≥133kN
27	隔离栅	外观、几何尺寸、防腐层性能	每批次进场检验一次,每批不超过1000卷	监理单位监督见证施工单位的取样过程,共同送检外委试验	根据要求随机取样;提供合格证、材质单	1块
28	标线涂料	外观、密度、不干胎干燥时间、抗压强度、耐磨性能、色度性能、加热稳定性	每批次进场检验一次,每批不超过100t	监理单位监督见证施工单位的取样过程,共同送检外委试验	根据要求随机取样;提供合格证、材质单	密封容器取样,2kg
29	道路石油沥青	密度、针入度、针入度指数、15℃延度、软化点、老化试验[蒸发残留物含量TFOT(或RTFOT)后残留物]	1.进场时每批次检验一次,每检验批代表数量不超过2000t;2.施工期间每两天检验一次	监理单位抽检不低于施工单位的20%	按《公路工程沥青及沥青混合料试验规程》(JTG E20—2011)沥青取样法,流体状沥青,按液面上、中、下位置各取规定数样品;固体沥青从桶、袋、箱装或散装整块中取样,应在表面以下及容器侧面以内至少5cm处采样;提供合格证、材质单	乳化沥青用塑料桶取5L,其他沥青用1L带盖搪瓷缸取不少于600mL
		溶解度、闪燃点、10℃延度、含蜡量	必要时做	必要时做		
30	乳化沥青	黏度、残留物含量、溶解度、针入度、15℃延度、常温储存稳定性	1.进场时每批次检验一次,每检验批代表数量不超过2000t;2.施工期间每两天检验一次	监理单位抽检不低于施工单位的20%	现场容器中取样	
		破乳速度、与粗集料的黏附性、与粗细粒式集料拌和试验	必要时做	必要时做		
31	改性沥青	针入度、针入度指数、软化点、延度、弹性恢复	进场时每车次或每天检验1次	监理单位抽检不低于施工单位的20%	按《公路工程沥青及沥青混合料试验规程》(JTG E20—2011)沥青取样法,流体状沥青,按液面上、中、下位置各取规定数样品;固体沥青从桶、袋、箱装或散装整块中取样,应在表面以下及容器侧面以内至少5cm处采样	乳化沥青用塑料桶取5L,其他沥青用1L带盖搪瓷缸取不少于600mL
		黏韧性、储存稳定性离析、TFOT(或RTFOT)后残留物运动黏度(135℃)、闪点、溶解度、韧性、弹性恢复(25℃)	必要时做	必要时做		

续上表

序号	试验类别	试验项目及参数	施工自检频率	监理抽检频率	取样方法	取样容器、数量
32	改性乳化沥青	残留物含量、针入度、软化点、延度(5℃)、黏度	进场时每车次检验1次；其中储存稳定性每5天检验1次	监理单位抽检不低于施工单位的20%	按《公路工程沥青及沥青混合料试验规程》(JTG E20—2011)沥青取样法，流体状沥青按液面上、中、下位置各取规定数样品；固体沥青从桶、袋、箱装或散装整块中取样，应在表面以下及容器侧面以内至少5cm处采样	乳化沥青用塑料桶取5L，其他沥青用1L带盖搪瓷缸取不少于600mL
		溶解度，储存稳定性，破乳速度，与粗集料的黏附性，与粗、细粒式集料拌和试验	必要时做	必要时做		
33	沥青混合料	矿料级配	每台拌和机每天2次，必要时随时抽检	监理单位每天至少1次，必要时可随时抽检	按《公路工程沥青及沥青混合料试验规程》(JTG E20—2011)沥青混合料取样法制件	抽检级配、沥青用量取10kg；马氏试件4个一组；车辙一组3块
		沥青用量(油石比)	每台拌和机每天2次，必要时随时抽检	监理单位每天至少1次，必要时可随时抽检		
		孔隙率、稳定度、流值	每台拌和机每天2次，以4个试样的平均值评定	监理单位每天至少1次，必要时随时抽检		
34	水泥混凝土	抗压强度	(1)浇筑一般体积的结构物(如基础、墩台)时，每一单元结构物应取2组； (2)连续浇筑大体积结构时，每80~200m³或每一工作班应制取2组； (3)上部结构，主要构件长16m以下应制取1组，16~30m制取2组，31~50m制取3组，50m以上者不少于5组；小型构件每批或每工作班至少应制取2组； (4)每根钻孔桩至少应制取2组；桩长20m以上者不少于3组；桩径大、浇筑时间长时不少于4组；如换工作班时，每工作班应制取2组；	监理单位抽检不低于施工单位的20%，必要时可随时抽检	不同强度等级及不同配合比的混凝土应在浇筑地点或拌和地点分别随机制取试件	每组3块

续上表

序号	试验类别	试验项目及参数	施工自检频率	监理抽检频率	取样方法	取样容器、数量
34	水泥混凝土	抗压强度	(5)构筑物(小桥涵、挡土墙)每座、每处或每工作班制取不少于2组;当原材料和配合比相同,并由同一拌和站拌制时,可几座或几处合并制取2组; (6)应根据施工需要,另制取几组与结构物同条件养护的试件,作为拆模、吊装、张拉预应力、承受荷载等施工阶段的强度依据	监理单位抽检不低于施工单位的20%,必要时可随时抽检	不同强度等级及不同配合比的混凝土应在浇筑地点或拌和地点分别随机制取试件	每组3块
35	水泥砂浆	抗压强度	每个构造物每工作班制取2组	监理单位抽检至少为施工单位的20%,必要时可随时抽检	不同强度等级及不同配合比的砂浆应在浇筑地点或拌和地点分别随机制取试件	交通行业标准规定为每组6块,国标规定为3块
36	水泥稳定材料	水泥剂量、混合料级配、含水率、无侧限抗压强度、最大干密度、最佳含水率	(1)水泥剂量:每个拌和站每2小时抽检1组,怀疑时可随时抽检(每组两个平行试验); (2)混合料级配:每个拌和站每天至少2组,怀疑时可随时抽检; (3)拌和站含水率:至少每2000m²一次; (4)无侧限抗压强度:每工作班1组,若在一工作班内摊铺长度大于500mm制备2组; (5)最大干密度、最佳含水率:同配合比、同料场1次,怀疑时可随时抽检	监理单位抽检不低于施工单位的20%,必要时可随时抽检	同配合比、同料场、同一拌和站生产的混合料应在摊铺地点随机取样	编织袋,100kg
37	基层钻芯	厚度、完整性	每200m测2点	监理单位抽检不低于施工单位的20%,必要时可随时抽检	按《公路路基路面现场测试规程》(JTG E60—2008)要求选择测点	

49

续上表

序号	试验类别	试验项目及参数	施工自检频率	监理抽检频率	取样方法	取样容器、数量
38	路基压实度	压实度	每200m每压实层测2处	监理单位抽检不低于施工单位的20%，必要时可随时抽检	按《公路路基路面现场测试规程》（JTG E60—2008）要求选择测点	
39	垫层压实度	压实度	每200m每车道2处	监理单位抽检不低于施工单位的20%，必要时可随时抽检	按《公路路基路面现场测试规程》（JTG E60—2008）要求选择测点	
40	底基层、基层压实度	压实度	每200m测2点	监理单位抽检不低于施工单位的20%，必要时可随时抽检	按《公路路基路面现场测试规程》（JTG E60—2008）要求选择测点	
41	沥青混凝土面层压实度	压实度	每200m测1点	监理单位抽检不低于施工单位的20%，必要时可随时抽检	按《公路路基路面现场测试规程》（JTG E60—2008）要求选择测点	
42	台背压实度	压实度	每压实层每50m² 测4点，不足50m² 时至少测4点	监理单位抽检不低于施工单位的20%，必要时可随时抽检	按《公路路基路面现场测试规程》（JTG E60—2008）要求选择测点	
43	沥青混凝土渗水	渗水系数	每200m测1处	监理单位抽检不低于施工单位的20%，必要时可随时抽检	按《公路路基路面现场测试规程》（JTG E60—2008）要求选择测点	
44	沥青混凝土抗滑	摩擦系数	每200m测1处	监理单位抽检不低于施工单位的20%，必要时可随时抽检	按《公路路基路面现场测试规程》（JTG E60—2008）要求选择测点	
44	沥青混凝土抗滑	构造深度	每200m测1处	监理单位抽检不低于施工单位的20%，必要时可随时抽检	按《公路路基路面现场测试规程》（JTG E60—2008）要求选择测点	
45	面层厚度	厚度	双车道每200m测1点	监理单位抽检不低于施工单位的20%，必要时可随时抽检	按《公路路基路面现场测试规程》（JTG E60—2008）要求选择测点	

工程应用

路基路面现场随机取样方法

为了公正、合理地反映工程质量状况,取样的位置不应带有任何倾向性,应根据随机数表来确定现场取样的具体位置。详见《公路路基路面现场测试规程》(JTG E60—2008)。

应用随机数表确定现场取样位置时,应事先准备好编号从 1~28 共 28 块硬纸片,每块大小为 2.5cm×2.5cm,并将其装入布袋中。分测定区间或测定断面和测点位置两种情况。

1. 测定区间或断面确定方法

(1) 路段确定。根据路基路面施工或验收、质量评定方法等有关规范决定需检测的路段。可以是一个作业段、一天完成的路段或路线全程,在路基路面工程检查验收时,通常以 1km 为一个检测路段,此时,检测路段的确定也应按现场测试规程的步骤进行。

(2) 将确定的测试路段划分为一定长度的区间或按桩号间距(一般为 20m)划分若干个断面,并按 1,2,…,T 进行编号,其中 T 为总的区间数或断面数。

(3) 从布袋中随机取出一块硬纸片,硬纸片上的号数即为随机数表中的栏号,从 1~28 栏中选出该栏号的一栏。

(4) 按照测定区间数、断面数的频度要求(总的取样数为 n,当 $n>30$ 时应分次进行),依次找出与 A 列中 01,02,…,n 对应的 B 列中的值,共 n 对对应的 A、B 值。

(5) 将 n 个 B 值与总的区间数或断面数 T 相乘,四舍五入取整数,即得到 n 个断面的编号。

2. 测点位置确定方法

(1) 从布袋中任意取出一块硬纸片,硬纸片上的号数即为随机数表中的栏号,从 1~28 栏中选出该栏号的一栏。

(2) 按照测点数的频度要求(总的取样数为 n)依次找出栏号的取样位置数,每个栏号均有 A、B、C 三列。根据检验数量 n(当 n 大于 30 时应分次进行),在所选定栏号的 A 列找出等于所需取样位置数的全部数,如 01,02,…,n。

(3) 确定取样位置的纵向距离。找出与 A 列中相对应的 B 列中的数值,以此数乘以检测区间的总长度,并加上该段的起点桩号,即可得取样位置距该段起点的距离或桩号。

(4) 确定取样位置的横向距离,找出与 A 列中相对应的 C 列中的数值,以此数乘以路基路面的宽度,再减去宽度的一半,即得出取样位置距路中心线的距离。如差值是正值,表示在中心线的右侧;如差值是负值,表示在中心线的左侧。

二、有效数字及检测数据的修约规则

1. 有效数字

为了取得准确的检测结果,不仅要准确抽样检测、测量,而且还要正确记录与计算。这就要求正确记录数字的位数,因为数字位数不仅表示数字的大小,也反映测量的准确程度。所谓有效数字,是指在分析工作中实际能够测量到的数字。能够测量到的数字是包括最后一位估计的、不确定的数字。我们把通过直读获得的准确数字称作可靠数字,把通过估读得到的那部分数字称作存疑数字。把测量结果中能够反映被测量大小的带有一位存疑数字的全部数字称作有效数字。

在记录检测数据时,从一个数的左边第一个非零数字起,到末位数字止,所有的数字都是这个数的有效数字。例如 0.0109,前面两个 0 不是有效数字,后面的 109 均为有效数字(注意,1 和 9 中间的 0 是有效数字)。

有效数字保留的位数,应根据分析方法与仪器的准确度来决定,一般使测得的数值中只有最后一位是可疑的。例如,在分析天平上称取试样 0.5000g,这不仅表明试样的质量为 0.5000g,还表明称量的误差在 ±0.0002g 以内。如将其质量记录成 0.50g,则表明该试样是在台秤上称量的,其称量误差为 ±0.02g,故记录数据的位数不能任意增加或减少。如在上例中,在分析天平上,测得称量瓶的质量为 10.4320g,这个记录说明有 6 位有效数字,最后一位是可疑的。因为分析天平只能称准到 0.0002g,即称量瓶的实际质量应为 (10.4320 ± 0.0002)g,无论计量仪器如何精密,其最后一位数总是估计出来的。因此,所谓有效数字就是保留末一位不准确数字,其余数字均为准确数字。同时,从上面的例子也可以看出,有效数字是和仪器的准确程度有关的,即有效数字不仅表明数量的大小,而且也反映测量的准确度。

2. 检测数据修约规则

根据《数值修约规则与极限数值的表示和判定》(GB/T 8170—2008),公路检测中测定和计算得出的各种数值需要修约时,按以下规则进行,通常称为"四舍六入五成双"法则,即当尾数≤4 时舍去,尾数≥6 时进位;当尾数 =5 时,要看 5 前是奇数还是偶数,5 前为偶数应将 5 舍去,5 前为奇数应将 5 进位。

这一法则的具体运用如下:

(1)拟舍去的数字中,其最左边的第一位数字小于 5 时,则舍去,保留其余各位数字不变。例如 18.2432 保留一位小数,最左边的是 4,小于 5,舍去,成为 18.2。

(2)若被舍弃的第一位数字大于 5,则其前一位数字进一。例如 28.2645 处理成 3 位有效数字时,其被舍去的第一位数字为 6,大于 5,则有效数字应为 28.3。

(3)若被舍弃的第一位数字等于 5,而其后数字全部为零时,则根据被保留末位数字为奇数或偶数(0 视为偶数),而决定进或舍,末位数是奇数时进一,末位数为偶数时则不进。例如 28.350,28.250,28.050 处理成 3 位有效数字时,分别为 28.4,28.2,28.0。

(4)若被舍弃的第一位数字为 5,而其后的数字并非全部为零时,则进一。例如 28.2501,只取 3 位有效数字时,成为 28.3。

(5)若被舍弃的数字包括几位数字时,不得对该数字进行连续修约,而应根据以上各条作一次处理。例如 2.154546,只取 3 位有效数字时,应为 2.15,而不得按下法连续修约为 2.16:2.154546→2.15455→2.1546→2.155→2.16。

3. 修约间隔

修约间隔是指保留位数的一种方式,修约间隔的数值一旦确定,修约值即应该为该数值的整数倍。公路工程检测中常用的几个修约间隔:

(1)修约间隔为 0.1。

即修约值应在 0.1 的整倍数中选取,即将数值修约到 1 位小数。例如将 30.26 修约到 0.1,得 30.3。

(2)修约间隔为 0.2。

即修约值应在 0.2 的整倍数中选取。例如,用 3m 直尺检测路面平整度的试验中,用深度尺测试点的最大间隙,准确至 0.2mm。

(3)修约间隔为 0.25。

即修约值应在 0.25 的整倍数中选取。例如,用回弹法检测水泥混凝土抗压强度时,测量碳化深度,每次读数精确至 0.25mm。

(4)修约间隔为 0.5。

即修约值应在 0.5 的整倍数中选取。例如,用回弹法检测水泥混凝土抗压强度时,计算 3 次碳化深度的平均值,结果保留至 0.5mm。

三、检测数据的统计特征量

公路工程检测数据的统计特征量分为两类:一类表示数据的集中位置和规律性,例如算术平均值、中位数、加权平均值等;另一类表示数据的差异性和波动性,主要有极差、标准偏差等;有时还需要把这两类基本特征量联合起来说明问题,如变异系数等。

1. 算术平均值

算术平均值是表示一组数据集中位置最有用的统计特征量,经常用样本的算术平均值来代表总体的平均水平。总体平均值用 μ 表示,样本的算术平均值则用 $\bar{X}$ 表示,如果一个样本数据为 $x_1, x_2, \cdots, x_n$,那么,样本的算术平均值为:

$$\bar{x} = \frac{1}{n}(x_1 + x_2 + \cdots + x_n) = \frac{1}{n}\sum_{i=1}^{n} x_i \tag{4-1}$$

【例 4-1】 水泥胶砂强度试验中,一组试件 3d 的抗折强度检测值分别为 $R_{c1} = 3.6\text{MPa}$,$R_{c2} = 3.5\text{MPa}$,$R_{c3} = 4.0\text{MPa}$。求该组试件 3d 抗折强度的平均值。

解: 由式(4-1)可知,$R_c = \frac{3.6 + 3.5 + 4.0}{3} = 3.7(\text{MPa})$

2. 中位数

在一组数据 $X_1, X_2, X_3, \cdots, X_n$ 中,按其大小排序,以排在正中间的数表示总体的平均水平,称之为中位数,或称中值,用 M_d 表示。n 为奇数时,正中间的数只有一个;n 为偶数时,正中间的数有两个,则取这两个数的平均值作为中位数,即:

$$M_d = \begin{cases} x_{\frac{n+1}{2}} & (n \text{ 为奇数}) \\ \frac{1}{2}\left(x_{\frac{n}{2}} + x_{\frac{n}{2}+1}\right) & (n \text{ 为偶数}) \end{cases} \tag{4-2}$$

3. 极差

在一组数据中,最大值与最小值之差,称为极差,记作 R:

$$R = X_{\max} - X_{\min} \tag{4-3}$$

极差没有充分利用数据的信息,但计算十分简单,仅适用样本容量较小($n < 10$)的情况。

4. 标准偏差

标准偏差有时也称标准离差、标准差或均方差,它是衡量样本数据波动性(离散程度)的指标。在试验检测中,总体的标准偏差 σ 一般不易求得。样本的标准偏差 S 可按下式计算:

$$S = \sqrt{\frac{(x_1 - \bar{x})^2 + (x_2 - \bar{x})^2 + \cdots + (x_n - \bar{x})^2}{n - 1}} = \sqrt{\frac{\sum_{i=1}^{n}(x_i - \bar{x})^2}{n - 1}} \tag{4-4}$$

5. 变异系数

标准偏差反映样本数据的绝对波动状况。当测量较大的量值时,绝对误差一般较大;而测量较小的量值时,绝对误差一般较小。因此,用相对波动的大小,即变异系数更能反映样本数据的波动性。

变异系数用 C_V 表示,是标准偏差 S 与算术平均值 $\overline{X}$ 的比值,即:

$$C_V = \frac{S}{\overline{X}} \times 100\% \tag{4-5}$$

6. 代表值

在《公路工程质量检验评定标准》(JTG F80/1—2017)中,规定了某些评定指标算术平均值的上、下置信界限值,称为该指标的代表值,在指标的评定中起到总体水平、规定扣分界限及区分质量优劣的作用。代表值一般是通过公式,利用均方差及平均值计算出来的。

例如,对路段内路面结构层厚度按代表值的允许偏差和单个测定值的允许偏差来进行评定。厚度代表值为厚度的算术平均值的下置信界限值,即:

$$h_L = \overline{h} - S \cdot \frac{t_\alpha}{\sqrt{n}}$$

式中:h_L——厚度代表值;

$\overline{h}$——厚度平均值;

S——标准差;

n——检查数量;

t_α——t 分布中随测点数和保证率(置信度 α)而变的系数。采用的保证率:高速、一级公路基层、底基层为 99%,面层为 95%;而其他等级公路基层、底基层为 95%,面层为 90%。

当厚度代表值大于等于设计厚度减去代表值允许偏差时,则按单个检查的偏差是否超过极限值来评定合格率;当厚度代表值小于设计厚度减去代表值允许偏差时,则相应分项工程不合格。

公路工程质量检验评定方法中,还涉及其他指标的代表值,如弯沉代表值、压实度代表值等,在后文具体检测项目中再详细进行介绍。

课堂练习1

某路段沥青混凝土面层抗滑性能检测,摩擦系数的检测使用摆式仪法,测得的摩擦摆值 FB(BPN)(共 10 个测点)分别为:58、56、62、53、48、52、50、61、59、55。求摩擦系数的算术平均值、中位数、极差、标准偏差及该路段的变异系数。

四、可疑数据的取舍方法

在一组条件完全相同的重复试验中,个别测量值可能会出现异常。如测量值过大或过小,这些过大或过小的测量数据是不正常的,或称为可疑的。对于这些可疑数据应该用数理统计的方法判别其真伪,并决定取舍。常用的方法有拉依达法、肖维纳特法、格拉布斯法等。

1. 拉依达法

当试验次数较多时,可简单地用3倍标准偏差(3S)作为确定可疑数据取舍的标准。当某一测量数据与其测量结果的算术平均值之差大于3倍标准偏差时,用公式表示为:

$$|x_i - \bar{x}| > 3S \tag{4-6}$$

则该测量数据应舍弃。

这是美国混凝土标准中所采用的方法,由于该方法是以3倍标准差作为判别标准,所以亦称3倍标准偏差法,简称3S法。取3S的理由是:根据随机变量的正态分布规律,在多次试验中,测量值落在 $\bar{x}+3S$ 与 $\bar{x}-3S$ 之间的概率为99.73%,出现在此范围之外的概率仅为0.27%,也就是在近400次试验中才能遇到一次,这种事件为小概率事件,出现的可能性很小,几乎是不可能。因而在实际试验中,一旦出现,就认为该测量数据是不可靠的,应将其舍弃。另外,当测量值与平均值之差大于2倍标准偏差(即 $|x_i - \bar{x}| > 2S$)时,则该测量值应保留,但需存疑。如发现生产(施工)、试验过程中,有可疑的变异时,该测量值则应予舍弃。

【例4-2】 在试验室内进行同配比的混凝土强度试验,其试验结果为($n=10$):23.0MPa、24.5MPa、26.0MPa、25.0MPa、24.8MPa、27.0MPa、25.5MPa、31.0MPa、25.4MPa、25.8MPa,试用3S法决定其取舍。

解:分析上述10个测量数据,$x_{\min} = 23.0$MPa 和 $x_{\max} = 31.0$MPa 最可疑,故应首先判别。

经计算:$\bar{x} = 25.5$MPa, $S = 2.10$MPa

$$|x_{\max} - \bar{x}| = |31.0 - 25.8| = 5.2\text{MPa} < 3S = 6.3\text{MPa}$$
$$|x_{\min} - \bar{x}| = |23.0 - 25.8| = 2.82\text{MPa} < 3S = 6.3\text{MPa}$$

故上述测量数据均不能舍弃。

拉依达法优缺点:该法简单方便,不需查表,但要求较宽,当试验检测次数较多或要求不高时可以应用,当试验检测次数较少时(如 $n<10$),在一组测量值中即使混有异常值,也无法舍弃。

2. 肖维纳特法

进行 n 次试验,其测量值服从正态分布,以概率 $1/(2n)$ 设定一判别范围 $(-K_nS, K_nS)$,当偏差(测量值 x_i 与其算术平均值 $\bar{x}$ 之差)超出该范围时,就意味着该测量值 x_i 是可疑的,应予舍弃。因此,肖维纳特法可疑数据舍弃的标准为:

$$|x_i - \bar{x}| > K_n S \tag{4-7}$$

则将 x_i 剔除。

式中:K_n——肖维纳特系数,与试验次数 n 有关,如表4-2所示。

肖维纳特系数　　　　　表4-2

n	K_n	n	K_n	n	K_n	n	K_n	n	K_n	n	K_n
3	1.38	8	1.86	13	2.07	18	2.20	23	2.30	50	2.58
4	1.53	9	1.92	14	2.12	19	2.22	24	2.31	75	2.71
5	1.65	10	1.96	15	2.13	20	2.24	25	2.33	100	2.81
6	1.73	11	2.00	16	2.15	21	2.26	30	2.39	200	3.02
7	1.80	12	2.03	17	2.17	22	2.28	40	2.49	500	3.20

肖维纳特法改善了拉依达法,但从理论上分析,当 $|x_i - \bar{x}| \leq K_n S$,此时所有异常值都无法舍弃。此外,肖维纳特系数与置信水平之间无明确联系。

【例4-3】 在试验室内进行同配比的混凝土强度试验,其试验结果为($n=10$):23.0MPa、24.5MPa、26.0MPa、25.0MPa、24.5MPa、27.0MPa、25.5MPa、31.0MPa、25.4MPa、25.8MPa,试用肖维纳特法决定其取舍。

解:查肖维纳特系数(表4-2),当 $n=10$ 时,$K_n=1.96$。对于测量值31.0,则有:
$$|x_i - \bar{x}| = |31.0 - 25.8| = 5.2 \geq K_n S = 4.1$$
说明测量数据31.0是异常的,应予舍弃。这一结论与用拉依达法的结果是不一致的。

3. 格拉布斯法

格拉布斯法假定测量结果服从正态分布,根据顺序统计量来确定可疑数据的取舍。

进行 n 次重复试验,测得试验结果为 $x_1, x_2, \cdots, x_n$,该结果服从正态分布,为了检验 x_i($i=1,2,\cdots,n$)中是否有可疑值,可将 x_i 按其值由小到大顺序重新排列,得:$x_{(1)} \leq x_{(2)} \leq \cdots \leq x_{(n)}$。

根据顺序统计原则,给出标准化顺序统计量 $g = \dfrac{|x_i - \bar{x}|}{S}$,根据格拉布斯统计量的分布,在指定的显著性水平 β(一般 $\beta=0.05$)下,求得判别可疑值的临界值 $g_{0(\beta,n)}$,格拉布斯法的判别标准为:

$$|x_i - \bar{x}| > g_{0(\beta,n)} S \tag{4-8}$$

即若 $g \geq g_0(\beta, n)$,则该量测可疑值是异常的,应予以舍去。格拉布斯系数见表4-3。

格拉布斯系数表——临界值 $g_{0(\beta,n)}$ 表4-3

n	β 0.05	β 0.01	n	β 0.05	β 0.01
3	1.135	1.155	17	2.475	2.785
4	1.463	1.492	18	2.504	2.821
5	1.672	1.749	19	2.532	2.854
6	1.822	1.944	20	2.557	2.884
7	1.938	2.097	21	2.580	2.912
8	2.032	2.231	22	2.603	2.939
9	2.110	2.323	23	2.624	2.963
10	2.176	2.410	24	2.644	2.987
11	2.234	2.485	25	2.663	3.009
12	2.285	2.550	30	2.745	3.103
13	2.331	2.607	35	2.811	3.178
14	2.371	2.659	40	2.866	3.240
15	2.409	2.705	45	2.914	3.292
16	2.443	2.747	50	2.956	3.336

【例4-4】 在试验室内进行同配比的混凝土强度试验,其试验结果为($n=10$):23.0MPa、24.5MPa、26.0MPa、25.0MPa、24.5MPa、27.0MPa、25.5MPa、31.0MPa、25.4MPa、25.5MPa,试用格拉布斯法判别其真伪。

解:(1)测量数据按由小到大排列如下:
23.0 24.5 24.8 25.0 25.4 25.5 25.8 26.0 27.0 31.0
(2)计算数据特征量:
$$\bar{x} = 25.8\text{MPa}, \quad S = 2.1\text{MPa}$$
(3)计算统计量:
由于 $g_{(10)} > g_{(1)}$,首先判别 $x_{10} = 31.0$。
(4)选定显著性水平 $\beta = 0.05$,并根据 $\beta = 0.05$ 和 $n = 10$,由格拉布斯系数表查得 $g_{0(0.05,10)} = 2.18$。
(5)判别。

由于 $g_{(10)} = 2.48 > g_{0(0.05,10)} = 2.18$,所以 $x_{10} = 31.0$ 为异常值,应予舍弃。这一结论与肖维纳特法结论是一致的。

仿照上述方法继续对余下的9个数据进行判别,经计算没有异常值。

应用上述三种判断准则时应注意以下几点:

(1)剔除可疑数据时,首先应对样本观测值中的最小值和最大值进行判断,因为这两个值极有可能是可疑数据;并应按照与计算平均值偏差的大小顺序来检验,首先检验偏差最大的数,如果这个数不被剔除,则所有的其他数都不应被剔除,也就不需要再检验其他数据了。

(2)每次只能剔除一个可疑数据,然后按剩下的样本观测值,重新计算平均值和标准偏差,再作第二次判断,如此逐个地剔除,直至所有剩下的值不再是可疑数据为止。不允许一次同时剔除多个样本观测值。

(3)采用不同准则对可疑数据进行判断时,可能会出现不同的结论,此时要对所选用准则的适用范围、给定的检验水平的合理性以及产生可疑数据的原因等作进一步的分析。

五、误差分析

在试验检测过程中,由于试验仪器精度的限制、试验检测方法的不完善、试验检测人员认识能力的不足和科学水平的限制等方面的原因,造成测量的结果与其真实值之间存在一定差值,这个差值就称为误差。

由于误差的存在,使我们对客观现象的本质及其内在规律的认识受到某种程度的限制。因此,必须分析误差产生的原因、性质及其对测试结果的影响,并采取有效的措施,尽可能地减少误差。

试验结果都具有误差,误差自始至终存在于一切科学试验和检测过程中。随着科学技术的发展,人们认识水平的提高以及实践经验的增加,误差可以被控制得越来越小,但是不能完全消除。

1. 真值

真值即真实值,是指在一定条件下,被测量客观存在的实际值。真值通常是个未知量,一般所说的真值是指理论真值、规定真值和相对真值。

理论真值:也称绝对真值,如平面三角形三内角之和恒为180°。

规定真值:也称约定真值,国际上公认的某些基准量值。

相对真值:计算器具按精度不同分为若干等级,上一等级的指示值即为下一等级的真值,此真值称为相对真值。

2. 误差

根据误差表示方法的不同,可分为绝对误差和相对误差。

(1) 绝对误差

绝对误差是指实测值与被测量的真值之差,即:

$$n\Delta L = L - L_0 \tag{4-9}$$

式中:ΔL——绝对误差;

L——实测值;

L_0——被测物体的真值。

绝对误差具有以下性质:

① 它是有单位的,与测量时采用的单位相同。

② 它能表示测量的数值是偏大还是偏小及偏离程度。

③ 它不能确切地表示测量所达到的精确程度。

(2) 相对误差

相对误差是绝对误差与被测真值(或实际值)的比值,即:

$$\delta = \frac{\Delta L}{L} \times 100\%$$

式中:δ——相对误差;

ΔL——绝对误差;

L——真值。

相对误差具有以下性质:

① 它是无单位的,通常以百分数表示,而且与测量时所采用的单位无关。

② 能表示误差的大小和方向,相对误差大时绝对误差亦大。

③ 能表示测量的精确程度。

3. 误差的来源

(1) 装置误差

主要由设备装置的设计制造、安装、调整与运用引起的误差。

(2) 环境误差

由于各种环境因素达不到要求的标准状态所引起的误差。

(3) 人员误差

测试者生理上的最小分辨力和固有习惯引起的误差。

(4) 方法误差

测试者未按规定的操作方法进行试验所引起的误差。

4. 误差的分类

(1) 系统误差

在同一条件下,多次重复测试同一量时,误差的数值和正负号有较明显的规律。系统误差通常在测试之前就已经存在,而且在试验过程中,始终偏离一个方向,在同一试验中其大小和符号相同。

(2) 随机误差

在相同条件下,多次重复测试同一量时,出现误差的数值和正负号没有明显的规律,它是由许多难以控制的微小因素造成的。

(3)过失误差

过失误差明显地歪曲试验结果,如测错、读错、记错或计算错误等。含有过失误差的测量数据是不能采用的,必须利用一定的准则从测得的数据中剔除。因此,在进行误差分析时,只考虑系统误差与随机误差。

任务实施

A公路工程监理有限公司委托B公路工程试验检测中心对××公路路面整治工程的回弹弯沉值进行了抽检。检测部位为K1+620~K3+620,试验结果记录在表4-4中,请用3S法舍弃可疑数据。

回弹弯沉值试验检测报告　　　　　　　　　　　　　　　表4-4

工程名称:××公路路面整治工程		试验性质:监理抽检		
合同号:SJY0001		报告日期:2017-02-18		
监理单位:A公路工程监理有限公司		试验单位:B公路工程试验检测中心		
现场描述	沥青路面	编号:WC-2010-07-02		
		试验依据:T 0951—95		
现场信息	检测部位:K1+620~K3+620			
贝克曼梁测定回弹弯沉测试结果(T 0951—95)				
检测桩号	回弹弯沉值(0.01mm)		检测桩号	回弹弯沉值(0.01mm)
	左轮	右轮		左轮	右轮
K1+620	44	24	K2+220	16	0
K1+660	16	58	K2+240	24	32
K1+700	10	16	K2+260	40	4
K1+740	32	38	K2+280	4	14
K1+780	22	14	K2+300	18	20
K1+820	14	30	K2+320	12	16
K1+860	8	14	K2+340	8	16
K1+900	34	44	K2+360	28	22
K1+940	24	46	K2+380	22	22
K1+960	18	18	K2+400	8	20
K1+980	6	20	K2+480	8	12
K2+000	12	0	K2+500	20	36
K2+020	14	12	K2+520	26	24
K2+040	22	12	K2+540	16	2
K2+060	12	12	K2+560	16	16
K2+080	0	2	K2+580	16	30
K2+100	0	12	K2+600	28	22
K2+120	16	22	K2+620	18	0

(1) 计算弯沉平均值和标准差。

$$\bar{x} = \frac{1}{n}(x_1 + x_2 + \cdots + x_n) = \frac{1}{n}\sum_{i=1}^{n} x_i$$

$$S = \sqrt{\frac{(x_1-\bar{x})^2 + (x_2-\bar{x})^2 + \cdots + (x_n-\bar{x})^2}{n-1}} = \sqrt{\frac{\sum_{i=1}^{n}(x_i-\bar{x})^2}{n-1}}$$

(2) 将所有数据进行排序,从最小值和最大值开始代入公式进行判别,若 $|x_i - \bar{x}| > 3S$,则为异常值,舍弃。

(3) 舍弃可疑数据后重新排序,重复步骤(2),直到无异常值。

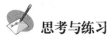 **思考与练习**

1. 某路段二灰碎石基层无侧限抗压强度结果(单位:MPa)见表 4-5。

表 4-5

0.792	0.306	0.968	0.804	1.201	1.075
0.447	0.894	0.702	0.424	0.498	0.815

请分别用拉依达法、肖维纳特法和格拉布斯法对上述数据进行取舍判别。

2. 某路段垫层施工质量检查中,用标准轴载测得 17 个点的弯沉分别为 100、101、110、108、98、96、96、102、110、95、98、93、96、103、96、103、104(单位:0.01mm),试算该结构层弯沉值的算术平均值、中位数、极差、标准偏差和变异系数。

任务5 公路几何线形检测

学习目标

（1）熟悉路基路面纵断高程、中线偏位、宽度、横坡、边坡等检测常用方法。
（2）掌握路基路面纵断高程、中线偏位、宽度、横坡、边坡等几何尺寸检测步骤和要点。
（3）掌握路基路面纵断高程、中线偏位、宽度、横坡、边坡等几何尺寸检测数据处理方法。

任务描述

基于现场几何线形检测工作过程，通过完成符合检测规程的道路几何线形检测任务，使学生掌握几何线形检测的基本知识、理论和方法，具备公路中线偏位检测、公路纵断面检测、公路横断面检测及纬地等软件应用的能力。

相关知识

公路几何线形检测是指对路基路面、桥梁、隧道的平面、纵断面和横断面以及其他各种结构物的几何尺寸的测量、检测及评定，应贯穿公路施工的整个过程，而不仅限于竣工验收评定阶段，以保证公路线形与各种结构物从设计转化为实体工程过程中，平面位置、高程及其他尺寸满足设计、规范及合同规定的各项要求。

一、公路几何线形的组成

公路几何线形检测技术融检测基本理论、测量工程学及公路几何设计原理于一体。

公路是一个三维实体，它是由路基、路面、涵洞、桥梁、隧道和沿线设施所组成的线形构造物。一般路线是指公路中线的空间位置。

横断面是中线上任一点的法向切面，纵断面是沿中线的竖直切面，路线在水平面的投影称路线的平面。以上三者称为公路的几何组成。

路线设计是指确定路线空间位置和各部分几何尺寸的工作。

1．路线平面

公路应满足的几何条件：线形连续圆滑（曲率及曲率变化连续）。平面线形三要素为：直线、圆曲线、缓和曲线。

圆曲线是路线平曲线的基本组成部分，单圆曲线是最常见的曲线形式。圆曲线的测设工作一般分两步进行，先定出曲线上起控制作用的点，称为曲线的主点测设，然后在主点基础上进行加密，定出曲线上的其他各点，完整地标定出圆曲线的位置，这项工作称为曲线的详细测设。

缓和曲线的形式可采用回旋线、三次抛物线及双纽线等。目前我国公路设计中，以回旋线作为缓和曲线。

（1）圆曲线测设元素的计算

根据图5-1中的几何关系，单圆曲线元素按下列公式计算：

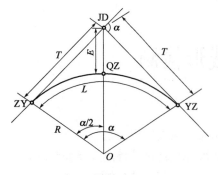

图 5-1　圆曲线示意图

切线长　　　　$T = R\tan\dfrac{\alpha}{2}$　　　　(5-1)

曲线长　　　　$L = \dfrac{\pi}{180°}\alpha R$　　　　(5-2)

外距　　　　$E = R\left(\sec\dfrac{\alpha}{2} - 1\right)$　　　　(5-3)

另外,为了计算里程和校核,还应计算切曲差(超距),即两切线长与曲线长的差值。

切曲差(超距)　　　　$D = 2T - L$　　　　(5-4)

(2)圆曲线主点测设

单圆曲线有三个主点,即曲线起点(ZY)、曲线中点(QZ)和曲线终点(YZ)。它们是确定圆曲线位置的主要点位。在其点位上的桩称为主点桩,是圆曲线测设的重要桩志。

在中线测时,路线交点(JD)的里程桩号是实际丈量的,而曲线主点的里程桩号是根据交点的里程桩号推算而得的。其计算步骤如下:

$$\left.\begin{array}{l} \text{ZY}(\text{直圆})\text{桩号} = \text{JD 桩号} - T \\ \text{YZ}(\text{圆直})\text{桩号} = \text{ZY 桩号} + L \\ \text{QZ}(\text{曲中})\text{桩号} = \text{YZ 桩号} - \dfrac{L}{2} \\ \text{JD}(\text{交点})\text{桩号} = \text{QZ 桩号} + \dfrac{D}{2}(\text{校核}) \end{array}\right\} \quad (5\text{-}5)$$

如图 5-1 所示,自路线交点 JD 分别沿后视方向和前视方向量取切线长 T,即得曲线起点 ZY 和曲线终点 YZ 的桩位。再自交点 JD 沿分角线方向量取外距 E,便是曲线中点 QZ 的桩位。

(3)缓和曲线公式

回旋线是曲率半径随曲线长度的增大而反比地均匀减小的曲线,即在回旋线上任一点的曲率半径 ρ 与曲线的长度 s 成反比,以公式表示为:

$$\rho = \dfrac{c}{s} \text{ 或者 } \rho s = c \quad (5\text{-}6)$$

为了使公式两边的量纲统一,引入回旋线参数 A,令 $A^2 = c$,A 表征回旋线曲率变化的缓急程度。则回旋线基本公式为:

$$\rho s = A^2 \quad (5\text{-}7)$$

在缓和曲线终点即 HY 点(或 YH 点)的曲率半径等于圆曲线半径,即 $\rho = R$,该点的曲线长度即是缓和曲线的全长 l_h,即 $s = l_h$,则得:

$$l_h = \dfrac{A^2}{R} \quad (5\text{-}8)$$

回旋线上任一点 P 的切线与 x 轴(起点 ZH 或 HZ 切线)的夹角称为切线角,用 β 表示,该角值与 P 点至曲线起点长度 s 所对应的中心角相等。在缓和曲线上任意一点 P 处取一微分弧段 $\mathrm{d}s$,如图 5-2 所示,则有:

$$\mathrm{d}\beta_x = \dfrac{\mathrm{d}s}{\rho}$$

$$\beta_x = \int d\beta_x = \int \frac{ds}{\rho} \quad (5\text{-}9)$$

将 $\rho = \dfrac{A^2}{s}$ 代入并积分得：

$$\beta_x = \frac{sds}{A^2} = \frac{s^2}{2A^2} = \frac{s^2}{2Rl_h} \quad (5\text{-}10)$$

在 l_h 终点处 $s = l_h, \rho = R$，代入上式，则得：

$$\beta_h = \frac{l_h}{2R} \quad (5\text{-}11)$$

缓和曲线直角坐标为：

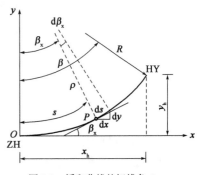

图 5-2 缓和曲线的切线角 β_x

$$\left. \begin{array}{l} y = \dfrac{s^3}{6Rl_h} - \dfrac{s^7}{336R^2 l_h^3} \\[6pt] x = s - \dfrac{s^5}{40R^2 l_h^2} \end{array} \right\} \quad (5\text{-}12)$$

当 $s = l_h$ 时，则缓和曲线终点的坐标为：

$$\left. \begin{array}{l} y_h = \dfrac{l_h^2}{6R} - \dfrac{l_h^4}{336R^3} \\[6pt] x_h = l_h - \dfrac{l_h^3}{40R^2} \end{array} \right\} \quad (5\text{-}13)$$

(4) 有缓和曲线的平曲线主点桩的测设

① 主曲线的内移值 p 及切线增长值 q

为了能在直线与圆曲线之间插入缓和曲线，必须将原有圆曲线向内移动一定的距离 p。圆曲线向内移动有两种方法：一种是圆心不变，使圆曲线半径减小，从而使圆曲线向内移动；另一种是半径不变，而圆心沿分角线方向内移，使圆曲线向内移动。由于后者是不平行移动，圆曲线上的各点的内移值不相等，测设工作麻烦，因此采用第一种方法。

$$p = x_h + R\cos\beta_h - R = x_h - R(1 - \cos\beta_h) = \frac{l_h^2}{24R} \quad (5\text{-}14)$$

$$q = x_h - R\sin\beta_h = \frac{l_h}{2} - \frac{l_h^3}{240R^2} \quad (5\text{-}15)$$

② 有缓和曲线的单圆曲线要素计算

切线长 $\quad T_h = (R + p)\tan\dfrac{\alpha}{2} + q \quad (5\text{-}16)$

曲线长 $\quad L_h = R(\alpha - 2\beta)\dfrac{\pi}{180} + 2l_h \quad (5\text{-}17)$

外距 $\quad E_h = (R + p)\sec\dfrac{\alpha}{2} - R = R\left(\sec\dfrac{\alpha}{2} - 1\right) + p\sec\dfrac{\alpha}{2} \quad (5\text{-}18)$

超距 $\quad D_h = 2T_h - L_h \quad (5\text{-}19)$

③ 曲线主点桩号计算

$$\left.\begin{array}{l}桩号\ ZH = JD(桩号) - T_h \\ 桩号\ HY = ZH(桩号) + l_h \\ 桩号\ YH = HY(桩号) + L_y \\ 桩号\ HZ = YH(桩号) + l_h \\ 桩号\ QZ = HZ(桩号) - L_h/2 \\ 桩号\ JD = QZ(桩号) + D_h/2 \end{array}\right\} \quad (5\text{-}20)$$

④曲线主点桩测设

如图 5-2 所示,带有缓和曲线的单圆曲线基本桩有 ZH、HY、QZ、YH、HZ 五个,其测设和桩号计算方法与单圆曲线基本相同。ZH、HZ 两点由切线长 T_h 来确定;QZ 由外距 E_h 来确定;HY、YH 两点由坐标 x_h、y_h 来确定。

2. 路线纵断面

路线纵断面图是表示线路中线方向地面高低起伏形状和纵坡变化的剖视图,它根据中平测量成果绘制而成。在铁路、公路、运河、渠道的设计中,纵断面图是重要的资料。

如图 5-3 所示为公路纵断面图。为了明显表示地势变化,图的高程(竖直)比例尺通常比里程(水平)比例尺大 10 倍,如水平比例尺为 1:2000,则竖直比例尺应为 1:200。

纵断面图包括两部分,上半部绘制断面线,进行有关注记;下半部填写资料数据表。

(1)坡度与坡长:从左至右向上斜者为上坡(正坡),向下斜者为下坡(负坡),水平线表示平坡;线上注记坡度的百分数(铁路断面图为千分数),线下注记坡长。

(2)设计高程:按中线设计纵坡计算的路基高程。

(3)地面高程:按中平测量成果填写的各里程桩的地面高程。

(4)里程桩与里程:按中线测量成果,根据水平比例尺标注的里程桩号。为使纵断面图清晰,一般只标注百米桩和公里桩,为了减少书写,百米桩的里程写 1~9,并注明公里数。

(5)直线和曲线:为路线中线的平面示意图,按中线测量资料绘制。直线部分用居中直线表示,曲线部分用凸出的矩形表示,上凸者表示路线右弯,下凸者表示左弯,并在凸出的矩形内注明交点编号和曲线半径。

3. 公路横断面

公路横断面由公路原地面和设计线组成,包括行车道、路肩、中间带、边沟、边坡、截水沟、护坡道,以及取土坑、弃土堆、环保设施等。

二、公路平面位置的检测

平面位置检测是指公路工程交工或竣工时,对其平面实际位置与设计位置进行测量比较,确定其偏移量,并按标准规定值或允许偏差值进行检查评定。

1. 中线的平面坐标

(1)测量坐标系

大地坐标系:以参考椭球面作为基准面,用大地经度 L 和纬度 B 表示地面点位的坐标系。

高斯平面直角坐标系:根据高斯投影所建立的平面直角坐标系。

独立平面直角坐标系:当测区面积较小时(小于 $100km^2$),常把测区的球面投影看作平面,这样地面点在投影面上的位置就可以用平面直角坐标来确定。

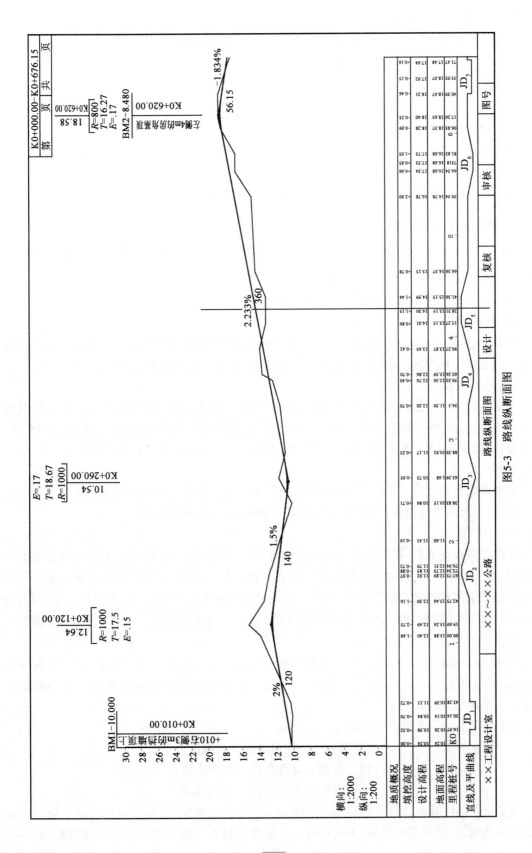

图5-3 路线纵断面图

(2)平面控制网的检测

检测内容:网是否符合要求,点的密度是否符合要求,点是否变动。

控制网检测:导线测量或三角测量。

(3)路线中桩坐标的计算

通过计算得到逐桩坐标表。

2. 中线偏位的检测方法

中线偏位是指公路交工或竣工以后,其中线的实际位置与设计位置之间的偏移值。

(1)检测频率:4个/200m,其中主点必选。

(2)中线偏位检测方法:角度交会法、距离交会法、极坐标法、后方交会法。

三、纵断面高程的检测

纵断面高程的检测是指对路基路面或构造物施工各阶段所测的高程数据与设计文件对应设计高程数据之间的差值进行的测量工作。

以下主要介绍使用水准仪检测纵断面高程。

(1)检测频率

路基、土沟4个/200m,管道2处/两井间,排水沟5个/200m,盲沟1个/(10~20m),砌石混凝土挡土墙1点/20m,加筋挡土墙、砌石工程3点/20m,锥、护坡3点/50m。

(2)基平测量

基平测量时,要先将起始水准点与国家水准点进行联测,以获得绝对高程式。在沿线其他水准点的测量过程中,凡能与附近国家水准点进行联测的均应联测,以进行水准路线的校核,如果路线附近没有国家水准点,则可根据气压计或国家小比例地形图上的高程作为参考,假定起始水准点高程。

水准点高程的测量,应按五等高程测量的要求,可以采用水准测量和测距仪三角高程测量,水准测量可用单仪器往返测法或双仪器同向测法,记录格式用高差法。

(3)中平测量

水准点测设完成后,根据水准点高程,用附合水准测量的方法,测定路中线各里程桩的地面高程,称为中平测量,即中桩高程测量。可采用 DS_3 水准仪和5m塔尺进行水准测量或用测距仪进行三角高程测量。限差为±50mm。其观测方法如图5-4所示。从水准点BM开始,首先置水准仪于Ⅰ站,在 BM_1 立尺,读取后视读数,然后在测站视线范围内立尺并读数,称为中视读数。

当水准仪视线不能继续读尺时(如读不到K0+200桩上的尺),在转点 Z_1 立尺取前视读数,将仪器移至下一站Ⅱ,以 Z_1 为后视,继续观测。由于每站皆有中视读数,路线水准测量的记录格式采用视线高程法。

中桩及转点的高程按下式计算:

$$视线高程 = 后视点高程 + 后视读数$$

$$转点高程 = 视线高程 - 前视读数$$

$$中桩高程 = 视线高程 - 中视读数$$

转点ZD起传递高程的作用,应保证读数正确,要求读至毫米,并选在较稳固之处。在软土处选转点时,应按尺垫并踏紧,有时也可选中桩作为转点。由于中间点不传递高程,且本身精度要求仅为分米,为了提高观测速度,读数取至厘米即可。

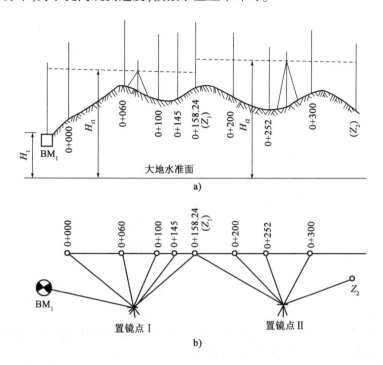

图 5-4 路线纵断面高程测试图

(4)高程的检测方法

准备工作:仪器,选取检测部位。

测量:按水准测量步骤。

计算合格率:合格率 = 合格点数/检查点数 ×100%。

四、横断面的检测

横断面的检测是指公路工程交工或竣工验收时,对横断面的实际几何尺寸进行测量,与设计数值进行比较,并按标准规定值或允许偏差值进行检查评定。

横断面检测的内容主要包括:路基、路面、桥梁和隧道等工程构筑物的宽度、横坡,以及路基边坡和排水、支挡、防护等工程的断面几何尺寸等。

公路中线上任意一点的法线方向剖面图构成公路的横断面图,它是由横断面设计线与横断面地面线所围成的图形。横断面图一般应示出:行车道、中间带、路肩、碎落台、填方边坡、挖方边坡、边沟、排水沟、护坡道以及防护工程(如护坡、挡土墙)、安全设施与公路绿化等设施,高速公路和一级公路横断面图中还应示出加(减)速车道、爬坡车道等。各部分的位置、名称如图5-5所示。

1. 公路路基横断面的一般组成

行车道:公路上供各种车辆行驶部分的总称,包括快车行车道和慢车行车道。

路肩:位于行车道外缘至路基边缘,具有一定宽度的带状结构部分。路肩分土路肩和硬路肩两类。

中间带:高速、一级公路用于分隔对向车辆的路幅组成部分,通常设于车道中间。

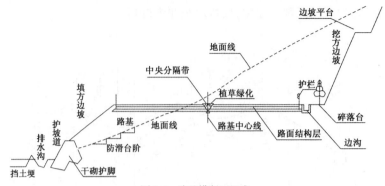

图 5-5 路基横断面组成

2. 公路路基横断面的特殊组成

爬坡车道：设置在高速、一、二级公路的上坡路段，供慢速上坡车辆行驶用车道。

加(减)速车道：供车辆驶入(离)高速车流之前(后)加速(减速)用车道。

错车道：在单车道道路上，可通视的一定距离内，供车辆交错避让用的一段加宽车道。

紧急停车带：在高速、一级公路上，供车辆临时发生故障或其他原因紧急停车使用的临时停车地带。

避险车道：设置于连续长、陡下坡路段右侧弯道，以避免车辆在行驶中因速度失控而造成事故的路段，是在特殊路段设置的安全车道。

公路特殊组成仅在公路特殊路段才设置。

3. 各级公路横断面的宽度组成

高速公路、一级公路的路基横断面分为整体式和分离式两类。整体式断面包括行车道、中间带(中央分隔带及左侧路缘带)、路肩(硬路肩及土路肩)以及紧急停车带、爬坡车道、加(减)速车道等组成部分[图 5-6a)]；分离式断面包括行车道、路肩(硬路肩及土路肩)以及紧急停车带、爬坡车道、加(减)速车道等组成部分。分离式断面是一种将上、下行车道放在不同平面上，中间带随地形变宽的断面形式。

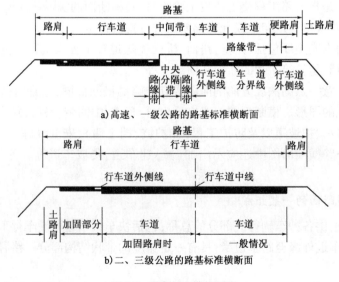

a) 高速、一级公路的路基标准横断面

b) 二、三级公路的路基标准横断面

图 5-6 路基标准横断面图

二级公路的路基横断面包括行车道、中间带、路肩等组成部分[图5-6b)]。二级公路位于中、小城市城乡接合部、混合交通量大的连接路段，实行快、慢车道分开行驶时，可根据当地经验设置右侧硬路肩。三、四级公路的路基横断面包括行车道、路肩以及错车道等组成部分。

在公路上提供一定宽度的纵列以保证车辆安全行驶的路面，称为一个车道。一条公路的车道数量主要根据该路的预测交通量和一个车道的设计通行能力来确定，行车道的基本数目应在一个较大路线长度内保持不变。《公路工程技术标准》(JTG B01—2014)根据公路等级和设计速度将车道数分为单车道、双车道、四车道、六车道和八车道。

一条车道的宽度必须能满足设计车辆在有一定横向偏移的情况下运行，并能为相邻车道上的车流提供余宽，所以汽车所需车道的宽度受车速、交通量、驾驶员的驾驶能力、会车等影响。我国《公路工程技术标准》(JTG B01—2014)规定的各级公路的车道宽度见表5-1。

车 道 宽 度　　　　　　　　　　　　　　　表5-1

设计速度(km/h)	120	100	80	60	40	30	20
车道宽度(m)	3.75	3.75	3.75	3.50	3.50	3.25	3.00

注：1. 设计速度为20km/h且为单车道时，车道宽度应采用3.50m。
　　2. 高速公路为八车道时，内侧车道宽度可采用3.50m。

4. 中间带宽度

中间带由两条左侧路缘带和中央分隔带组成，是分隔公路上对向行车道的地带。高速公路、一级公路整体式路基必须设置中间带。中间带的功能是分离不同方向的交通流，减少车辆的对向干扰，以防止无序的交叉运行和转弯运行，同时为设置公路标牌、提供绿化带、遮挡对向车灯的眩光和埋设管线等设施提供场地。路缘带既可以是硬路肩的一部分，又可以是中间带的一部分，主要取决于它的位置。在中间带范围内的路缘带是中间带的组成部分，在路肩范围内的路缘带属路肩的组成部分，它的主要功能是诱导驾驶员视线和提供部分侧向余宽。当汽车越出行车道时，能提高行车安全性。

中央分隔带表面可分为凹形和凸形两种形状，凸形宽度较小，是公路的常见形式；凹形的宽度大于4.5m；分隔带表面一般采用植草、栽灌木或铺面封闭。分隔带的缘石有齐平式、斜式和栏式3种，当宽度大于4.5m时可以采用齐平式，否则一般采用后两种形式。中间带可不等宽，也不一定等高，但应与地形、景观等相协调。不等宽的中间带应逐步过渡，避免突变。一般情况下，中央分隔带每隔2km设一开口(断口)，供高速公路维修时交通调剂使用。表5-2所示为在正常情况下中间带宽度采用的一般值。当遇特殊情况时，可以采用低限值。

中 间 带 宽 度　　　　　　　　　　　　　　表5-2

设计速度(km/h)		120	100	80	60
中央分隔带宽度(m)	一般值	3.00	2.00	2.00	2.00
	最小值	1.00	1.00	1.00	1.00
左侧路缘带宽度(m)	一般值	0.75	0.75	0.50	0.50
	最小值	0.75	0.50	0.50	0.50
中间带宽度(m)	一般值	4.50	3.50	3.00	3.00
	最小值	2.50	2.00	2.00	2.00

5. 路肩的组成及宽度

(1) 组成及作用

路肩通常由右侧路缘带(高速、一级公路)、硬路肩和土路肩三部分组成,如图 5-7 所示。

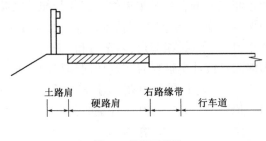

图 5-7 路肩示意图

路肩的作用是增加路幅的富余宽度,供临时停车、错车或堆放养路材料之用;同时对提高行车道通行能力也有辅助作用;为填方地段通车后的路基提供宽度损失。据调查,填方路堤通车后,由于自然力的破坏,一般路基边缘形成约 0.2m 的圆角,使路基实际宽度减小,路肩宽度可使这部分宽度损失得以补偿;同时也可保护路面,作为路面横向支承之用。

(2) 路肩宽度

路肩还有利于诱导驾驶员的视线,开阔视野,增加行车的舒适感和安全感;为公路的其他设施(如护墙、护栏、绿化、电杆、地下管线等)提供设置的场地;为公路养护操作及避车提供空间。

确定路肩宽度应在满足路肩功能要求的条件下,尽量采用较窄宽度的原则确定。高速公路、一级公路的路肩宽度应考虑发生故障车辆随时都可在路肩上停置所需的宽度。各级公路右侧路肩宽度的规定见表 5-3。

右 侧 路 肩 宽 度　　　　表 5-3

设计速度 (km/h)		高速公路			一级公路			二级公路		三级公路		四级公路
		120	100	80	100	80	60	80	60	40	30	20
右侧硬路肩宽度 (m)	一般值	3.00 或 3.50	3.00	2.50	3.00	2.50	2.50	1.50	0.75			
	最小值	3.00	2.50	1.50	2.50	1.50	1.50	0.75	0.25			
土路肩宽度 (m)	一般值	0.75	0.75	0.75	0.75	0.75	0.50	0.75	0.75	0.75	0.50	0.25 (双车道) 0.50 (单车道)
	最小值	0.75	0.75	0.75	0.75	0.75	0.50	0.50	0.50			

注:表中所列"一般值"为正常情况下的采用值;"最小值"为条件受限制时采用的值。

高速公路、一级公路为分离式断面时,应设置左侧硬路肩,其左侧路肩宽度规定见表5-4。八车道高速公路,宜设置左侧硬路肩,其宽度宜采用 2.50m。左侧路肩宽度内含左侧路缘带宽度。

高速公路、一级公路分离式路基的左侧路肩宽度 表5-4

设计速度(km/h)	120	100	80	60
左侧硬路肩宽度(m)	1.25	1.00	0.75	0.75
左侧土路肩宽度(m)	0.75	0.75	0.75	0.50

6. 加(减)速车道

车辆由低等级公路进入高速公路或一级公路时,其行驶的速度发生改变,出现了高速公路入口处的加速合流与高速公路出口处的减速分流,从而造成行车不利。为保证其他车辆的正常行驶,在高速公路、一级公路的互通式立体交叉、服务区、停车区、公共汽车停靠站、管理与养护设施等与主线相衔接处,应设置加速车道和减速车道。加(减)速车道宽度应为3.50m。加(减)速车道的长度与速度变化范围、车辆特性等因素有关,可经计算确定,设计时可按《公路路基设计规范》(JTG D30—2015)的有关要求实施。

7. 错车道

当四级公路路基宽度采用4.5m时,应在相距不大于300m范围内设置错车道,其目的是为解决双向行车的错车而设置。错车道应设在有利地点,使驾驶员能够看清相邻两错车道间的车辆,错车路段的路基宽度≥6.5m,有效长度≥20m。

8. 紧急停车带

紧急停车带是车辆发生故障时紧急停车的区域。当硬路肩的宽度足以停车时,则无须设置紧急停车的区域。高速公路、一级公路的右侧硬路肩宽度小于2.50m时,应设紧急停车带。紧急停车带的间距不宜大于2km,宽度一般为5.00m,有效长度一般为50m,并设置100m左右或150m左右的过渡段。高速公路、一级公路的特长桥梁、隧道,根据需要可设置紧急停车带,其间距不宜大于750m。

9. 路拱及路肩横坡度

为了利于路面横向排水,将路面做成由中央向两侧倾斜的拱形,称为路拱。路拱的基本形式很多,各有特点,常用的有抛物线形、直线形和折线形三种。在设计道路横断面时,路拱及路肩横坡度应根据行车道宽度、路面结构类型、排水和当地的自然条件等要求而定,路拱横坡度取值规定见表5-5。

路拱横坡度 表5-5

路面类型	路拱坡度(%)	路面类型	路拱坡度(%)
沥青混凝土、水泥混凝土	1~2	碎、砾石等粒料路面	2.5~3.5
其他沥青路面	1.5~2.5	低级路面	3~4
半整齐块石	2~3		

注:路肩横坡度一般比路拱横坡度大1%~2%。

高速公路、一级公路整体式路基的路拱宜采用双向路拱坡度,由路中央向两侧倾斜。位于中等强度降雨地区时,路拱坡度宜为2%;位于降雨强度较大地区时,路拱坡度可适当增大。当为分离式路基的路拱时,宜采用单向横坡,并向路基外侧倾斜,也可采用双向路拱坡度。在积雪、冰冻地区,宜采用双向路拱坡度。二、三、四级公路的路拱应采用双向路拱坡度,由路中央向两侧倾斜。路拱坡度应根据路面类型和当地自然条件确定,但不应小于1.5%。

任务实施

一、检测项目与要求

在路基路面施工过程中、交工验收期间及旧路调查中,都需要检测路基路面各部分的几何尺寸,以保证其符合规定的要求。几何尺寸检测所用的仪器与材料有钢尺、经纬仪、全站仪、精密水准仪、塔尺、粉笔等。具体要求见5-6表。

几何尺寸检测要求　　　　　　　表5-6

结构名称	检查项目	规定值或容许偏差		检查频率
		高速、一级公路	其他公路	
土方路基	纵断高程(mm)	+10,-15	+10,-20	水准仪:每200m测4点 经纬仪:每200m测4点,弯道加HY、YH两点 尺量:每200m测4处 水准仪:每200m测4个断面,每200m测4处
	中线偏位(mm)	50	100	
	宽度(mm)	不小于设计值	不小于设计值	
	横坡(%)	±0.3	±0.5	
	边坡	不陡于设置值	不陡于设置值	
水泥土基层	纵断高程(mm)		+5,-15	水准仪:每200m测4点 尺量:每200m测4处水准仪,每200m测4个断面
	宽度(mm)		不小于设计值	
	横坡(%)		±0.5	
沥青混凝土面层	纵断高程(mm)	±15	±20	水准仪:每200m测4点 经纬仪:每200m测4点,弯道加HY、YH两点 尺量:每200m测4处 水准仪:每200m测4个断面
	中线偏位(mm)	20	30	
	宽度(mm)	有侧石:±20 无侧石:不小于设计值	±30	
	横坡(%)	±0.5	±0.5	

将路基路面几何尺寸检测结果汇总,然后按相关规范规定计算一个评定路段内测定值的平均值、标准差、变异系数,按照数理统计原理计算一个评定路段测定值的代表值。

二、目的与适用范围

适用于路基路面各部分的宽度、高程、横坡及中线偏位等几何尺寸的检测,以供道路施工过程、路面交工验收及旧路调查使用。

三、仪具与材料

本方法使用下列仪具与材料:
(1)长度量具:钢尺。
(2)经纬仪,全站仪,精密水准仪,塔尺。
(3)其他:粉笔等。

四、方法与步骤

1. 准备工作

(1)在路基或路面上准确恢复桩号。

(2)根据有关施工规范或工程质量检验评定标准的要求,按公路路基路面随机取样选点的方法,在一个检测路段内选取测定的断面位置及里程桩号,在测定断面做上标记。通常将路面宽度、横坡、高程及中线偏位选取在同一断面位置,且宜在整数桩号上测定。

(3)根据道路设计的要求,确定路基路面各部分的设计宽度边界位置,在测定位置上用粉笔做上记号。

(4)根据道路设计的要求,确定设计高程的纵断面位置,在测定位置上用粉笔做上记号。

(5)根据道路设计的要求,在与中线垂直的横断面上确定成型后路面的实际中心线位置。

(6)根据道路设计的路拱形状,确定曲线与直线部分的交界位置及路面与路肩(或硬路肩)的交界处,作为横坡检验的基准;当有路缘石或中央分隔带时,以两侧路缘石为横坡测定基准点,用粉笔做上记号。

2.路基路面各部分的宽度及总宽度的测定

用钢尺沿中心线垂直方向上水平量取路基路面各部分的宽度,以 m 表示,对高速公路及一级公路,准确至 0.005m;对其他等级公路,准确至 0.01m。测量时,量尺应保持水平,不得将尺贴紧路面量取,也不得使用皮尺。

3.纵断面高程的测定

(1)将精密水平仪架设在路面平顺处调平,将塔尺竖立在中线的测定位置上,以路线附近的水准点高程作为基准,测记测定点的高程读数,以 m 表示,准确至 0.001m。

(2)连续测定全部测点,并与水准点闭合。

4.路面横坡度的测定

(1)对设有中央分隔带的路面:将精密水准仪架设在路面平顺处调平,将塔尺分别竖立在路面与中央分隔带分界的路缘带边缘 d_1 及路面与路肩交界处(或外侧路缘石边缘)的标记 d_2 处,d_1 与 d_2 两测点必须在同一横断面上,测量 d_1 与 d_2 处的高程,记录高程读数,以 m 表示,准确至 0.001m。

(2)对无中央分隔带的路面:将精密水平仪架设在路面平顺处调平,将塔尺分别竖立在路拱曲线与直线部分的交界位置 d_1 及路面与路肩(或硬路肩)的交界位置 d_2 处,d_1 与 d_2 两测点必须在同一横断面上,测量 d_1 与 d_2 处的高程,记录高程读数,以 m 表示,准确至 0.001m。如图 5-8 所示。

(3)用钢尺测量两测点的水平距离,以 m 表示,对高速公路及一级公路,准确至 0.005m;对其他等级公路,准确至 0.01m。

(4)测量实际路面中心线与设计路面中心线的距离作为中心偏位 Δ_{CL},以 cm 表示,对高速公路及一级公路,准确至 0.5cm;对其他等级公路,准确至 1.0cm,如图 5-9 所示。

图 5-8 路面横坡测量示意图(一)　　图 5-9 路面横坡测量示意图(二)

五、计算

计算步骤如下:

(1)计算各个断面的实测宽度 B_{1i} 与设计宽度 B_{0i} 之差。总宽度为路基路面各部分宽度之和:

$$\Delta B_i = B_{1i} - B_{0i} \tag{5-21}$$

式中：B_{1i}——各断面的实测宽度(m)；

B_{0i}——各断面的设计宽度(m)；

ΔB_i——各断面的实测宽度与设计宽度的差值(m)。

(2)计算各个断面的实测高程 H_{1i} 与设计高程 H_{0i} 之差：

$$\Delta H_i = H_{1i} - H_{0i} \tag{5-22}$$

式中：H_{1i}——各个断面的纵断面实测高程(m)；

H_{0i}——各个断面的纵断面设计高程(m)；

ΔH_i——各个断面的纵断面实测高程与设计高程的差值(m)。

(3)各测定断面的路面横坡计算，准确至1位小数。计算实测横坡 i_{1i} 与设计横坡 i_{0i} 之差：

$$i_{1i} = d_{1i} - \frac{d_{2i}}{B_{1i}} \tag{5-23}$$

$$\Delta i_i = i_{1i} - i_{0i} \tag{5-24}$$

式中：i_{1i}——各测定断面的横坡(%)；

d_{1i}、d_{2i}——所述各断面测点 d_1 及 d_2 处的高程读数(m)；

B_{1i}——各断面测点 d_1 及 d_2 之间的水平距离(m)；

i_{0i}——各断面的设计横坡(%)；

Δi_i——各断面的横坡与设计横坡的差值(%)。

(4)根据规范计算一个评定段内各测定断面的宽度、高程、横坡以及中线偏位的平均值、标准差、变异系数，但加宽及超高部分的测定值不参加计算。

六、报告

编制报告时，要注意以下几点：

(1)以评定路段为单位列出桩号及宽度、高程、横坡以及中线偏位测定的记录表，记录平均值、标准差、变异系数，注明不符合规范要求的断面。

(2)纵断面高程测试报告中应报告实测高程与设计高程的差值，低于设计高程为负，高于设计高程为正。

(3)路面横坡测试报告中应报告实测横坡与设计横坡的差值，小于设计横坡为负，大于设计横坡为正。

知识链接

一、几何尺寸

路基路面的几何尺寸即宽度、纵断面高程、横坡及中线平面偏位，是施工质量与竣工验收的规定项目。关于几何尺寸，须注意以下几点：

(1)路面宽度必须是水平宽度。

(2)由于纵断高程规定的断面位置在道路设计时并不统一，所以不规定测定断面的位置，仅规定按道路设计标准确定的断面位置。高程检验的关键在于测定高程的位置是否准确，所以恢复桩号位置一定要准确。

(3)测定横坡时，如果中心线处有路拱，则测定值仅仅是平均横坡，此时要按设计横断面图换算成设计的平均横坡，再进行比较。

路基宽度:为行车道与路肩宽度之和,以 m 计。当设有中间带、变速车道、爬坡车道、紧急停车带时,尚应包括这些部分的宽度。

路面宽度:包括行车道、路缘带、变速车道、爬坡车道、硬路肩和紧急停车带的宽度,以 m 计。

路基横坡:路槽中心线与路槽边沿两点高程与水平距离的比值,以百分率表示。

路面横坡:对无中央分隔带的道路是指路拱表面直线部分的坡度,对有中央分隔带的道路是指路面与中央分隔带交界处及路面边沿与路基交界处两点的高程与水平距离的比值,以百分率表示。

路面中线偏位:路面实际中心线偏离设计中心线的距离,以 mm 计。

二、路面厚度检测

1. 路面厚度代表值与极值的允许误差

路面各结构层厚度的检测方法与结构层的层位和种类有关,基层和砂石路面的厚度可用挖坑法测定,沥青面层及水泥混凝土路面板的厚度应用钻孔法测定。对于路面各层施工完成后及工程交工验收检查使用时,必须进行厚度的检测。几种常用路面结构层厚度的代表值与极值的运行偏差见表5-7。

几种常用路面结构层厚度的代表值与极值的偏差　　　　表5-7

类型与层位		厚度(mm)			
		代表值		合格值	
		高速、一级公路	其他公路	高速、一级公路	其他公路
水泥混凝土面层		-5	-5	-10	-10
沥青混凝土、沥青碎石面层		总厚度:$-5\%H$ 上面层:$-10\%H$	$-8\%H$	总厚度:$-10\%H$ 上面层:$-20\%H$	$-15\%H$
沥青贯入式面层			$-8\%H$ 或 -5		$-15\%H/-10$
水泥稳定粒料	基层	-8	-10	-15	-20
	底基层	-10	-12	-25	-30
石灰土	基层		-10		-25
	底基层	-10	-12	-25	-30

注:表中 H 指结构层设计厚度。

抽检频率:水泥混凝土面层,每200m每车道检查2处;沥青混凝土、沥青碎石及沥青贯入式面层,每200m每车道检查1处;水泥稳定粒料基层及石灰稳定土底基层,每200m每车道检查1处。

(1)挖坑法测定路面厚度

①在便于开挖的前提下,开挖面积应尽量小。

②用相同材料填补试坑。

(2)钻孔取样法测定路面厚度

用与取样层相同的材料填补孔洞。

(3)地质雷达检测路面厚度

基本原理:不同介质具有不同的介电常数,地质雷达向地下发射一定强度的高频电磁脉冲波,电磁波在地下传播的过程中遇到不同介电常数的界面时,一部分能量发生反射波,一部分能量继续向地下传播。地质雷达接收并记录这些反射信息。电磁波在特定介质中的传播速度是不变的,根据地质雷达记录的路面表面发射波 R_0 与面层基层界面反射波 R_1 的时间差 Δt,按下式计算面层的厚度 h:

$$h = \frac{V\Delta t}{2} \tag{5-25}$$

计算时,需要利用钻孔取芯标定雷达波的速度。

2.路面结构层厚度评定

厚度代表值为厚度的算术平均值的下置信界限值,即:

$$h_t = \bar{h} - S \cdot \frac{t_\alpha}{\sqrt{n}} \tag{5-26}$$

式中: t_α ——t 分布中随测点数和保证率(或置信度)而变的系数。采用的保证率:高速、一级公路的基层、底基层为 99%,面层为 95%;其他公路基层、底基层为 95%,面层为 90%。

【例5-1】 某路段水泥混凝土路面板厚度检测数据如下:保证率为 95%,设计厚度 $h_d = 25\text{cm}$,代表值容许偏差 $\Delta h = 5\text{mm}$。试对该路段的板厚进行评价。

检测结果:30 点

25.1,24.8,25.1,24.6,24.7,25.4,25.2,25.3,24.7,24.9,24.9,24.8,25.3,25.3,25.2,25.0,25.1,24.8,25.0,25.1,24.7,24.9,25.0,25.4,25.2,25.1,25.0,25.0,25.5,25.4(单位:cm)

解:经计算得: $\bar{h} = 25.05\text{cm}, S = 0.24\text{cm}$

根据 $n = 30, \alpha = 95\%$,得到: $t_\alpha/\sqrt{n} = 0.310$

厚度代表值为:

$$h_L = \bar{h} - S \cdot t_\alpha/\sqrt{n}$$

$$= 25.05 - 0.310 \times 0.24 = 24.98(\text{cm})$$

因为 $h_l > h_d - \Delta h = 24.5\text{cm}$,所以该路段板厚满足要求。

思考与练习

1.公路平面位置检测的内容有哪些?

2.简述公路直线、圆曲线和缓和曲线路段横断面方向的确定方法。

3.路面横坡检测方法有哪些?其步骤分别是什么?

任务6　路基路面压实度检测

(1)掌握压实度的概念。
(2)掌握路基和路面压实度检测的基本方法。
(3)能够实施路基和路面压实度的检测与评定。

已知某检测公司受委托对某公路 K72+500～K86+800 段进行路基压实度试验检测,要求学生通过本任务熟悉路基压实度检测的方法,并对该路段路基压实度检测数据进行处理和结果评定。

路基和路面压实质量是公路工程施工质量管理最重要的内在指标之一,只有对路基和路面结构层进行充分压实,才能保证路基、路面的强度。现场压实质量用压实度表示,对于路基土及路面基层,压实度是指工地实际达到的干密度与室内标准击实试验所得的最大干密度的比值;对沥青路面,压实度是指现场实际达到的密度与室内标准密度的比值。《公路工程质量检验评定标准》(JTG F80/1—2017)中对路基路面压实度的验收标准见表6-1～表6-3。

土方路基压实度质量验收标准　　　　　　表6-1

检查项目				规定值或允许偏差		
				高速公路、一级公路	其他公路	
					二级公路	三、四级公路
压实度(%)	上路床		0～0.3m	≥96	≥95	≥94
	下路床	轻、中及重交通荷载等级	0.3～0.8m	≥96	≥95	≥94
		特重、极重交通荷载等级	0.3～1.2m	≥96	≥95	—
	上路堤	轻、中及重交通荷载等级	0.8～1.5m	≥94	≥94	≥93
		特重、极重交通荷载等级	1.2～1.9m	≥94	≥94	—
	下路堤	轻、中及重交通荷载等级	≥1.5m	≥93	≥92	≥90
		特重、极重交通荷载等级	≥1.9m			

注:1.表列压实度为根据《公路土工试验规程》(JTG E40—2007)重型击实试验所得最大干密度求得的压实度。评定路段内的压实度平均值下置信界限不得小于规定标准,单个测定值不得小于极值(表列规定值减5%)。按测定值不小于表列规定值减2%的测点数占总检查点的百分率计算合格率。
2.对于特殊干燥、特殊潮湿地区,或过湿土路基,可按路基设计、施工规范所规定的压实度标准进行评定。
3.三、四级公路铺筑沥青混凝土或水泥混凝土路面时,路基压实度应采用二级公路标准。

沥青混凝土面层和沥青碎(砾)石面层压实度质量验收标准 表 6-2

检查项目	规定值或允许偏差	
	高速公路、一级公路	其他公路
压实度(%)	≥试验室标准密度的96%(*98%); ≥最大理论密度92%(*94%); ≥试验段密度的98%(*99%)	

注:表内压实度,高速公路、一级公路应用2个标准评定,以合格率低的作为评定结果。其他公路选用1个标准评定。带*号者是指 SMA 路面。

路面基层和底基层压实度质量验收标准 表 6-3

项次	基层类型		规定值或允许偏差			
			基层		底基层	
			高速公路、一级公路	其他公路	高速公路、一级公路	其他公路
1	稳定土基层和底基层	压实度代表值(%)	—	≥95	≥95	≥93
		压实度极值(%)	—	≥91	≥91	≥89
2	稳定粒料基层和底基层	压实度代表值(%)	≥98	≥97	≥96	≥95
		压实度极值(%)	≥94	≥93	≥92	≥91
3	级配碎(砾)石基层和底基层	压实度代表值(%)	≥98		≥96	
		压实度极值(%)	≥94		≥92	

一、路基土的最大干密度和最佳含水率的确定方法

1. 最大干密度和最佳含水率

最大干密度是指在标准击实曲线(驼峰曲线)上最大的干密度值,该值对应的含水率即为最佳含水率。

2. 路基土的最大干密度测定方法

击实试验是我国确定路基土最大密度的主要方法,通过试验得出的击实曲线,确定最佳含水率和最大干密度。根据击实功的不同,可分为重型和轻型击实,两个试验的原理和基本规律相似,但重型击实试验的击实功比轻型击实的提高了4.5倍。

由于土的性质、颗粒的差异,确定最大干密度的方法也有区别。除了一般土的"击实法"以外,还有粗粒土和巨粒土最大干密度的确定方法。不同性质土的最大干密度确定方法及各方法的适用范围见表 6-4。

土的最大干密度确定方法比较 表 6-4

试验方法	适用范围	土的粒组
轻型、重型击实法	(1)小试筒适用于粒径不大于20mm 的土; (2)大试筒适用于粒径不大于40mm 的土	细粒土 粗粒土
振动台法	(1)适用于通过 0.074mm 标准筛的干颗粒质量百分数不大于15%的无黏性自由排水粗粒土和巨粒土的最大密度测定; (2)对于最大颗粒径大于60mm 的巨粒土,因受试筒允许最大粒径的限制,宜按相似级配法的规定处理	粗粒土 巨粒土
表面振动压实仪法	同上	粗粒土 巨粒土

公路土方路基压实度一般以重型击实试验为准,击实试验中按采集土样的含水率,分湿土法和干土法;按土能否重复使用,也分为两种,即土能重复使用和不能重复使用。选择时应根据下列原则进行:根据土的性质选用干土法或湿土法,对于高含水率宜选用湿土法;对于非高含水率则选用干土法;除易击碎的试样外,试样可以重复使用。

对于砂、卵、漂石及堆石料等无黏聚性自由排水土而言,一致公认采用振动方法。振动台法与表面振动压实仪法均是采用振动方法测定土的最大干密度。前者是整个土样同时受到垂直方向的振动作用,而后者是振动作用自土体表面垂直向下传递。研究结果表明,对于无黏聚性自由排水土,采用这两种方法做最大干密度试验的测定结果基本一致,但前者试验设备及操作较复杂,后者相对容易,且更接近于现场振动碾压的实际情况。因此,使用时可根据试验设备情况择其一即可,但推荐优先采用表面振动压实仪法。

二、现场压实度检测方法

(一)挖坑灌砂法测定压实度试验方法

挖坑灌砂法是施工过程中最常用的试验方法之一(图6-1),此方法表面上看来非常简单,但实际操作时经常会由于掌握不好,引起较大误差,又因为它是测定压实度的依据,所以是质量检测部门与施工单位之间易发生矛盾的环节。因此应严格遵循试验规程的每个细节要求,以提高试验精度。

图6-1 灌砂法测路基压实度

1.适用范围

本方法适用于在现场测定基层(或底基层)、砂石路面、沥青表面处治、沥青贯入式路面层及路基土的各种材料压实层的密度和压实度,但不适用于填石路堤等有大孔洞或大孔隙材料的压实度检测。

2.检测依据

《公路路基路面现场测试规程》(JTG E60—2008)。

3.检测仪器

(1)灌砂筒:有大小两种,根据需要采用。主要尺寸见表6-5和图6-2。当尺寸与表中不一致,但不影响使用时,亦可使用。上部为储砂筒,筒底中心有一个圆孔。下部装一倒置的圆锥形漏斗,漏斗上端面开口,直径与储砂筒的圆孔相同,漏斗焊接在一块铁板上,铁板中心有一圆孔与漏斗上开口相接。在储砂筒筒底与漏斗顶端铁板之间设有开关。开关为一薄铁板,一端与筒底及漏斗铁板铰接在一起,另一端伸出筒身外,开关铁板上也有一个相同直径的圆孔。

灌砂仪的主要尺寸要求　　　　　　　　　　　表6-5

结　　构		小型灌砂筒	大型灌砂筒
储砂筒	直径(mm)	100	150
	容积(cm^3)	2120	4600
流沙孔	直径(mm)	10	15
金属标定罐	内径(mm)	100	150
	外径(mm)	150	200
金属方盘基板	边长(mm)	350	400
	深度(mm)	40	50
中孔	直径(mm)	100	150

注:1. 当集料的最大粒径小于13.2mm、测定层的厚度不超过150mm时,宜采用φ100mm的小型灌砂筒测试。
　　2. 当集料的最大粒径大于或等于13.2mm,但不大于31.5mm,测定层的厚度不超过200mm时,应用φ150mm的大型灌砂筒测试。
　　3. 如集料的最大粒径超过31.5mm,则应相应地增大灌砂筒和标定罐的尺寸;如集料的最大粒径超过53mm,灌砂筒和现场试洞的直径应为200mm。

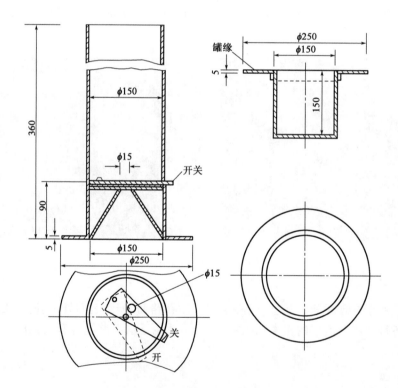

图6-2　灌砂筒结构示意图(尺寸单位:mm)

(2)金属标定罐:用薄铁板制作的金属罐,上端周围有一罐缘。
(3)基板:用薄铁板制作的金属方盘,盘的中心有一圆孔。
(4)玻璃板:边长500~600mm的方形板。
(5)试样盘:小筒挖出的试样可用饭盒存放,大筒挖出的试样可用300mm×500mm×

40mm 的搪瓷盘存放。

（6）天平或台秤：称量 10～15kg，感量不大于 1g。用于含水率测定的天平精度，对细粒土、中粒土、粗粒土宜分别为 0.01g、0.1g、1.0g。

（7）含水率测定器具：铝盒、烘箱等。

（8）量砂：粒径 0.30～0.60mm 清洁干燥的砂，20～40kg。使用前须将砂洗净、烘干，并放置足够的时间，使其与空气的湿度达到平衡。

（9）盛砂的容器：塑料桶等。

（10）其他：凿子、螺丝刀、铁锤、长把勺、长把小簸箕、毛刷等。

4. 试验过程与步骤

（1）按现行试验方法对检测对象试样用同种材料进行击实试验，得到最大干密度及最佳含水率。

（2）选用适宜的灌砂筒。

（3）标定灌砂筒下部圆锥体内砂的质量。

①在灌砂筒筒口高度上，向灌砂筒内装砂至距筒顶 15mm 左右为止。称取装入筒内砂的质量 m_1，准确至 1g。以后每次标定及试验都应该维持装砂高度与质量不变。

②将开关打开，使灌砂筒筒底的流砂孔、圆锥形漏斗上端开口圆孔及开关铁板中心的圆孔上下对准、重叠在一起，让砂自由流出，并使流出砂的体积与工地所挖试坑内的体积相当（可等于标定罐的容积），然后关上开关。

③不晃动储砂筒的砂，轻轻地将灌砂筒移至玻璃板上，将开关打开，让砂流出，直到筒内砂不再下流时，将开关关上，并细心地取走灌砂筒。

④收集并称量留在板上的砂或称量筒内的砂，准确至 1g。玻璃板上的砂就是填满筒下部圆锥体的砂 m_2。

⑤重复上述测量 3 次，取其平均值。

（4）标定量砂的松方密度 ρ_s。

①用水确定标定罐的容积 V，准确至 1mL。

②在储砂筒中装入质量为 m_1 的砂，并将灌砂筒放在标定罐上，将开关打开，让砂流出，在整个流砂过程中，不要碰动灌砂筒，直到储砂筒内的砂不再下流时，将开关关闭。取下灌砂筒，称取筒内剩余砂的质量 m_3，准确至 1g。

③按式（6-1）计算填满标定罐所需砂的质量 m_a：

$$m_a = m_1 - m_2 - m_3 \tag{6-1}$$

式中：m_a——标定罐中砂的质量（g）；
m_1——装入灌砂筒内砂的总质量（g）；
m_2——灌砂筒下部圆锥体内砂的质量（g）；
m_3——灌砂入标定罐后，筒内剩余砂的质量（g）。

④重复上述测量 3 次，取其平均值。

⑤按式（6-2）计算量砂的单位质量：

$$\rho_s = \frac{m_a}{V} \tag{6-2}$$

式中：ρ_s——量砂的单位质量（g/cm³）；
　　　V——标定罐的体积（cm³）。

（5）现场挖坑灌砂。

①在试验地点，选一块平坦表面，将其清扫干净，其面积不得小于基板面积。

②将基板放在平坦表面上。当表面的粗糙度较大时，则将盛有量砂m_5的灌砂筒放在基板中间的圆孔上，将灌砂筒的开关打开，让砂流入基板的中孔内，直到储砂筒内的砂不再下流时，关闭开关。取下灌砂筒，并称量筒内砂的质量m_6，准确至1g。

③取走基板，并将留在试验地点的量砂收回，重新将表面清扫干净。

④将基板放回清扫干净的表面上（尽量放回原处），沿基板中孔凿洞（洞的直径与灌砂筒一致）。在凿洞过程中，应注意勿使凿出的材料丢失，并随时将凿出的材料取出装入塑料袋中，以防水分蒸发，也可放在大试样盒内。试洞的深度应等于测定层厚度，但不得有下层材料混入，最后将洞内的全部凿松材料取出。对土基或基层，为防止试样盘内材料的水分蒸发，可分几次称取材料的质量。全部取出材料的总质量为m_w，准确至1g。

⑤从挖出的全部材料中取出有代表性的样品，放在铝盒或洁净的搪瓷盘中，测定其含水率w，以%计。样品数量应满足表6-6的要求。

测定含水率时的样品数量要求　　　　　　　　　　　　　表6-6

小型灌砂筒	细粒土	≥100g
	中粒土	≥500g
大型灌砂筒	细粒土	≥200g
	中粒土	≥1000g
	粗粒土或水泥、石灰、粉煤灰等无机结合料稳定材料	宜将取出的全部材料烘干，且不少于2000g，称其质量m_d

⑥将基板安放在试坑上，将灌砂筒安放在基板中间（储砂筒内放满砂的质量为m_1），使灌砂筒的下口对准基板的中孔及试洞，打开灌砂筒的开关，让砂流入试坑内。在此期间，应注意勿碰动灌砂筒。直到储砂筒内的砂不再下流时，关闭开关。小心取走灌砂筒，并称量筒内剩余砂的质量m_4，准确至1g。

⑦如清扫干净的平坦表面的粗糙度不大，也可省去上述②和③的操作。在试洞挖好后，将灌砂筒直接对准放在试坑上，中间不需要放基板。打开筒的开关，让砂流入试坑内。在此期间，应注意勿碰动灌砂筒。直到储砂筒内的砂不再下流时，关闭开关，小心取走灌砂筒，并称量剩余砂的质量m_4'，准确至1g。

⑧仔细取出试筒内的量砂，以备下次试验时再用。若量砂的湿度已发生变化或量砂中混有杂质，则应重新烘干、过筛，并放置一段时间，使其与空气的温度达到平衡后再用。

提示　灌砂法试验要点：①量砂要规则，每换一次量砂，都必须测定松方密度；②地表面处理要平整；③在挖坑时，试坑周壁应竖直，避免出现上大下小或上小下大的情形；④灌砂时检测厚度应为整个碾压层厚度。

5.试验结果整理与分析

(1)计算填满试坑所用的砂的质量m_b。

灌砂时,试坑上放有基板时:
$$m_b = m_1 - m_4 - (m_5 - m_6) \tag{6-3}$$

灌砂时,试坑上不放基板时:
$$m_b = m_1 - m_4' - m_2 \tag{6-4}$$

式中:m_b——填满试坑的砂的质量(g);

m_1——灌砂前灌砂筒内砂的质量(g);

m_2——灌砂筒下部圆锥内砂的质量(g);

m_4、m_4'——灌砂后,灌砂筒内剩余砂的质量(g);

$m_5 - m_6$——灌砂筒下部圆锥体内及基板和粗糙表面间砂的合计质量(g)。

(2)按式(6-5)计算试坑材料的湿密度ρ_w。

$$\rho_w = \frac{m_w}{m_b} \times \rho_s \tag{6-5}$$

式中:m_w——试坑中取出的全部材料的质量(g);

ρ_s——量砂的松方密度(g/cm³)。

(3)按式(6-6)计算试坑材料的干密度ρ_d。

$$\rho_d = \frac{\rho_w}{1 + 0.01w} \tag{6-6}$$

式中:w——试坑填料的含水率(室内试验求得)(%)。

(4)施工压实度K是土方路基的重要质量指标,按式(6-7)计算。

$$K = \frac{\rho_d}{\rho_c} \times 100 \tag{6-7}$$

式中:K——测试地点的施工压实度(%);

ρ_d——试样的干密度(g/cm³);

ρ_c——室内标准击实试验达到的试样最大干密度(g/cm³)。

6.数据记录与检测报告

各种材料的干密度均应精确至0.1g/cm³。

(二)环刀法测定压实度试验方法(图6-3)

1.适用范围

本方法适用于现场测定土基及路面材料的密度及压实度,以及测定细粒土及无机结合料稳定细粒土的密度。但对无机结合料稳定细粒土,其龄期不宜超过2d,且宜用于施工过程中的压实度检验。

2.检测依据

《公路路基路面现场测试规程》(JTG E60—2008)。

图 6-3 环刀法测路基压实度

3. 检测仪具与材料

(1) 人工取土器：包括环刀、环盖、定向筒和击实锤系统（导杆、落锤、手柄）。环刀内径为 6~8cm，高 2~3cm，壁厚 1.5~2mm。

(2) 天平：感量 0.1g（用于取芯头内径小于 70mm 样品的称量）或 1.0g（用于取芯头内径 100mm 样品的称量）。

(3) 其他：镐、小铁锹、修土刀、毛刷、直尺、钢丝锯、凡士林、木板及测定含水率的设备。

4. 试验步骤

(1) 对检测对象用同种材料进行击实试验，得到最大干密度及最佳含水率。

(2) 用人工取土器测定黏性土及无机结合料稳定细粒土密度的步骤如下：

① 擦净环刀，称量其质量 m_2，准确至 0.1g。

② 在试验地点，将面积约 30cm×30cm 的地面清扫干净，并将压实层铲去表面浮动及不平整的部分达一定深度，使环刀打下后，能达到要求的取土深度，但不得将下层扰动。

③ 将定向筒齿钉固定于铲平的地面上，顺次将环刀、环盖放入定向筒内，与地面垂直。

④ 使导杆保持垂直状态，用取土器落锤将环刀打入压实层中，至环盖顶面与定向筒上口齐平为此。

⑤ 去掉击实锤和定向筒，用镐将环刀及试样挖出。

⑥ 轻轻取下环盖，用修土刀自边至中削去环刀两端余土，用直尺检测，直至修平为止。

⑦ 擦净环刀外壁，用天平称取出环刀及试样合计质量 m_1，准确至 0.1g。

⑧ 自环刀中取出试样，取具有代表性的试样，测定其含水率 w。

(3) 用人工取土器测定砂性土或砂层密度时的步骤如下：

① 如为湿润的砂土，试验时不需使用击实锤和定向筒，在铲平的地面上，细心挖出一个直径较环刀外径略大的砂土柱，将环刀刃口向下，平置于砂土柱上，用两手平稳地将环刀垂直压下，直至砂土柱突出环刀上端约 2cm 时为止。

② 削掉环刀口上的多余砂土，并用直尺刮平。

③ 在环刀上口盖一块平滑的木板，一手按住木板，另一手用小铁锹将试样从环刀底部切断，然后将装满试样的环刀反转过来，削去环刀口上部的多余砂土，并用直尺刮平。

④ 擦净环刀外壁，称环刀与试样合计质量 m_1，准确至 0.1g。

⑤ 自环刀中取出试样，取具有代表性的试样，测定其含水率 w。

⑥ 干燥的砂土不能挖成砂土柱时，可直接将环刀压入或打入土中。

注：本试验须进行两次平行测定，其平行差值不得大于 0.03g/cm^3。求其算术平均值。

5. 试验结果整理与分析

(1)计算试样的湿密度 ρ_w 和干密度 ρ_d：

$$\rho_w = \frac{4(m_1 - m_2)}{\pi \cdot d^2 \cdot h} \tag{6-8}$$

$$\rho_d = \frac{\rho_w}{1 + 0.01w} \tag{6-9}$$

式中：ρ_w——试样的湿密度(g/cm^3)；
　　　ρ_d——试样的干密度(g/cm^3)；
　　　m_1——环刀与试样的总质量(g)；
　　　m_2——环刀的质量(g)；
　　　d——环刀的内直径(cm)；
　　　h——环刀的高度(cm)；
　　　w——试样的含水率(%)。

(2)施工压实度 K 按下式计算：

$$K = \frac{\rho_d}{\rho_c} \tag{6-10}$$

式中：K——测试地点的施工压实度(%)；
　　　ρ_d——试样的干密度(g/cm^3)；
　　　ρ_c——室内标准击实试验达到的试样最大干密度(g/cm^3)。

6. 数据记录与检测报告

试验应报告土的鉴别分类、含水率、湿密度、干密度、最大干密度、压实度等。

(三)钻芯法测定沥青面层压实度试验方法

1. 适用范围

沥青混合料面层的压实度是按施工规范规定的方法测定的混合料试样的毛体积密度与标准密度之比值，以百分率表示。本方法适用于检验从压实的沥青路面上钻取的沥青混合料芯样试件的密度，以评定沥青面层的施工压实度。

2. 仪具与材料准备

(1)路面取芯钻机。
(2)天平：感量不大于0.1g。
(3)水槽。
(4)吊篮。
(5)石蜡。
(6)其他：卡尺、毛刷、小勺、取样袋(容器)、电风扇。

3. 试验步骤

(1)钻取芯样

按《公路路基路面现场测试规程》(JTG E60—2008)规定的方法钻取路面芯样,芯样直径不宜小于ϕ100mm。当一次钻孔取得的芯样包含不同层位的沥青混合料时,应根据结构组合情况,用切割机将芯样沿各层结合面锯开分层进行测定。

(2)测定试件密度

①将钻取的试件在水中用毛刷轻轻刷净黏附的粉尘。如试件边角有浮松颗粒,应仔细清除。

②将试件晾干或用电风扇吹干不少于24h,直至恒重。

③按现行《公路工程沥青及沥青混合料试验规程》(JTG E20—2011)规定的沥青混合料试件密度试验方法测定试件密度ρ_s。通常情况下采用表干法测定试件的毛体积相对密度;对吸水率大于2%的试件,宜采用蜡封法测定试件的毛体积相对密度;对吸水率小于0.5%的特别致密的沥青混合料,在施工质量检验时,允许采用水中重法测定表观相对密度。

(3)根据《公路沥青路面施工技术规范》(JTG F40—2004)规定,确定计算压实度的标准密度。

4.试验结果整理与分析

(1)当计算压实度的标准密度采用每天试验室实测的马歇尔击实试件密度或试验路段钻孔取样密度时,沥青面层的压实度按式(6-11)计算。

$$K = \frac{\rho_s}{\rho_0} \times 100 \tag{6-11}$$

式中:K——沥青面层某一测定部位的压实度(%);

ρ_s——沥青混合料芯样试件的实际密度(g/cm³);

ρ_0——沥青混合料的标准密度(g/cm³)。

(2)计算压实度的标准密度采用最大理论密度时,沥青面层的压实度按式(6-12)计算。

$$K = \frac{\rho_s}{\rho_t} \times 100 \tag{6-12}$$

式中:ρ_s——沥青混合料芯样试件的实际密度(g/cm³);

ρ_t——沥青混合料的最大理论密度(g/cm³)。

(3)计算一个评定路段检测压实度的平均值、标准差、变异系数,并计算代表压实度。

5.试验报告

压实度试验报告应记载压实度检查的标准密度及依据,并列表表示各测点的试验结果。

(四)核子密度湿度仪测定压实度试验方法

核子密度湿度仪法是现场检测压实度较常用的一种方法,仪器按规定方法标定后,其检测结果可作为工程质量评定与验收的依据。其适用于土壤、碎石、土石混合物、沥青混合料和非硬化水泥混凝土等材料。

该方法主要是利用放射性元素(通常是射线和中子射线)测量路基路面材料的密度和含水率,并计算施工压实度的方法。它的优点是测量速度快,需要人员少;缺点是放射性物质对人体有害,另外需要打洞的仪器,在打洞过程中使洞壁附近的结构遭到破坏,影响测定的准确性,属于破坏性检测。

1.仪具与材料

(1)核子密度湿度仪:符合国家规定的关于健康保护和安全使用标准,密度的测定范围为

1.12~2.73g/cm³,测定误差不大于±0.03g/cm³,含水率测量范围为0~0.64g/cm³,测定误差不大于±0.015 g/cm³。它主要包括下列部件:

①γ射线源:双层密封的同位素放射源,如铯—137、钴—60或镭—226等。
②中子源:如镅(241)—铍等。
③探测器:γ射线探测器或中子探测器等。
④读数显示设备:如液晶显示器、脉冲计数器、数率表或直接读数表。
⑤标准板:提供检验仪器操作和散射计数参考。
⑥安全防护设备:符合国家规定要求的设备。
⑦刮平板、钻杆、接线等。

(2)细砂:0.15~0.3mm。
(3)天平或台秤。
(4)其他:毛刷等。

2.试验方法与步骤

(1)选择合适的方法:当测定沥青混合料面层的压实度或硬化水泥混凝土等难以打孔材料的密度时,宜采用散射法,测定层厚度应与仪器性能相适应;当测定土基、基层材料或非硬化水泥混凝土等可以打孔材料的密度及含水率时,应直接采用透射法测定,测定层的厚度不宜大于30cm。

(2)准备工作。
每天使用前按下列步骤用标准板测定仪器的标准值:
①接通电源,按照仪器使用说明书建议的预热时间,预热测定仪。
②在测定前,应检查仪器性能是否正常,在标准板上取34个读数的平均值建立原始标准值,并与使用说明书提供的标准值校对,如标准读数超过使用说明书规定的界限时,应重复此标准的测量。若第二次标准计数仍超出规定的界限时,需视作故障并进行仪器检查。

(3)在进行沥青混合料压实层密度测定前,应用核子密度湿度仪与钻孔取样的试件进行标定;测定其他材料密度时,宜用挖坑灌砂法的结果进行标定。标定的步骤如下:
①选择压实的路表面,按要求的测定步骤用核子仪测定密度,并记录读数。
②在测定的同一位置用钻机钻孔法或挖坑灌砂法取样,量测厚度,按规定的标准方法测定材料的密度。
③对同一种路面厚度及材料类型,在使用前至少测定15处,求取两种不同方法测定的密度的相关关系,其相关系数应不小于0.95。

(4)选择测试位置。
①按照随机取样的方法确定测试位置,但与路面边缘或其他物体的最小距离不得小于30cm。核子仪距其他射线源不得少于10m。
②当用散射法测定时,应用细砂填平测试位置路表结构凹凸不平的空隙,使路表面平整,能与仪器紧密接触。
③当使用直接透射法测定时,应在表面上用钻杆打孔,孔深略深于要求测定的深度,孔应竖直圆滑,孔直径稍大于射线源探头。

(5)按照规定的时间,预热仪器。
(6)进行测定。

①如用散射法测定时,应将核子仪平稳地置于测试位置上。
②如用直接透射法测定时,将放射源棒放下插入已预先打好的孔内。
③打开仪器,测试员从仪器处退到 2m 以外,按照选定的测定时间进行测量,到达测定时间后,读取显示的各项数值,并迅速关机。

各种型号的仪器的具体操作步骤略有不同,可按照仪器使用说明书进行。

3.使用安全注意事项

(1)仪器工作时,所有人员均应退到距仪器 2m 以外的地方。

(2)不使用仪器时,应将手柄置于安全位置,仪器应装入专用的仪器箱内,放置在符合核辐射安全规定的地方。

(3)仪器应由经有关部门审查合格的专人保管,专人使用。对于从事仪器保管及使用的人员,应遵照有关核辐射检测的规定选取,不符合核防护规定的人员,不宜从事此项工作。

4.试验结果整理与分析

按式(6-13)和式(6-14)计算施工干密度及压实度:

$$\rho_d = \frac{\rho_w}{1+w} \tag{6-13}$$

$$K = \frac{\rho_d}{\rho_c} \times 100 \tag{6-14}$$

式中:ρ_d——由核子密度湿度仪测定的压实沥青混合料的实际密度(g/cm^3);一组不少于 13 个点,取平均值;

K——测试地点的施工压实度(%);

w——含水率,以小数表示;

ρ_w——试样的湿密度(g/cm^3);

ρ_c——沥青混合料的标准密度(g/cm^3),按照《公路沥青路面施工技术规范》(JTG F40—2004)附录 E 的规定选用。

5.数据记录与检测报告

测定路面密度及压实度的同时,应记录温度、材料类型、路面的结构层厚度及测试深度等数据和资料。

(五)无核密度仪测定压实度试验方法

1.适用范围

无核密度仪可用于检测铺筑完工的沥青路面、现场沥青混合料铺筑层密度及快速检查混合料的离析。应用无核密度仪时,必须严格标定,通过对比试验检验,确认其可靠性。每 12 个月要将无核密度仪送到授权服务中心进行标定和检查。

本方法适用于现场无核密度仪快速测定沥青路面各层沥青混合料的密度,并计算施工压实度,但测定结果不宜用于评定验收或仲裁。

2.设备准备

(1)无核密度仪:内含电子模块和可充电电池。

①探头:无核,无电容,用于野外测量。
②探测深度:≥4.0cm。
③测量时间:1s。
④精度:0.003g/cm³。
⑤操作环境温度:0~70℃。
⑥测试材料表面最高温度:150℃。
⑦湿度:98%且不结露。
(2)标准密度块:供密度标准计数用。
(3)交流充电器或直流充电器。
(4)打印机:用于打印测试数据。

3. 准备工作

(1)所测定沥青路面的层厚应不大于该仪器性能探测的最大深度。在进行沥青混合料压实层密度测定前,应用无核密度仪与钻孔取样的试件进行标定。

(2)第一次使用前需要对软件进行设置。仪器存储了软件的设置后,操作者无须每次开机后都进行软件的设置。

(3)按照仪器使用说明书的要求综合标定仪器的测量精度。

(4)按照不同的需要选择需要的测量模式。

(5)按照仪器使用说明的规定,进行修正值设置。

4. 试验步骤

(1)为了保证测量精度,在正式测量前应正确选择测量场地。

(2)把仪器放置平稳,保证仪器不晃动。

(3)为了确保精度测量,仪器应与测量面紧密接触。

(4)在开始测量前,应检查仪器的工作状态,如电池电压、内部温度、选择的测量单位、运行参考读数的日期和时间等。

(5)根据需要选择测量模式进行测试。

5. 计算

按式(6-15)计算压实度:

$$K = \frac{\rho_d}{\rho_c} \times 100 \tag{6-15}$$

式中:K——测试地点的施工压实度(%);

ρ_d——由无核密度仪测定的压实沥青混合料的实际密度(g/cm³);一组不少于13个点,取平均值;

ρ_c——沥青混合料的标准密度(g/cm³),按照《公路沥青路面施工技术规范》(JTG F40—2004)附录E的规定选用。

6. 数据记录及检测报告

测定路面密度及压实度的同时,应记录气温、路面的结构深度、沥青混合料类型、面层结构及测定厚度等数据和资料。

提示：《公路工程质量检验评定标准》(JTG F80/1—2017)中规定,现场压实度检查试验方法,对于粗粒土和路面结构采用灌砂法、水袋法,必要时采用钻孔取样蜡封法;对于细粒土,按照《公路土工试验规程》(JTG E40—2007),环刀法和灌砂法两种试验方法均可采用,核子密度仪可作适时快速检控应用,但需与常规方法进行对比,以验证其可靠性。

三、路基路面压实度的评定

根据《公路工程质量检验评定标准》(JTG F80/1—2017),路基路面压实度的评定方法如下:

(1)路基和路面基层、底基层的压实度以重型击实标准为准。沥青层压实度以《公路沥青路面施工技术规范》(JTG F40—2004)的规定为准;对于特殊干旱、潮湿地区或过湿土,以《公路路基设计规范》(JTG D30—2015)、《公路路基施工技术规范》(JTG F10—2006)规定的压实度标准进行评定。

(2)标准密度值是衡量现场压实度的尺度,要求其具有足够精度。因此规定对于标准密度一般应做平行试验,以平均最大干密度作为现场检验的标准密度值。对于均匀性差的路基土质和路面结构层材料,应根据实际情况增补标准密度试验,求得相应的标准值,以控制和检验施工质量。

(3)路基压实度以1~3km长的路段为检验评定单元,按《公路工程重量检验评定标准》(JTG F80/1—2017)各有关章节要求的检测频率进行现场压实度抽样检查,求算每一测点的压实度K。

(4)检验评定段的压实度代表值K(算术平均值的下置信界限)为:

$$K = k - t_\alpha/\sqrt{n} \cdot S \geq K_0$$

式中:K_0——检验评定段内各测点压实度的平均值;

$t_\alpha/\sqrt{n}$——分布表中随测点数和保证率(或置信度α)而变的系数,见表6-7。

采用的保证率:对于高速、一级公路,基层、底基层为99%,路基、路面面层为95%;对于其他公路,基层、底基层为95%,路基、路面面层为90%(表6-7)。

$t_\alpha/\sqrt{n}$值　　　　表6-7

n	保证率			n	保证率		
	99%	95%	90%		99%	95%	90%
2	22.501	4.465	2.176	9	0.966	0.62	0.466
3	4.021	1.686	1.089	10	0.892	0.58	0.437
4	2.27	1.177	0.819	11	0.833	0.546	0.414
5	1.676	0.953	0.686	12	0.785	0.518	0.393
6	1.374	0.823	0.603	13	0.744	0.494	0.376
7	1.188	0.734	0.544	14	0.708	0.473	0.361
8	1.06	0.67	0.5	15	0.678	0.455	0.347

续上表

n	保证率			n	保证率		
	99%	95%	90%		99%	95%	90%
16	0.651	0.438	0.335	28	0.467	0.322	0.248
17	0.626	0.423	0.324	29	0.458	0.316	0.244
18	0.605	0.41	0.314	30	0.449	0.31	0.239
19	0.586	0.398	0.305	40	0.383	0.266	0.206
20	0.568	0.387	0.297	50	0.34	0.237	0.184
21	0.552	0.376	0.289	60	0.308	0.216	0.167
22	0.537	0.367	0.282	70	0.285	0.199	0.155
23	0.523	0.358	0.275	80	0.266	0.186	0.145
24	0.51	0.35	0.269	90	0.249	0.175	0.136
25	0.498	0.342	0.264	100	0.236	0.166	0.129
26	0.487	0.335	0.258	>100	2.3265	1.6449	1.2815
27	0.477	0.328	0.253				

(5) 某路段路基压实质量的评定:

① 当 $K \geq K_0$,且单点压实度 K_i 全部大于等于规定值减2%时,评定路段的压实度合格率为100%;当 $K \geq K_0$,且单点压实度全部大于等于规定极值时,按测定值不低于规定值减2%的测点数计算合格率。

② 当 $K < K_0$ 或某一单点压实度 K_i 小于规定极值时,评定该路段压实度为不合格,相应分项工程也评为不合格。

(6) 沥青面层压实度的评定:

① 当 $K \geq K_0$,且单点压实度 K_i 全部大于或等于规定值减去1%时,评定路段的压实度合格率为100%;当 $K \geq K_0$,按测定值不低于规定值减1%的测点数计算合格率。

② 当 $K < K_0$,该评定路段压实度为不合格,相应分项工程评为不合格。

知识链接

影响路基压实效果的主要因素

1. 含水率的影响

土的含水率对压实效果的影响很大,无论是路基压实还是沟槽回填均应控制其含水率。严格控制含水率在最佳含水率的±2%的范围内。土在此状态下,土粒间引力较小,保持有一定厚度的水膜,水膜起着润滑作用,外部压实功较易使土粒相对移动,压实效果最佳,且碾压完成后土体稳定。当土中含水率过大时,孔隙中出现了自由水,压实时不可能使气体排出,压实功能的一部分被自由水所抵消,减小了有效压力,压实效果反而降低。当土中含水率较小时,土粒间引力较大,虽然土的干密度较小,但其强度可能比最佳含水率时还要高,而此时因密实度较低、孔隙多,一经饱水,其强度会急剧下降,进而影响路基的稳定性。在最佳含水率时,土处于硬塑状态,较易获得最佳压实效果,压实到最大密实度的土体,水稳定性最好。

2. 土质的影响

不同性质土的压实性能是不一样的。就填土压实而言,最适宜的是砂砾土、砂土和砂性土。这些土易压实,有足够的稳定性,沉陷小。最难压实的是黏土,在潮湿状态下这种土不稳定,最佳含水率比其他类土大,而最大干密度却较小,但经压实的黏土仍具有良好的不透水性。根据压实试验,在相同的压实功作用下,不同的土类具有不同的最佳含水率和最大干密度。在同一压实功作用下,含粗颗粒较多的土,其最大干密度越大,则最佳含水率越小,即随着粗粒土增多,其击实曲线的峰点向左上方移动。在道路施工时,应根据不同取土场的不同土类,分别确定其最大干密度和最佳含水率。

3. 压实功能

对于同一类土,其最佳含水率随着压实功能的加大而减小,而最大干密度则随压实功能的加大而增大。当土偏干时,增加压实功能对提高土的干密度影响较大;而当土偏湿时则收效甚微。故对偏湿的土企图用加大压实功能的办法来提高土的密实度是不经济的,若土的含水率过大,此时增大压实功能就会出现"弹簧"现象。另外,当压实功能加大到一定程度后,对最佳含水率的减小和最大干密度的提高都不明显了,也就是说,单纯用增加压实功能来提高土的密实度未必合算,同时压实功能过大还会破坏土体结构,使效果适得其反。

4. 压实工具及压实层厚度

不同的压实工具,其压力传播的有效深度也不同。夯击式机具传播最深,振动式次之,碾压式最浅。一种机具的作用深度,在压实过程中不是固定不变的,土体松软,则压力传播较深,随着碾压遍数增加,上部土层逐渐密实,土的强度相应提高,其作用深度也就逐渐减小。当压实机具的重量不大时,荷载作用时间越长,土的压实度越高,则密实度的增长速度随时间而减小;当压实机具很重时,土的密实度随施荷时间增加而迅速增加,超过某一限度后,土的变形急剧增加,甚至达到破坏;当压实机具过重,以至超过土的强度极限时,会立即引起土体结构破坏。压实过程中,压路机行驶速度的快慢对压实效果也有影响,当对压实度要求较高,以及铺土层较厚时,行驶速度要慢一些。碾压开始宜用慢速,随着土层的逐渐密实,速度可逐步提高。开始时,土体较松,强度低,适宜先轻压,随着土体密度的增加,再逐步提高碾压强度。当推运摊铺土料时,应力求机械车辆均匀分布行驶在整个路堤宽度内,以便填土得到均匀预压。正式碾压时,若为振动压路机,第一遍应静压,然后振动碾压,且由弱振至强振。如此,既能使整个填土层达到良好、均匀的压实效果,还能保证路基的平整度。每一压实土层的密实度随深度的增加是呈递减趋势的,在表面5cm范围内的密实度最高,底部最低。路基填土层的压实厚度和压实遍数与压实机械类型、土的种类、压实度要求有关,具体应通过试验段来确定。如果压实遍数超过10遍仍达不到规定的压实度要求,则继续增加遍数的效果很小,应减小压实层厚度,或考虑更改碾压机械和施工工艺。

 任务实施

已知某检测公司对某公路 K72+500～K86+800 路段的路基压实度进行了检测,按照填料分为三大类,随机选取62个代表性点,采用灌砂法进行压实度试验。试验结果记录如表6-8～表6-10所示。

粗粒土(碎石土)压实度试验　　　　　　　　　　表 6-8

检测点号	检测位置	检测深度（cm）	填土名称	干密度（g/cm³）	最大干密度（g/cm³）	压实度 K_h（%）
1	K72+510 左	0~15	碎石土	1.92	1.96	98.0
2	K72+750 右	0~15	碎石土	1.95	1.96	99.5
3	K73+020 右	30~45	碎石土	1.93	1.96	98.5
4	K73+260 右	60~75	碎石土	1.88	1.96	95.9
5	K73+480 左	80~95	碎石土	1.86	1.96	94.9
6	K73+700 左	100~115	碎石土	1.84	1.96	93.9
7	K73+920 左	155~170	碎石土	1.84	1.96	93.9
8	K74+100 左	0~15	碎石土	2.07	1.96	105.6
9	K74+310 左	50~65	碎石土	1.97	1.96	100.5
10	K74+520 左	75~90	碎石土	2.09	1.96	106.6
11	K74+750 右	115~130	碎石土	1.95	1.96	99.5
12	K75+000 左	35~50	碎石土	2.02	1.96	103.1
13	K75+220 左	90~105	碎石土	1.95	1.96	99.5
14	K75+450 右	140~160	碎石土	1.93	1.96	98.5
15	K75+780 左	160~180	碎石土	1.94	1.96	99.0
16	K75+990 左	45~60	碎石土	1.91	1.96	97.4
17	K76+200 右	80~95	碎石土	1.91	1.96	97.4
18	K76+440 左	125~140	碎石土	1.90	1.96	96.9
19	K76+700 左	160~175	碎石土	1.91	1.96	97.4
20	K76+920 左	0~15	碎石土	1.92	1.96	98.0

细粒土压实度试验　　　　　　　　　　表 6-9

检测点号	检测位置	检测深度（cm）	填土名称	干密度（g/cm³）	最大干密度（g/cm³）	压实度 K_h（%）
21	K77+210 左	0~20	细粒土	1.76	1.80	97.8
22	K77+430 左	0~15	细粒土	1.78	1.80	98.9
23	K77+650 右	0~15	细粒土	1.79	1.80	99.4
24	K77+920 左	5~20	细粒土	1.78	1.81	98.3
25	K78+180 左	50~55	细粒土	1.81	1.81	100.0
26	K78+420 左	95~110	细粒土	1.79	1.81	98.9
27	K78+690 左	120~135	细粒土	1.78	1.81	98.3
28	K78+950 左	40~55	细粒土	1.81	1.84	98.4
29	K79+200 右	110~125	细粒土	1.82	1.84	98.9
30	K79+420 左	170~185	细粒土	1.83	1.84	99.5
31	K79+650 右	35~50	细粒土	1.81	1.84	98.4
32	K79+800 左	90~105	细粒土	1.80	1.84	97.8
33	K80+050 左	160~175	细粒土	1.80	1.84	97.8

续上表

检测点号	检测位置	检测深度（cm）	填土名称	干密度（g/cm³）	最大干密度（g/cm³）	压实度 K_h（%）
34	K80+260 右	35~50	细粒土	1.82	1.84	98.9
35	K80+510 左	85~100	细粒土	1.83	1.84	99.5
36	K80+750 右	130~145	细粒土	1.79	1.84	97.3
37	K80+960 右	20~35	细粒土	1.82	1.84	98.9
38	K81+150 左	100~115	细粒土	1.81	1.84	98.4
39	K81+500 右	100~115	细粒土	1.80	1.81	99.4
40	K81+750 右	200~215	细粒土	1.80	1.81	99.4
41	K81+990 左	20~35	细粒土	1.71	1.81	94.5
42	K82+120 右	100~115	细粒土	1.73	1.81	95.6
43	K82+500 右	160~175	细粒土	1.62	1.81	89.5

细粒土掺20%砂压实度试验　　　　　　　　　　　　　　　　　　　表6-10

检测点号	检测位置	检测深度（cm）	填土名称	干密度（g/cm³）	最大干密度（g/cm³）	压实度 K_h（%）
44	K82+720 左	10~25	细粒土掺20%砂	1.81	1.84	98.4
45	K82+950 左	65~70	细粒土掺20%砂	1.74	1.84	94.6
46	K83+180 左	90~105	细粒土掺20%砂	1.81	1.84	98.4
47	K83+420 左	125~140	细粒土掺20%砂	1.81	1.84	98.4
48	K83+650 右	165~180	细粒土掺20%砂	1.78	1.84	96.7
49	K83+800 左	25~40	细粒土掺20%砂	1.81	1.84	98.4
50	K84+020 右	85~100	细粒土掺20%砂	1.82	1.84	98.9
51	K84+250 右	130~145	细粒土掺20%砂	1.74	1.84	94.6
52	K84+460 右	160~175	细粒土掺20%砂	1.80	1.84	97.8
53	K84+700 左	3~18	细粒土掺20%砂	1.82	1.84	98.9
54	K84+920 右	89~104	细粒土掺20%砂	1.75	1.84	95.1
55	K85+150 左	135~150	细粒土掺20%砂	1.79	1.84	97.3
56	K85+370 左	20~35	细粒土掺20%砂	1.82	1.84	98.9
57	K85+580 左	110~125	细粒土掺20%砂	1.80	1.84	97.8
58	K85+700 左	165~180	细粒土掺20%砂	1.78	1.84	96.7
59	K85+950 左	35~50	细粒土掺20%砂	1.75	1.84	95.1
60	K86+200 右	79~94	细粒土掺20%砂	1.61	1.84	87.5
61	K86+420 左	96~111	细粒土掺20%砂	1.64	1.84	89.1
62	K86+650 右	138~153	细粒土掺20%砂	1.70	1.84	92.4

(1)计算合格率;

$$合格率(\%) = 合格点数/检测点数 \times 100 \qquad (6\text{-}16)$$

(2)计算压实度平均值、标准差 S;

(3)计算路段压实度代表值;

(4)判断压实质量,若压实度代表值合格且各个单点压实度 K_i 大于规定极值,则该段压实质量是合格的。

思考与练习

一、思考题

1. 试述灌砂法测试要点。
2. 试对比几种路基压实度检测方法的优缺点。
3. 采用环刀法测定压实密度时,环刀取样应在压实层什么位置？为什么？

二、计算题

某二级公路土方路基工程进行交工验收,现测得某段的压实度数值如下(单位:%),请你对检测结果进行评定,并计算其得分值。(已知 $K_0 = 93\%$,规定极值为 88%,规定分为 30 分,保证率为 90%)

94.0;97.2;93.3;97.1;96.3;90.4;98.6;97.8;96.2;95.5;95.9;96.8

任务7　路面使用性能检测

任务7-1　平整度检测

学习目标

(1)掌握平整度概念。
(2)掌握平整度检测基本方法。
(3)掌握平整度检测数据的处理及检测报告整理方法。

任务描述

路面平整度是评定路面使用质量、施工质量及现有路面破坏程度的重要指标之一。它直接关系到行车的安全性、舒适性以及营运经济性,并影响着路面使用年限。路面的平整度与路面各结构层次的平整状况有着一定的联系,影响行车的速度、安全及驾驶平稳性和乘客的舒适性。同时,振动作用还会对路面施加冲击力,从而加剧路面和汽车机件损坏以及轮胎的磨损,并增大汽车油耗。而且,不平整的路面会积滞雨水,加速路面的破坏。因此,平整度的检测与评定是公路施工与养护质量的一个重要环节。

已知对某地区二级公路填石路基平整度进行检测,路线总长12km,要求学生按照规范要求,通过不同的方法对公路路面进行平整度的检测和评定。

相关知识

一、3m直尺法

路面平整度是指以规定的标准量规,间断地或连续地量测路表面的凹凸情况,即不平整度指标。其检测设备分为断面类及反应类两大类,断面类检测设备是测定路面表面凹凸情况的一种仪器,其中常用的3m直尺即为断面类检测设备的一种。

(一)适用范围

3m直尺法适用于测定压实成型的路面各层表面的平整度,以此评定路面的施工质量及使用质量,也可用于路基表面成型后的施工平整度检测。

(二)设备准备

1. 3m直尺

直尺的测量基准面长度为3m,基准面应平直,用硬木或铝合金钢等材料制成。

提示 3m 直尺有两种形式:一种是两端带有高 1cm 的垫脚,另一种是无垫脚。有垫脚的 3m 直尺,在两端 0.75m 处有一刻线,用于等距离(1.5m)连续测定,计算标准差,这种 3m 直尺不适用于单尺测定最大间隙。

2. 最大间隙测量器具

(1)楔形塞尺:硬木或金属制的三角形塞尺,有手柄。塞尺的长度与高度之比不小于 10,宽度不大于 15mm,边部有高度标记,刻度读数分辨率小于或等于 0.2mm。

(2)深度尺:金属制的深度测量尺,有手柄。深度尺测量杆端头直径不小于 10mm,刻度读数分辨率小于或等于 0.2mm。

3. 其他

皮尺或钢尺、粉笔等。

(三)其他准备工作

(1)按有关规范规定的方法,进行测试路段的选择。

(2)在测试路段路面上选择测试地点:可以单杆检测;当为路基路面工程质量检查验收或进行路况评定需要时,应连续测量 10 尺。应以行车道一侧车轮轮迹(距车道标线 80～100cm)作为连续测定的标准位置,用粉笔在路面上做好标记。

3m 直尺测定平整度有单尺测定最大间隙及等距离(1.5m)连续测定两种,它们与用 3m 连续式平整度仪测定的路面平整度有较好的相关关系。本教材中只讲述了单尺测定最大间隙的测试方法。

目前 3m 直尺检测平整度在施工过程中应用广泛,根据生产的实际需求与规范要求,对不同的检测目的采用不同的检测方法。

二、连续式平整度仪

连续式平整度仪是测定路面平整度的常用仪器,属于断面类检测设备。它的主要优点是可沿路面连续测量。该仪器一般采用微机处理技术,可自动计算、自动打印、自动显示路面平整度的标准差、正负超差等各项技术指标,并绘出路面平整度偏差曲线。

(一)适用范围

连续式平整度仪法适用于测定路面表面的平整度,评定路面的施工质量,但不适用于在已有较多坑槽、破损严重的路面上测定。

(二)设备准备

1. 连续式平整度仪

(1)整体结构:连续式平整度仪构造如图 7-1 所示。除特殊情况外,连续式平整度仪的标准长度为 3m,其质量应符合仪器标准的要求;中间为一个 3m 长的机架,机架可缩短或折叠,前后各有 4 个行走轮,前后两组轮的轴间距离为 3m。

在国外,连续式平整度仪的种类有很多,长度和结构各不相同,同样是 3m,有 3 轮、8 轮、16 轮式多种,使用最多的是 3m 8 轮平整度仪,我国目前使用的标准仪器仅限于 3m 8 轮平整度仪。

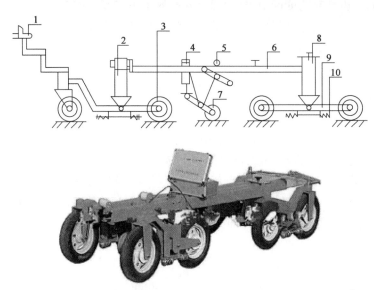

图 7-1　连续式平整度仪

1-牵引部分:由连接插头与拉杆组成,通过螺母与前桥相连;2-前桥;3-车轮:同 8 个充气轮胎形成的摩托车轮通过前后架构构成;4-位移传感器:无接触电容式位移测量系统;5-锁止机构;6-主架:包括伸缩方管、导向结构、后架等;7-测量轮:由加压弹簧及提升机构、橡胶轮、距离传感器组成;8-后桥;9-轮架;10-减震机构

(2)标准差测量传感器:安装在机架中间,可以是能起落的测定轮,或非接触式位移传感器,如激光或超声位移测量传感器。

(3)其他辅助机构:蓄电池电源,距离传感器,与数据采集、处理、存储、输出部分配套的采集控制箱及计算机、打印机等。

(4)测定间距为 10cm,每一计算区间的长度为 100m,并输出一次结果。

(5)可记录测试长度(m)、曲线振幅大于某一定值(如 3mm、5mm、8mm、10mm 等)的次数、曲线振幅的单项(凸起或凹下)累计值及以 3m 机架为基准的中点路面偏差曲线图,计算打印。

(6)机架装有一牵引钩及手拉柄,可用人力或汽车牵引。

2. 牵引车

小客车或其他小型牵引汽车。

3. 皮尺或测绳

(三)其他

(1)选择测试路段。

（2）当施工过程中质量检测需要时，根据需要确定测试地点；当路面工程质量检查验收或进行路况评定需要时，通常以行车道一侧车轮轮迹带作为连续测定的标准位置。测定位置距车道标线80~100cm。

（3）检查仪器检测箱各部分是否完好、灵敏，并将各连接线接妥，安装记录设备。

连续式平整度仪的测定结果与3m直尺连续测定的平整度在原理上相同，计算方法也相同，两种不同的方法有较好的相关关系。

平整度以每100m为一计算区间，一个检测路段（通常为1~3km）有若干个计算区间。由测定值得到各计算区间的平整度后，如何评定该检测路段的平整度，由施工过程中的控制标准及交工验收质量标准确定。国产仪器大都具有自动计算功能，而进口仪器有的则并无自动计算功能，是因为在测试方法中规定某些异常数据需要剔除不参加计算，自动平整度仪无法进行数据的自动识别和剔除。

三、车载式激光道路平整度仪

高效自动化平整度测试系统种类繁多，结构、原理、操作以及所用的指标均存在较大差异。

按照世界银行的分类标准，车载式激光道路平整度仪的采样间隔小于或等于250mm，是断面测量精度为0.5mm的纵断面测试系统，属于一类平整度测试系统。

车载式激光道路平整度仪是新型的、高效的自动化平整度测试系统，利用激光测距及加速度惯性修正技术检测路面纵断面高程，并计算路面国际平整度指数（IRI）的设备，主要由激光测距系统、纵向测距传感器和计算机处理系统等部分组成。一般可以实时检测包括短波长及长波长的路面纵断面剖面曲线（直接式检测类），同时获得各种路面评价指标，包括国际平整度指标（IRI）、平整度标准差（S）等。

（一）适用范围

其适用于新建、改建路面工程质量验收和无严重坑槽、车辙等病害及无积水、积雪、泥浆的正常通车条件下连续采集路段平整度数据。在数据采集、传输、记录和处理的过程中，全部由专用软件自动控制进行。

（二）设备准备

1. 测试系统

测试系统由承载车辆、距离传感器、纵断面高程传感器和主控系统组成。主控系统对测试装置的操作实施控制，完成数据采集、传输、存储与计算过程。

2. 设备承载车要求

根据设备需求进行承载车辆的选择。

3. 测试系统基本技术要求和参数

(1) 测试速度：30～100km/h。

(2) 采样间隔：≤500mm。

(3) 传感器测试精度：0.5mm。

(4) 距离标定误差：<10.1%。

(5) 系统工作环境温度：0～60℃。

(三) 其他

(1) 设备安装到承载车上以后应按规定进行相关性试验。

(2) 根据设备操作手册的要求对测试系统各传感器进行校准。

(3) 检查测试车轮胎气压，应达到车辆轮胎规定的标准气压，车胎应清洁，不得粘附杂物。

(4) 距离测量装置需要现场安装的，根据设备操作手册说明进行安装，确保机械紧固装置安装牢固。

(5) 检查测试系统各部分应符合测试要求，不应有明显的可视性破损。

(6) 打开系统电源，启动控制程序，检查各部分的工作状态。

(四) 激光平整度仪测值与国际平整度指数 IRI 相关关系对比试验

1. 试验条件

(1) 按照每段 IRI 值变化幅度不小于 1.0 的范围选择不少于 4 段不同平整度水平的且有足够加速或减速长度的路段。根据实际测试道路 IRI 的分布情况，可以适当增加某些范围内的标定路段。

(2) 每路段长度不小于 300m。

(3) 每一段内的平整度应均匀，包括路段前 50m 的引道。

(4) 选择坡度变化较小的直线路段，路段交通量小，便于疏导。

(5) 有多个激光测头的系统需要分别标定。

(6) 标定宜选择在车道的正常行驶轮迹上进行，明确画出轮迹带测线和起终点位置。

2. 试验步骤

(1) 距离标定。

①依据设备供应商建议的长度，选择坡度变化较小的平坦直线路段，标出起终点和行驶轨迹。

②标定开始之前应让测试车以测试速度行驶 5～10km，按照设备操作手册规定的预热时间对测试系统进行预热。

③将测试车的前轮对准起点线，启动距离校准程序，然后令车辆沿着路段轨迹直线行驶，避免突然加速或减速，接近终点时，看指挥人员手势减速停车，确保测试车的前轮对准终点线，结束距离校准程序。重复此过程，确保距离传感器测试结果的准确性，应在允许误差范围之内。

(2)令所标定的纵断面高程传感器对准测线重复测试 5 次,取其 IRI 计算值的平均值作为该路段的测试值。

(3)IRI 值的确定。

①以精密水准仪作为标准仪具,测量标定路段上测线的纵断高程,要求采样间隔为 250mm,高程测试精度为 0.5mm;然后用 IRI 标准计算程序对纵断面测量值进行模型计算,得到标定线路的 IRI 值。

②其他符合世界银行一类平整度测试标准的纵断面测试仪具也可以作为确定标定路段 IRI 值的仪具。

3. 试验数据处理

用数理统计的方法将各标定路段的 IRI 值和相应的平整度仪测值进行回归分析,建立相关关系方程式,相关系数 R 不得小于 0.99。

 任务实施

首先查阅《公路工程质量检验评定标准》(JTG F80/1—2017)。根据任务要求,该路段为二级公路,填石路段,路线总长为 12km,可选用 3m 直尺进行检测,检测频率为每 200m 测 2 处 × 5 尺,规定值或允许偏差为 ≤30。

下面按照不同的检测方法完成任务。

一、3m 直尺检测平整度

(一)测试步骤

(1)在施工过程中检测时,根据需要确定方向,将 3m 直尺摆在测试地点的路面上。

(2)目测 3m 直尺底面与路面之间的间隙情况,确定间隙为最大的位置。

(3)用有高度标线的塞尺塞进间隙处,量记其最大间隙的高度(mm),准确到 0.2mm。

(4)施工结束后检测时,每 1 处连续检测 10 尺,按上述(1)~(3)的步骤测记 10 个最大间隙。

3m 直尺测平整度示意如图 7-2 所示。

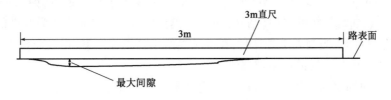

图 7-2 3m 直尺测平整度示意图

(二)数据处理与评定

单杆检测路面的平整度计算,以 3m 直尺与路面的最大间隙为测定结果,连续测定 10 尺时,判断每个测定值是否合格,根据要求计算合格率,并计算 10 个最大间隙的平均值。

$$合格率(\%) = 合格尺数 / 总测尺数 \times 100$$

(三)报告

单杆检测时,应随时记录测试位置及检测结果。连续测定 10 尺时,应报告平均值、不合格尺数、合格率。记录表格见表 7-1。

3m 直尺平整度检测记录表格　　　　　　　　　表 7-1

工程名称:_____　施工单位:_____　结构层类型:_____　检测日期:_____

桩号	读　　数									最大值(mm)

二、连续式平整度仪检测平整度

(一)测试步骤

(1)将连续式平整度测定仪置于测试路段路面起点上。

(2)在牵引汽车的后部,将连续式平整度仪与牵引汽车连接好,按照仪器使用手册的要求依次完成各项操作,如放下测定轮、启动检测器及记录仪等步骤。

(3)随即启动牵引汽车,使车沿道路纵向行驶,横向位置保持稳定,并检查平整度检测仪表上测定数字显示、打印、记录的情况。

(4)确认牵引连续式平整度仪工作正常,使牵引平整度仪保持匀速,速度宜为 5km/h,最大不得超过 12km/h。

在测试路段较短时,亦可用人力拖拉平整度仪测定路面的平整度,但拖拉前进时速度应保持均匀。

(二)数据处理与评定

连续式平整度测定仪测定后,按每 10cm 间距采集的位移值自动计算每 100m 计算区间的平整度标准差(mm),还可以记录测试长度(m)、曲线振幅大于某一定值(如 3mm、5mm、8mm、10mm 等)的次数、曲线振幅的单向(凸起或凹下)累计值以及以 3m 机架为基准的中点路面偏差曲线图,计算、打印。当为人工计算时,在记录曲线上任意设一基准线,每隔一定距离(宜为 1.5m)读取曲线偏离基准线的偏离位移值。

每一计算区间的路面平整度以该区间测定结果的标准差表示,见式(7-1)。

$$\sigma_i = \sqrt{\frac{\sum d_i^2 - (\sum d_i)^2/N}{N-1}} \quad (7-1)$$

式中:σ_i——各计算区间的平整度标准差(mm);

d_i——以 100m 为一个计算区间,每隔一定距离(自动采集间距为 10cm,人工采集间距为 1.5m)采集的路面凹凸偏差位移值(mm);

N——计算区间用于计算标准差的测试数据个数。

三、车载式激光道路平整度仪检测平整度

(一)测试步骤

(1)测试开始之前,应让测试车以测试速度行驶 5～10km,按照设备使用说明规定的预热时间对测试系统进行预热。

(2)测试车停在测试起点前 50～100m 处,启动平整度测试系统程序,按照设备操作手册的规定和测试路段的现场技术要求设置完毕所需的测试状态。

(3)驾驶员应按照设备操作手册要求的测试速度范围驾驶测试车,宜在 50～80km/h 之间,避免急加速和急减速,急弯路段应放慢车速,沿正常行车轨迹驶入测试路段。

(4)进入测试路段后,测试人员启动系统的采集和记录程序,在测试过程中必须及时准确地将测试路段的起终点和其他需要特殊标记的位置输入测试数据记录中。

(5)当测试车辆驶出测试路段后,测试人员停止数据采集和记录,并恢复仪器各部分至初始状态。

(6)检查测试数据文件,文件应完整,内容应正常,否则需要重新测试。

(7)关闭测试系统电源,结束测试。

(二)数据处理与评定

激光平整度仪采集的数据是路面相对高程值,应以 100m 为计算区间长度用 IRI 的标准计算程序计算 IRI 值,以 m/km 计。

(三)报告

平整度检测报告应包括以下内容:

(1)国际平整度指数 IRI 平均值。

(2)提供激光平整度仪测值与国际平整度指数 IRI 在选定测试条件下的相关关系式及相关系数。

知识链接

国际平整度指数 IRI 是以四分之一车在速度为 80km/h 时的累积竖向位移值为 IRI 值,单位为 m/km。IRI 其实是一个无量纲指数,因为它来自于四分之一车模拟统计值,但习惯上用 m/km 表示。

思考与练习

1. 常见的测试路面平整度的方法有哪几种?各有何特点?
2. 简述 3m 直尺测定路面平整度的主要步骤。
3. 简述车载式激光道路平整度仪检测主要步骤。

任务 7-2 抗滑性能检测

学习目标

(1)掌握手工铺砂法测定构造深度的基本操作方法。
(2)掌握车载式激光构造深度仪测定路面构造深度的试验方法。
(3)掌握摆式仪测定路面摩擦系数的试验方法。
(4)掌握双轮式横向力系数测试系统测定路面摩擦系数的试验方法。

任务描述

路面抗滑性能是指车辆轮胎受到制动时沿表面滑移所产生的力。通常,抗滑性能被看作是路面的表面特性,并用轮胎与路面间的摩阻系数表示。表面特征包括路表面细构造和粗构造,影响抗滑性能的因素有路面表面特征、路面潮湿程度和行驶中的车辆因素(如速度、方向、轮胎的花纹种类、轮胎与路面的接触面积及轮胎的磨损程度)。

轮胎与路面之间的摩擦力大小除与车辆及气候因素有关外,最重要的就是与道路设计参数、路面材料及构造密切相关。公路的设计参数如平、竖曲线及横坡均对轮胎与路面之间摩擦系数产生一定的影响。

路面材料的微观构造指路面表面石料表面水平方向0.5mm以下、垂直方向0.2mm以下的表面纹理,不同种类的石料在经过磨光后的摩擦力的大小有明显的差别。在任何条件下,微观构造均对路面的抗滑性能有一定的影响(在低速行车条件下,它的影响更为显著)。

路面材料的宏观构造指路面表层深度大于0.5mm的构造或称路面表面的凹陷与凸起,也称为表面构造深度。宏观构造主要反映了路面排水能力的大小,对临界水膜厚度有决定性的作用,因此宏观构造对高速行车、潮湿重要条件下的抗滑性起主要作用。

我国公路科学研究者参考国内外的研究成果并结合我国的实际情况,提出了高等级公路路面抗滑性的检验方法及标准。具体是以路面的摩擦系数与构造深度来作为衡量指标。

路面摩擦系数是反映在较高速行车条件下的路面抗滑综合指标,目前上常用的有纵向摩擦系数与横向摩擦系数两种,横向摩擦系数表示车辆在制动时路面的拉力,同时还表征车辆在路面上发生侧滑的拉力,纵向摩擦系数主要表示车辆在路面上沿行车方向制动时的路面拉力。我国《公路路基路面现场测试规程》(JTG E60—2008)规定采用横向力摩擦系数测定车测量路面横向摩擦系数(SFC),我国《公路沥青路面设计规范》(JTG D50—2017)规定以竣工后第一个夏季测定的横向摩擦系数作为评定指标,见表7-2。

沥青路面的抗滑技术要求(交工检测指标值) 表7-2

年降水量(mm)	交工检测指标值	
	横向摩擦系数 SFC	构造深度 TD(mm)
>1000	≥54	≥0.55
500~1000	≥50	≥0.50
250~500	≥45	≥0.45

注:水泥混凝土路面的构造深度:TD≥0.8mm(高速公路与一级公路),其他等级公路 TD≥0.6mm。路面宏观构造深度主要反映路面表面的排水性能,与潮湿、高速行车条件下的路面抗滑性能密切相关,其测定方法有手工铺砂法、电动铺砂法及激光构造深度仪。我国现行规范规程规定,采用摆式摩擦系数测定仪测定 BPN 摆值和构造深度来综合反映路面抗滑性能。

已知任务为对某地区高速公路进行抗滑性能检测,沥青混凝土面层,路线总长 10km。本任务要求学生按照规范要求,根据实地工况进行检测方法的选定,对公路路面进行抗滑性能检测和评定。

相关知识

一、手工铺砂法测定路面构造深度

路面构造深度(TD)是表示路面粗糙度的重要指标,它与路表抗滑性能、排水、噪声等都有一定关系。手工铺砂法是将细砂铺在路面上,计算嵌入凹凸不平的表面空隙中的砂的体积与覆盖面积之比,从而求得构造深度。这是目前工程上最为基本,也是最为常用的方法。

(一)适用范围

本方法适用于测定沥青路面及水泥混凝土路面表面构造深度,用以评定路面表面的宏观构造。

(二)设备准备

本方法需要下列仪器与材料:
(1)人工铺砂仪:由量砂筒、推平板组成。
①量砂筒:一端是封闭的,容积为 25mL ± 0.15mL,可通过称量砂筒中水的质量以确定其容积 V,并调整其高度,使其容积符合规定。带一专门的刮尺,可将筒口量砂刮平。刮平尺可用 30cm 钢板尺代替。
②推平板:推平板应为木制或铝制,直径 50mm,底面粘一层厚 1.5mm 的橡胶片,上面有一圆柱把手。
(2)量砂:足够数量的、干燥洁净的匀质砂,粒径 0.15 ~ 0.3mm。
(3)量尺:钢板尺、钢卷尺,或采用以构造深度作为刻度单位的专用的构造深度尺。
(4)其他:装砂容器(小铲)、扫帚或毛刷、挡风板等。

(三)其他

(1)量砂准备:取洁净的细砂,晾干过筛,取 0.15 ~ 0.3mm 的砂置适当的容器中备用。量砂只能在路面上使用一次,不宜重复使用。
(2)对测试路段按随机取样选点的方法,决定测点所在横断面位置。测点应选在车道的轮迹带上,距路面边缘不应小于 1m。

二、车载式激光构造深度仪测定路面构造深度

车载式激光构造深度仪采用激光传感器和垂直加速度传感器组合成惯性参照路面纵断面剖面检测系统,实时检测包括短波长及长波长的路面纵断面剖面曲线(直接式检测类),同时获得各种路面构造深度。路面构造深度的检测采用国际上常用的先进检测技术——Sensor-Measured Texture Depth Measuring Technique。一般可在正常车速条件下对路面进行长距离快速自动检测与现场计算机数据分析与评价。

(一)适用范围

该方法适用于各类车载式激光构造深度仪在新建、改建路面工程质量验收和无严重破损病害及无积水、积雪、泥浆等正常行车条件下测定,连续采集路面构造深度,但不适用于带有沟槽构造的水泥混凝土路面构造深度的测定。在检测过程中,数据采集、传输、记录和处理分别由专用软件自动控制进行。

(二)设备准备

1. 测试系统构成

测试系统由承载车辆、距离传感器、激光传感器和主控制系统组成。主控制系统对测试装置的操作实施控制,完成数据采集、传输、存储与计算过程。

2. 设备承载车要求

根据设备供应商的要求选择测试系统承载车辆。

3. 测试系统基本技术要求和参数

(1)最大测试速度:≥50km/h。
(2)采样间隔:≤10mm。
(3)传感器测试精度:0.1mm。
(4)距离标定误差:<0.1%。
(5)系统工作环境温度:0~60℃。

(三)其他

(1)设备安装到承载车上以后应进行相关性标定试验。
(2)根据设备操作手册的要求对测试系统各传感器进行校准。
(3)距离测量装置需要现场安装的,根据设备操作手册说明进行安装,确保机械紧固装置安装牢固。
(4)测试系统各部分应符合测试要求,不应有明显的可视性破损。
(5)打开系统电源,启动控制程序,检查各部分的工作状态。

三、摆式仪测定路面摩擦系数

摆式摩擦系数测定仪(简称摆式仪)是一种测定路面、机场跑道、标线漆等摩擦系数的仪器,是根据"摆的位能损失等于安装于摆臂末端橡胶片滑过路面时,克服路面等摩擦所做的功"这一基本原理研制而成。在使用时,仪器调试方便、操作简单,测试时对交通影响较小,数据也较稳定,且在室内外均可使用。

(一)适用范围

本方法适用于测定沥青路面、标线或其他材料试件的抗滑值,用以评定路面或路面材料试件在潮湿状态下的抗滑能力。

(二)设备准备

本方法需要下列仪具与材料:

(1)摆式仪:摆及摆的连接部分总质量为1500g±30g,摆动中心至摆的重心距离为410mm±5mm,摆动时摆在路面上的滑动长度为126mm±1mm,摆上橡胶片端部距摆动中心距离为510mm,橡胶片对路面的正向静压力为22.2N±0.5N。

(2)橡胶片:当用于测定路面抗滑值时,其尺寸为6.35mm×25.4mm×76.2mm。橡胶质量应符合表7-3的要求。当橡胶片使用后,端部在长度方向上磨耗超过1.6mm或边缘在宽度方向上磨耗超过3.2mm或有油类污染时,即应更换新橡胶片,新橡胶片应先在干燥路面上测试10次后再用于测试。橡胶片的有效使用期从出厂日期起算为12个月。

橡胶物理性质技术要求　　　　　　表7-3

性质指标	温度(℃)				
	0	10	20	30	40
弹性(%)	43~49	58~65	66~73	71~77	74~79
硬度(IRHD)	55±5				

(3)滑动长度量尺:长126mm。

(4)喷水壶。

(5)硬毛刷。

(6)路面温度计:分度不大于1℃。

(7)其他:扫帚、记录表格等。

(三)其他准备

(1)检查摆式仪的调零灵敏情况,并定期进行仪器的标定。

(2)按照随机取点方法进行测试路段的取样选点。在横断面上,测点应选在行车道轮迹处,且距路面边缘应不小于1mm。

四、双轮式横向力系数测试系统测定路面摩擦系数

横向摩擦系数表示车辆在制动时路面的拉力,同时还表征车辆在路面上发生侧滑的拉力。Mu-Meter摩擦系数测试系统是英国制造的一种横向力摩擦系数的测试设备,但其测试机构、传感器测力方向、轮胎尺寸和气压、荷载等均与SCRIM测试车不同。作为大型设备在实际应用中的补充,Mu-Meter具有体积小、价格低等优点,在一些国家得到了应用,我国也有使用。

Mu-Meter同样是测试路面的横向力摩擦系数,其测试结果与SFC值之间具有良好的相关性关系;Mu-Meter在我国使用的技术条件之一是其测试结果必须转换成SFC值后才可进行工程上的应用和评价。

(一)适用范围

该方法适用于工作原理和结构与Mu-Meter相同的摩擦系数测试系统在新建、改建路面工程的质量验收和无严重坑槽、车辙等病害的正常行车条件下测定沥青路面或水泥混凝土路面的摩擦系数。其中数据的采集、传输、记录和处理分别由专用软件自动控制进行。

(二)设备准备

1. 测试系统

测试系统主要由牵引车、供水系统、测量机构(包括荷载传感器)、电子控制和数据处理系统、标定装置等组成。

2. 牵引车基本技术要求和参数

牵引车的最高速度应大于80km/h,车辆后部可安装专用的拖挂装置,车辆应配备警灯及相关警示标志。

3. 测试系统技术要求和参数

测试仪总质量:256kg。

单轮静态标准荷载:1.27kN。

测试轮夹角:15°。

测试轮标准气压:70kPa±3.5kPa。

测试轮规格:4.00/4.80-8 光面轮胎。

洒水量:路面水膜厚度0.5~1.0mm。

测试速度范围:40~60km/h。

(三)其他

(1)按照仪器设备技术手册或使用说明书对测试系统进行标定。将专门的标定板放在地面上,人工将测试仪从板上拖拉3遍,系统自动判断标定是否通过,标定通过后才能用于路面测试。

(2)测试前,将设备预热10min左右,并检查汽油机是否能正常工作,机油是否需要更换。

(3)测试仪及洒水车轮胎胎压应满足测试要求,野外测试时间较长时,应带上气压表和充气泵,以便随时检查测试车轮轮胎气压是否正常,必要时及时补气。系统各部分轮胎气压要求如下:

①摩擦测试轮:70kPa±3.5kPa。

②距离测试轮:210kPa±13.7kPa。

③水车轮胎:根据轮胎标示气压值。

(4)降下测试轮,打开水阀进行检查,水流情况应正常,水流应符合要求。检查仪表,各项指数应正常,然后升起测试轮。

(5)将牵引车及洒水车、测试仪及控制线路连接线一次连好后,拔出测试车插销,打开仪器进入测试状态,同时发动汽油机,打开水阀,准备测试。

 任务实施

首先对工作任务进行分析,根据任务要求可知,检测抗滑性能可进行构造深度检测或摩擦系数测定,通过查阅《公路工程质量检验评定标准》(JTG F80/1—2017),确定可采用方法与检测频率要求。不同检测方法的具体实施步骤如下。

一、手工铺砂法

(一)测试步骤

(1)用扫帚或毛刷子将测点附近的路面清扫干净,面积不小于30cm×30cm。

(2)用小铲装砂,沿筒壁向圆筒中注满砂,手提圆筒上方,在硬质路表面上轻轻地叩打3次,使砂密实;补足砂面用钢尺一次刮平。

注意:不可直接用量砂筒装砂,以免影响量砂密度的均匀性。

(3)将砂倒在路面上,用底面粘有橡胶片的推平板,由里向外重复做旋转摊铺运动,稍稍用力仔细将砂尽可能地向外摊开,使砂填入凹凸不平的路表面的空隙中,尽可能将砂摊成圆形,并不得在表面上留有浮动余砂。

注意:摊铺时不可用力过大或向外推挤。

(4)用钢板尺测量所构成圆的两个垂直方向的直径,取其平均值,准确至5mm。

(5)按以上方法,同一处平行测定不小于3次,3个测点均位于轮迹带上,测点间距3~5m。对于同一处,应该由同一个试验员进行测定。该处的测定位置以中间测点的位置表示。

(二)数据处理及计算

路面表面构造深度测定结果按式(7-2)计算:

$$TD = \frac{1000V}{\pi D^2/4} = \frac{31831}{D^2} \qquad (7-2)$$

式中:TD——路面表面构造深度(mm);
V——砂的体积($25\,\text{cm}^3$);
D——摊平砂的平均直径(mm)。

每一处均取3次路面构造深度的测定结果的平均值作为试验结果,准确至0.01mm。计算每一个评定区间路面构造深度的平均值、标准差、变异系数。

(三)报告

(1)列表逐点报告路面构造深度测定值及3次测定的平均值。当平均值小于0.2mm时,试验结果以"<0.2mm"表示。

(2)每一个评定区间路面构造深度的平均值、标准差、变异系数。

手工铺砂法路面构造深度试验记录表,见表7-4。

手工铺砂路面构造深度试验记录　　　　表7-4

工程名称_____　结构层次_____　路段桩号_____
检验者_____　计算者_____　校核者_____　检验日期_____

测试地点		构造深度 TD(mm)				路况描述	备注
桩号	横距(m)	1	2	3	平均值		
测点数		规定值	平均值	标准差	变异系数	合格率	

二、激光道路检测车

(一)测试步骤

(1)按照设备使用说明规定的预热时间对测试系统预热。

(2)测试车停在测试起点前50~100m处,启动测试系统程序,按照设备操作手册的规定和测试路段的现场技术要求设置完毕所需的测试状态。

(3)驾驶员应按照设备操作手册要求的测试速度范围驾驶测试车,避免急加速和急减速,急弯路段应放慢车速,沿正常行车轨迹驶入测试路段。

(4)进入测试路段后,测试人员启动系统的采集和记录员程序,在测试过程中必须及时准确地将测试路段的起终点和其他需要特殊标记的位置输入测试数据记录中。

(5)当测试车辆驶出测试路段后,测试人员停止数据采集和记录,并恢复仪器各部分至初始状态。

(6)检查:测试数据文件应完整,内容应正常,否则需要重新测试。

(7)关闭测试系统电源,结束测试。

(二)激光构造深度仪测值与铺砂法构造深度值相关关系对比试验

(1)选择构造深度分别在0~0.3mm、0.3~0.55mm、0.55~0.8mm、0.8~1.2mm范围的4个各长100m的试验路段。试验前将路面清扫干净,并在起终点做上标记。

(2)在每个试验路段上沿一侧行车轮迹用铺砂法测试至少10点的构造深度值,并计算平均值。

(3)驾驶测试车以30~50km/h速度驶过试验路段,并且保证激光构造深度仪的激光传感器探头沿铺砂法所测构造深度的行车轮迹运行,计算试验路段的构造深度平均值。

(4)建立两种方法的相关关系式,要求相关系数R不小于0.97。

(三)报告

构造深度检测报告应包括以下内容:
(1)路段构造深度平均值、标准差。
(2)提供激光构造深度仪测值与铺砂法构造深度值在选定测试条件下的相关关系式及相关系数。

三、摆式仪法

(一)测试步骤

(1)清洁路面:用扫帚或其他工具将测点处的路面打扫干净。
(2)仪器调平:
①将仪器置于路面测点上,并使摆的摆动方向与行车方向一致。
②转动底座上的调平螺栓,使水准泡居中。
(3)调零:
①放松紧固把手,转动升降把手,使摆升高并能自由摆动,然后旋紧紧固把手。

②将摆固定在右侧悬臂上,使摆处于水平释放位置,并把指针拨至右端与摆杆平行处。

③按下释放开关,使摆向左带动指针摆动,当摆达到最高位置后下落时,用手将摆杆接住,此时指针应指零。

④若不指零,可稍旋紧或旋松摆的调节螺母。

⑤重复上述4个步骤,直至指针指零。调零允许误差为±1。

(4)校准滑动长度:

①让摆处于自然下垂状态,松开固定把手,转动升降把手,使摆下降。与此同时,提起举升柄使摆向左侧移动,然后放下举升柄使橡胶片下缘轻轻触地,紧靠橡胶片摆放滑动长度量尺,使量尺左侧对准橡胶片下缘;再提起举升柄使摆向右侧移动,然后放下举升柄使橡胶片下缘轻轻触地,检查橡胶片下缘应与滑动长度量尺的右端齐平。

②若齐平,则说明橡胶片两次触地的距离(滑动长度)符合126mm的规定。校核滑动长度时,应以橡胶片长边刚刚接触路面为准,不可借摆的力量向前滑动,以免标定的滑动长度与实际不符。

③若不齐平,升高或降低摆或仪器底座的高度。微调时,用旋转仪器底座上的调平螺栓调整仪器底座高度的方法比较方便,但需注意保持水准泡居中。

(5)将摆固定在右侧悬臂上,使摆处于水平释放位置,并把指针拨至右侧与摆杆平行处。

(6)用喷水壶浇洒测点,使路面处于湿润状态。

(7)按下右侧悬臂上的释放开关,使摆在路面滑过。当摆杆回落时,用手接住,读数但不记录。然后使摆杆和指针重新置于水平释放位置。

(8)重复(6)和(7)的操作5次,并读记每次测定的摆值。

单点测定的5个值中最大值与最小值的差值不得大于3。如差值大于3时,应检查产生的原因,并再次重复上述各项操作,至符合规定为止。

(9)在测点位置用温度计测记潮湿路表温度,准确至1℃。

(10)每个测点由3个单点组成,即需按以上方法在同一测点处平行测定3次,以3次测定结果的平均值作为该测点的代表值(精确到1)。3个单点均应位于轮迹带上,单点间距离为3~5m。该测点的位置以中间单点的位置表示。

(二)抗滑值的温度修正

当路面温度为 t(℃)时,测得的摆值为 BPN_t 必须按式(7-3)换算成标准温度20℃的摆值 BPN_{20}。

$$BPN_{20} = BPN_t + \Delta BPN \qquad (7\text{-}3)$$

式中:BPN_{20}——换算成标准温度20℃时的摆值;

BPN_t——路面温度 t 时测得的摆值;

ΔBPN——温度修正值,按表7-5采用。

温度修正值　　　　　　　表7-5

温度(℃)	0	5	10	15	20	25	30	35	40
温度修正值 ΔBPN	-6	-4	-3	-1	0	+2	+3	+5	+7

（三）报告

报告应包含以下内容：

（1）路面单点测定值 BPN_t、经温度修正后的 BPN_{20}、现场温度、3 次的平均值。

（2）评定路段路面抗滑值的平均值、标准差、变异系数。

四、双轮式横向力系数测试系统测定路面摩擦系数

（一）测试步骤

（1）在测试路段起点前约 500m 处将车停住，开机预热时间不少于 10min。

（2）将车辆驶向测试路段，提前在 100~200m 处打开水阀，降下测试轮。测试时的车速为 40~60km/h，测试过程中应保持匀速。

（3）测试过程中如遇数值异常或其他特征点，应及时通过控制程序做好标记，以备后查。

（4）当测试完成时，停止测试过程，储存数据文件。

（二）数据处理

测定的摩擦系数数据存储在计算机硬盘中。测试系统提供数据处理程序软件，可计算和打印出每一个计算区间的摩擦系数值、行程距离、行驶速度、统计个数、平均值及标准差，同时还可打印出摩擦系数的变化图。

（三）数据类型相关性转换

本试验方法所得数据需转换为标准 SFC 值后才可以进行相关的质量检验和评价。

1. 基本要求

对于不同类型摩擦系数测试设备的测值，应转换为 SFC 值之后使用，所以制动式摩擦系数测试设备和其他类型横向力式测试设备在使用时必须与 SCRIM 系统进行对比试验，建立测试结果与 SCRIM 系统测值——SFC 值的相关关系。

2. 试验条件

按 SFC 值 0~30、30~50、50~70、70~100 的范围选择 4 段不同摩擦系数的路段，路段长度可为 100~300m。

对比试验路段地面应清洁干燥，地面温度应在 10~30℃ 范围内，天气条件宜为晴天、无风。

3. 试验步骤

（1）测试系统和需要进行对比试验的其他类型设备，分别按准备工作中的方法及操作手册规定的程序准备就绪。

（2）两套设备分别以 40km/h、50km/h、60km/h、70km/h、80km/h 的速度在所选择的 4 种试验路段上各测试 3 次，3 次测试的平均值的绝对值不得大于 5，否则重测。

（3）两种试验设备设置的采样频率差值不应超过 1 倍，每个试验路段的采样数据量不应小于 10 个。

4.试验数据处理

(1)分别计算出每种速度下各路段 3 次测试结果的总平均值和标准差,超过 3 倍标准差的值应予以舍弃。

(2)用数理统计的回归分析方法建立试验设备测值与速度的相关关系式,相关系数 R 不得小于 0.95。

(3)建立不同速度下试验设备测值 SFC 的相关关系式,相关系数 R 不得小于 0.95。

(四)试验报告

试验报告中需包括以下内容:

(1)检测路段摩擦系数值的平均值、标准差、变异系数。

(2)提供摩擦系数值与 SCRIM 系统测值所建立的相关关系式及相关系数。

 知识链接

(1)手工铺砂法中只有砂填入路表面空隙中的体积才能用于计算构造深度,如果摊得不足,路标基准面以上的砂也计入空隙的体积,势必使构造深度变大;反之,如果用力过猛,砂摊开面积过大,则又会使构造深度变小。因此,为了试验数据的准确性,对同一处测定应该由同一个试验员完成。

(2)由于计算模式的差别,激光构造深度仪与铺砂法的测试结果有一定的差异,因此必须在完成两者之间的相关性试验和转换之后才能进行测试结果的评定。

(3)在测试前标定的摆式仪步骤是必需的,否则测试精度达不到要求。实际测试时,对仪器本身的调零和调平、校核滑动长度等都是重要的步骤,而且同一人 5 次测定的 BPN 值相差不得超过 3 个单位。

 思考与练习

1.测试路面抗滑性能的常用方法有哪几种?各方法的测试指标、测试原理、特点及适用范围是什么?

2.简述手工铺砂法、摆式仪法检测的主要步骤,并说明其注意事项。

3.为什么进行横向力系数检测?Mu-Meter 测试系统属于哪种形式的检测方法?其检测原理是什么?

任务 7-3 车辙检测

 学习目标

掌握常规车辙检测方法。

 任务描述

车辙是路面常见的损坏形式,尤其是对实行渠化交通的汽车专用道路更是如此。现代路面车辙是路面周期性评价及路面养护中的一个重要指标。路面车辙深度直接反映了车辆行驶的舒适度及路面的安全性和使用期限。路面车辙深度的检测能为决策者提供重要的信息,使决策者能为路面的维修、养护及翻修等作出优化决策。车辙的测定方法各国不尽相同,早期最基本的原理是用直尺架在车道上测定直尺与车辙底部的距离,但直尺长度不一致。结合我国实际情况,除少数高速公路或城市道路主干线分道行驶非常严格者车辙宽度较窄外,大多数二级以下公路车辙均比较宽,有些属于U形,因此,目前采用国际通用方法,规定直尺长度不小于一个车道宽度。

某高速公路由于长期受重载交通影响,造成车辙病害严重,要求学生对已产生车辙病害的路面进行检测和评定。

 相关知识

沥青路面车辙测试常用设备如下:

(1)路面横断面仪器:其长度不小于一个车道宽度,横梁上有一位移传感器,可自动记录横断面形状,测试间距小于20cm,测试精度为1mm。

(2)激光或超声波车辙仪:包括多点激光或超声波车辙仪、线激光车辙仪和线扫描激光车辙仪等类型,通过激光测距技术或激光成像和数字图像分析技术得到车道横断面相对高程数据,并按规定模式计算车辙深度。

要求激光或超声波车辙仪有效测试宽度不小于3.2m,测点不少于13点,测试精度为1mm。

(3)横断面尺:横断面尺为硬木或金属制直尺,刻度间距5cm,长度不小于一个车道宽度。要求尺顶面平直,最大弯曲不超过1mm,两端有把手及高度为10~20cm的支脚,两支脚的高度相同。

(4)量尺:钢板尺、卡尺、塞尺,量程大于车辙深度,刻度至1mm。

(5)其他:皮尺、粉笔等。

 任务实施

根据检测条件及要求,选择不同方法进行车辙检测,可采用激光或超声波车辙仪、路面横断面仪、横断面尺法进行沥青路面车辙检测。各种方法具体步骤如下:

1. 测试步骤

(1)车辙测定的基准测量宽度应符合下列规定:

①对高速公路及一级公路,以发生车辙的一个车道两侧标线宽度中点到中点的距离为基准测量宽度。

②对二级及二级以下公路,有车道区画线时,以发生车辙的一个车道两侧标线宽度中点到中点的距离为基准测量宽度;无车道区画线时,以形成车辙部位的一个设计车道宽度作为基准测量宽度。

(2)以一个评定路段为单位,用激光车辙仪连续检测时,测定断面间隔不大于10m。用其他方法非连续测定时,在车道上每隔50m设一测定断面,用粉笔画上标记进行测定。根据需要,也可按随机取样的方法在行车道上随机选取测定断面,在有特殊需要的路段如交叉口前后可予加密。

(3) 采用激光或超声波车辙仪的测试步骤如下：
①将检测车辆就位于测定区间起点前。
②启动并设定检测系统参数。
③启动车辙和距离测试装置，开动测试车使其沿车道轮迹位置且平行于车道线平稳行驶，测试系统自动记录每个横断面和距离数据。
④到达测定区间终点后，结束测定。
⑤系统处理软件按照图7-3规定的模式通过各横断面相对高程数据计算车辙深度。

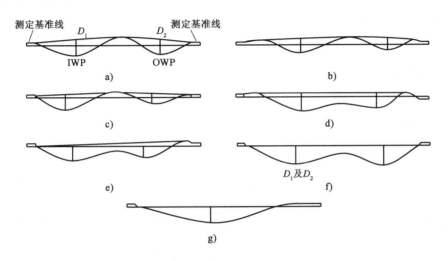

图7-3 不同形状、不同程度的路面车辙示意图
注：IWP、OWP 分别表示内侧轮迹带和外侧轮迹带。

(4) 采用路面横断面仪的测试步骤如下：
①将路面横断面仪就位于测定断面上，方向与道路中心线垂直，两端支脚立于测定车道的两侧边缘，记录断面桩号。
②调整两端支脚高度，使其等高。
③移动横断面仪的测量器，从测定车道的一端移至另一端，记录下断面形状。
(5) 采用横断面尺的测试步骤如下：
①将横断面尺就位于测定断面上，两端支脚置于测定车道两侧。
②沿横断面尺每隔20cm 设一点，用量尺垂直立于路面上，用目平视测记横断面尺顶面与路面之间的距离，准确至1mm。如断面的最高处或最低处明显不在测定点上，应加测该点距离。
③记录测定读数，绘出断面图，最后连接成圆滑的横断面曲线。
④横断面尺也可用线绳代替。
⑤当不需要测定横断面，仅需要测定最大车辙时，亦可用不带支脚的横断面尺架在路面上，通过目测确定最大车辙位置，用尺量取。

2. 计算
(1) 根据断面线按图7-3的方法画出横断面图及顶面基准线，通常为其中之一种形式。
(2) 在图上确定车辙深度 D_1 及 D_2，读至1mm。以其中最大值作为断面的最大车辙深度。
(3) 求取各测定断面最大车辙深度的平均值作为该评定路段的平均车辙深度。

3. 报告

测试报告应记录下列事项：

(1)采用的测定方法。

(2)路段描述,包括里程桩号、路面结构及横断面、使用年限、交通情况等。

(3)各测定断面的横断面图。

(4)各测定断面的最大车辙深度表。

(5)各评定路段的最大车辙深度及平均车辙深度。

(6)根据测定目的应记录的其他事项或数据。

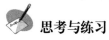 **思考与练习**

1.常见的车辙形式有哪几种？

2.简述车辙检测的主要步骤。

任务8 路基路面强度检测

任务8-1 强度和回弹模量

 学习目标

(1)掌握土基现场CBR值测试方法。
(2)掌握承载板测定土基回弹模量试验方法。
(3)掌握贝克曼梁测定路基路面回弹模量试验方法。

 任务描述

路基是路面结构的基础,是公路基层、面层平整稳定的关键,它承受着土体本身的自重和路面结构的重力,同时还承受由路面传递下来的车辆荷载,所以路基是公路的承重主体。没有稳定的路基,就谈不上稳固的路面。而路面则直接与车辆接触,长期承受车辆荷重,这就要求路面要有足够的强度、较高的稳定性。因此,路基路面强度的检测与评定是公路施工质量检测与评定的一个重要部分。

某高速公路路基为黄土路基,现需要测定其是否具有足够的强度。本任务要求学生按照规范要求,选择适合的方法对路基路面进行强度与回弹模量的检测和评定。

 相关知识

一、土基现场CBR值测试

土工试验中通常所指的CBR(California Bearing Ratio)值是土基或基层、底基层材料的加州承载比,为室内标准压实的试件经泡水膨胀后进行贯入试验,在荷载压强—贯入量曲线上读取规定贯入量时的荷载压强与标准压强的比值,以百分数表示。当试验条件发生变化时,所得结果也发生变化。在公路现场条件下,土基含水率、压实度与标准条件不同,为与室内CBR试验一致,在《公路路基路面现场测试规程》(JTG E60—2008)中要求在试验贯入前,先在贯入杆上施加45N荷载调零后再进行测试,为与通常所指CBR值区分,本书中的内容特指现场CBR值。

 标准压强是由优质碎石经大量试验得到的,当贯入量为2.5mm时标准压强为7MPa,当贯入量为5.0mm时标准压强为10.5MPa。

由于CBR的试验方法简单、设备造价低廉,在许多国家得到了广泛应用。

(一)适用范围

该方法适用于在现场测定各种土基材料的现场 CBR 值,同时也适合于基层、底基层砂类土、天然砂砾、级配碎石等材料 CBR 值的试验。所用试样的最大集料粒径宜小于 19.0mm,最大不得超过 31.5mm。

(二)设备准备

本试验采用下列仪具(图 8-1)与材料:

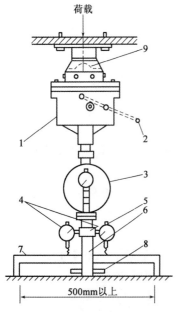

图 8-1 现场 CBR 测试装置示意图
1-加载千斤顶;2-手柄;3-测力计;4-百分表;5-百分表夹持具;6-贯入杆;7-平台;8-承载板;9-球座

(1)荷载装置:装载有铁块或集料等重物的载重汽车,后轴重不小于 60kN,在汽车大梁的后轴之后设有一加劲横梁作反力架用。

(2)现场测试装置:由千斤顶(机械或液压)、测力计(测力环或压力表)及球座组成。千斤顶可使贯入杆的贯入速度调节为 1mm/min。测力计的容量不小于土基强度,测定精度不小于测力计量程的 1%。

(3)贯入杆:直径 $\phi 50$mm,长约 200mm 的金属圆柱体。

(4)承载板:每块 1.25kg,直径 $\phi 150$mm,中心孔眼直径 $\phi 52$mm,不少于 4 块,并沿直径分为两个半圆块。

(5)贯入量测定装置:百分表量程 20mm,精度 0.01mm,数量 2 个,对称固定于贯入杆上,端部与平台接触,平台跨度不小于 50cm。

注:此设备也可用两台贝克曼梁弯沉仪代替。

(6)细砂:洁净干燥的细干砂,粒径 0.3~0.6mm。

(7)其他:铁铲、盘、直尺、毛刷、天平等。

(三)其他

(1)将试验地点约直径 $\phi 30$cm 范围的表面找平,用毛刷刷净浮土,如表面为粗粒土时,应撒布少许洁净的干砂填平,但不能覆盖全部土基表面,避免形成夹层。

(2)装置测试设备:千斤顶顶在加劲横梁上且调节至高度适中。贯入杆应与土基表面紧密接触。

(3)安装贯入量测定装置:将支架平台、百分表(或两台贝克曼梁弯沉仪)安装好。

二、承载板测定土基回弹模量

土基的回弹模量是公路设计中一个必不可少的参数,我国现有规范已给出了不同的自然区划和土质的回弹模量值的推荐值。但由于土基回弹模量的改变将会影响路面设计的厚度,所以建议有条件时最好直接测定,而且随着施工质量的提高,回弹模量值将作为控制施工质量的一个重要指标。

(一)适用范围

本方法适用于在现场土基表面,通过用承载板对土基逐级加载、卸载的方法,测出每级荷载下相应的土基回弹变形值,通过计算求得土基回弹模量。所测定的土基回弹模量可作为路面设计参数使用。

(二)设备准备

(1)加载设施:载有铁块或集料等重物,后轴重不小于60kN 的载重汽车一辆,作为加载设备。在汽车大梁的后轴之后约 80cm 处,附设加劲横梁 1 根作反力架。汽车轮胎充气压力为 0.50MPa。

(2)现场测试装置如图 8-2 所示,该装置由千斤顶、测力计(测力环或压力表)及球座等组成。

(3)刚性承载板一块,板厚 20mm,直径为 φ30cm,直径两端设有立柱和可以调整高度的支座,供安放弯沉仪测头用,承载板安放在土基表面上。

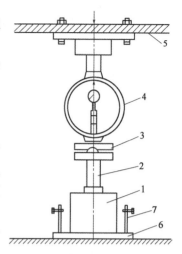

图 8-2 承载板测试装置图
1-加载千斤顶;2-钢圆筒;3-钢板及球座;
4-测力计;5-加劲横梁;6-承载板;7-立柱及支座

承载板直径有使用 φ30cm 的,也有使用 φ30.4cm 的,为使用方便,并适应 BZZ-100 标准车的要求,统一为 φ30cm。

计算路基回弹量 E_i 值时,泊松比是必须用的指标,可根据规范选用,若无规定时,非黏性土可取 0.30,高黏性土取 0.50,一般可取 0.35 或 0.40。

(4)路面弯沉仪两台,由贝克曼梁、百分表及其支架组成。

(5)液压千斤顶一台,80~100kN,装有经过标定的压力表或测力环,其容量不小于土基强度,测定精度不小于测力计量程的 1%。

(6)秒表。

(7)水平尺。

(8)其他:细砂、毛刷、垂球、镐、铁锹、铲等。

(三)其他

(1)根据需要选择有代表性的测点。测点应位于水平的路基上,土质均匀,不含杂物。

(2)仔细平整土基表面,撒干燥洁净的细砂填平土基凹处。砂子不可覆盖全部土基表面,避免形成夹层。

(3)安置承载板,并用水平尺进行校正,使承载板处于水平状态。

(4)将试验车置于测点上,在加劲横梁中部悬挂垂球测试,使之恰好对准承载板中心,然后收起垂球。

(5)在承载板上安放千斤顶,上面衬垫钢圆筒、钢板,并将球座置于顶部,与加劲横梁接触。如用测力环时,应将测力环置于千斤顶与横梁中间,千斤顶及衬垫物必须保持垂直,以免加压时千斤顶倾倒发生事故,并影响测试数据的准确性。

(6)安放弯沉仪,将两台弯沉仪的测头分别置于承载板立柱的支座上,百分表对零或其他合适的初始位置上。

三、贝克曼梁测定路基路面回弹模量

(一)适用范围

本方法适用于在土基、厚度不小于1m的粒料整层表面,用弯沉仪测试各测点的回弹弯沉值,通过计算求得该材料的回弹模量值,也适用于在旧路表面测定路基路面的综合回弹模量。

(二)设备准备

(1)标准车:双轴,后轴双侧4轮的载重车。其标准轴荷载、轮胎尺寸、轮胎间隙及轮胎气压等主要参数应符合表8-1的规定。

弯沉测定用的标准车参数　　　　　　表8-1

标准轴载等级	BZZ-100
后轴标准轴载 $P(kN)$	100 ± 1
一侧双轮荷载(kN)	50 ± 0.5
轮胎充气压力(MPa)	0.70 ± 0.05
单轮传压面当量圆直径(cm)	21.30 ± 0.5
轮隙宽度	应满足能自由插入弯沉仪测头的测试要求

(2)路面弯沉仪:由贝克曼梁、百分表及表架组成。贝克曼梁由合金铝制成,上有水准泡,其前臂(接触路面)与后臂(装百分表)长度比为2∶1,标准弯沉仪前后臂长分别为2.4m和1.2m,加长弯沉仪前后臂长分别为3.6m和1.8m。弯沉采用百分表量得。

(3)路表温度计:分度不大于1℃。

(4)接长杆:直径$\phi 16mm$,长500mm。

(5)其他:皮尺、口哨、粉笔、指挥旗等。

(三)其他

(1)选择洁净的路基路面表面作为测点,在测点处做好标记并编号。
(2)无结合料粒料基层的整层试验段(试槽)应符合下列要求:
①整层试槽可修筑在行车带范围内,或路肩及其他合适处,也可在室内修筑,但均应适于用汽车测定弯沉。
②试槽应选择在干燥或中湿路段处,不得铺筑在软土基上。
③试槽面积不小于3m×2m,厚度不宜小于1m。铺筑时,先挖3m×2m×1m(长×宽×深)的坑;然后用欲测定的同一种路面材料按有关施工规范规定的压实层厚度分层铺筑并压实,直至顶面,使其达到要求的压实度标准。应严格控制材料组成,级配均匀一致,符合施工质量要求。
④试槽表面的测点间距可按图8-3布置在中间2m×1m的范围内,可测定23点。

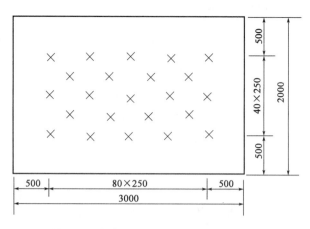

图 8-3 试槽表面的测点布置(尺寸单位:mm)

任务实施

首先进行任务分析,该段高速公路路基为黄土路基,其最大粒径小于 19mm,因此可根据工作条件自行选择检测方法。各检测方法具体步骤如下。

一、土基现场 CBR 值测试

(一)检测步骤

(1)在贯入杆位置安放 4 块 1.25kg 的分开成半圆的承载板,共 5kg。

(2)试验贯入前,先在贯入杆上施加 45N 荷载后,将测力计及贯入量百分表调零,记录初始读数。

(3)启动千斤顶,使贯入杆以 1mm/min 的速度压入土基,相应于贯入量为 0.5mm、1.0mm、1.5mm、2.0mm、2.5mm、3.0mm、4.0mm、5.0mm、6.5mm、10.0mm 及 11.5mm 时,分别读取测力计读数。根据情况,也可在贯入量达 6.5mm 时结束试验。

注:用千斤顶连续加载,两个贯入量百分表及测力计均应在同时刻读数。当两个百分表读数差值不超过平均值的 30% 时,以其平均值作为贯入量;当两个百分表读数差值超过平均值的 30% 时,应停止试验。

(4)卸除荷载,移去测定装置。
(5)在试验点下取样,测定材料含水率。取样数量如下:
①最大粒径不大于 4.75mm,试样数量约 120g;
②最大粒径不大于 19.0mm,试样数量约 250g;
③最大粒径不大于 31.5mm,试样数量约 500g。
(6)在紧靠试验点旁边的适当位置,用灌砂法或环刀法等测定土基的密度。

(二)数据计算

(1)用贯入试验得到的等级荷重数除以贯入断面,面积($19.625cm^2$),得到各级压强(MPa),绘制荷载压强—贯入量曲线,如图 8-4 所示。当图中曲线在起点处有明显凹凸的情况时,应在曲线的拐弯处作切线延长进行修正,以与坐标轴相交的点 O' 作原点,得到修正后的压强—贯入量曲线。

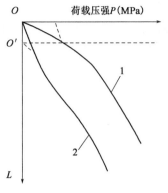

图 8-4 荷载压强—贯入量关系曲线

(2)从压强—贯入量曲线上读取贯入量为 2.5mm 及 5.0mm 时的荷载压强 P_1,按式(8-1)计算现场 CBR 值。CBR 一般以贯入量 2.5mm 时的测定值为准,当贯入量 5.0mm 时的 CBR 值大于贯入量 2.5mm 时的 CBR 时,应重新进行试验;如重新试验仍然如此,则以贯入量 5.0mm 时的 CBR 为准。

$$CBR(\%) = \frac{P_1}{P_0} \times 100 \quad (8-1)$$

式中:P_1——荷载压强(MPa);
P_0——标准压强(MPa),当贯入量为 2.5mm 时为 7MPa, 当贯入量为 5.0mm 时为10.5MPa。

(三)试验报告

试验报告应包括下列结果:
(1)土基含水率(%);
(2)测点的干密度(g/cm^3);
(3)现场 CBR 值及相应的贯入量。

二、承载板测定土基回弹模量试验方法

(一)试验步骤

(1)用千斤顶开始加载,注视测力环与压力表,至预压 0.05MPa,稳压 1min,使承载板与土基紧密接触,同时检查百分表的工作情况是否正常,然后放松千斤顶油门卸载,稳压 1min 后,将指针对准零或记录初始读数。

(2)测定土基的压力—变形曲线。用千斤顶加载,采用逐级加载卸载法,用压力表或测力环控制加载量,荷载小于 0.1MPa 时,每级加载增加 0.02MPa,以后每级增加 0.04MPa 左右。为了方便加载与计算,可适当调整加载数值为整数。每次加载到预定荷载(P)后,稳定 1min,立即读记两台弯沉仪百分表数值,然后轻轻放开千斤顶油门卸载至 0,待卸载稳定 1min 后,再次读数,每次卸载后百分表不再对零。当两台弯沉仪百分表读数之差小于平均值的 30% 时,取平均值;如超过 30%,则应重测。当回弹变形值超过 1mm 时,即可停止加载。

(3)各级荷载的回弹变形和总变形,按以下方法计算:
回弹变形(L) = (加载后读数平均值 – 卸载后读数平均值) × 弯沉仪杠杆比
总变形(L') = (加载后读数平均值 – 加载初期前读数平均值) × 弯沉仪杠杆比

(4)测定总影响量 α。最后一次加载卸载循环结束后,取走千斤顶,重新读取百分表初读数,然后将汽车开出 10m 以外,读取终读数,两只百分表的初、终读数差之平均值即为总影响量。

(5)在试验点处取样,测定试样含水率,取样数量如下:
最大粒径不大于 5mm 试样的数量约为 120g;

最大粒径不大于 25mm 试样的数量约为 250g；

最大粒径不大于 40mm 试样的数量约为 500g。

(6) 在紧靠试验点旁边适当的位置，用灌砂法或环刀法等测定土基的密度。

(7) 本试验的各项数据可记在记录表(表 8-2)上。

现场 CBR 值测定记录表　　　　　　　　　　　　　　　表 8-2

路线和编号：　　　　　　　　　路面结构：
测定层位：
承载板直径(cm)：　　　　　　　测定日期：　　年　　月　　日

	预定贯入量 (mm)	贯入量百分表读数(0.01mm)			测计读数	压强(MPa)
		1	2	平均		
加载记录	0.0					
	0.5					
	1.0					
	1.5					
	2.0					
	2.5					
	3.0					
	3.5					
	4.0					
CBR 计算	贯入断面面积：　　cm² 相当于贯入量 2.5mm 时的荷载压强：标准压强 = 7MPa　CBR$_{2.5}$ = 　(%) 相当于贯入量 5.0mm 时的荷载压强：标准压强 = 10.5MPa　CBR$_5$ = 　(%) 试验结果现场 CBR = 　(%)					
含水率	序号	湿土质量(g)	干土质量(g)	水质量(g)	含水率(%)	平均含水率(%)
	1					
	2					
密度	序号	试样湿质量(g)	试样干质量(g)	体积(cm³)	干密度(g/cm³)	平均干密度(g/cm³)
	1					
	2					

(二)计算

(1) 各级压力的回弹变形值加上该级的影响量后，则为计算回弹变形值。当使用其他类型测试车时，各级压力下的影响量 α_i 按式(8-2)计算。

$$\alpha_i = \frac{(T_1 + T_2)\pi D^2 P_i}{4 T_1 Q} \cdot \alpha \tag{8-2}$$

式中：T_1——测试车前后轴距(m)；

T_2——加劲小梁距后轴的距离(m)；

D——承载板直径(m)；

Q——测试车的后轴重(N)；

P_i——第 i 级承载板压力(Pa)；

α——总影响量(0.01mm)。

各级荷载影响量见表8-3。

各级荷载影响量(后轴60kN车) 表8-3

承载板压力(MPa)	0.05	0.10	0.15	0.20	0.30	0.4	0.5
影响量	0.06α	0.12α	0.18α	0.24α	0.36α	0.48α	0.60α

(2)将各级计算回弹变形值点绘于标准计算纸上,排除显著偏离的异常点并绘制出顺滑的 P-L 曲线,如曲线起始部分出现反弯,应按图8-5所示修正原点 O,O′则是修正后的原点。

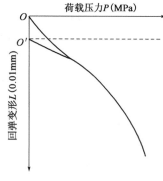

图8-5 土基回弹模量 P-L 曲线

(3)按式(8-3)计算相应于各级荷载下的土基回弹模量 E_i 值:

$$E_i = \frac{\pi D}{4} \cdot \frac{P_i}{L_i}(1-\mu_0^2) \quad (8-3)$$

式中:E_i——相应于各级荷载下的土基回弹模量(MPa);

μ_0——土样的泊松比,根据路面设计规范规定选用;

D——承载板直径,取 30mm;

P_i——承载板压力(MPa);

L_i——相对于荷载 P_i 时的回弹变形(cm)。

(4)取结束试验前的各回弹变形值按线性回归方法计算土基回弹模量 E_0 值,见式(8-4):

$$E_0 = \frac{\pi D}{4} \cdot \frac{\sum P_i}{\sum L_i}(1-\mu_0^2) \quad (8-4)$$

式中:E_0——土基回弹模量(MPa)

μ_0——土样的泊松比,根据路面设计规范规定选用;

P_i——对应于 L_i 的各级压力值;

L_i——结束试验前的各级实测回弹变形值。

(三)报告

本试验采用的记录格式见表8-4。

承载板测定记录表 表8-4

路线和编号:						路面结构:			
测定层位:						测定用的汽车型号:			
承载板直径(cm):						测定日期: 年 月 日			
千斤顶读数	荷载(kN)	承载板压力 P(MPa)	百分表读数(0.01mm)			总变形 (0.01mm)	回弹变形 (0.01mm)	分级影响量 (0.01mm)	E_i (MPa)
			加载前	加载后	卸载后				

试验报告应记录下列结果:

(1)试验时所采用的汽车型号;

(2)近期的天气情况;
(3)试验时的土基含水率(%);
(4)土基密度和压实度;
(5)相应于各级荷载下的土基回弹模量 E_i 值;
(6)土基回弹模量 E_0 值(MPa)。

三、贝克曼梁测定路基路面回弹模量试验

(一)试验步骤

按照《公路路基路面现场测试规程》(JTG E60—2008)的有关规定选择适当的弯沉车,实测路面各点处的路面回弹弯沉值 L_i,如在旧沥青面层上测定时,应读取温度,并按规定方法进行测定弯沉值的修定,得到标准温度(20℃)时的弯沉值。

(二)计算

(1)计算全部测定值的算术平均值 $\bar{L}$、单次测量的标准差 S 和自然误差 r_0。

$$\bar{L} = \frac{\sum L_i}{N} \tag{8-5}$$

$$S_i = \frac{\sqrt{\sum(L_i - L)^2}}{N-1} \tag{8-6}$$

$$r_0 = 0.675 \times S \tag{8-7}$$

式中:$\bar{L}$——回弹弯沉的平均值(0.01mm);
S——回弹弯沉值的标准差;
r_0——回弹弯沉值的自然误差(0.01mm);
L_i——各测点的回弹弯沉值(0.01mm);
N——测点总数。

(2)计算各测点的测定值与算术平均值的偏差值 $d_i = L_i - L$,并计算较大的偏差与自然误差之比 d_i/R_0。当某个测点观测值的 d_i/R_0 值大于规定值时,则应舍弃该测点,然后重复计算各测点的算术平均值及标准差。

(3)按式(8-8)计算代表弯沉值:

$$L_1 = \bar{L} + S \tag{8-8}$$

式中:L_1——计算代表弯沉值;
$\bar{L}$——舍弃不合要求测点后所余各测点弯沉的算术平均值;
S——舍弃不合要求测点后所余各测点弯沉的标准差。

(4)按式(8-9)计算土基、整层材料的回弹模量或旧路的综合回弹模量:

$$E_i = \frac{2p\delta}{L_1}(1-\mu^2)\alpha \tag{8-9}$$

式中:E_i——计算的土基、整层材料的回弹模量或旧路的综合回弹模量(MPa);
p——测定车轮的平均垂直荷载(MPa);
δ——测定用标准车双圆荷载单轮传压面当量圆的半径(cm);
μ——测定基层材料的泊松比,根据路面设计规范的规定取用;

α——弯沉系数,为 0.712。

(三)报告

报告应包括弯沉测定表、计算的代表弯沉、采用的泊松比及计算得到的材料回弹模量 E_1 等,对于沥青路面还应报告测定的路面温度。回弹模量试验记录表见表 8-5。

回弹模量试验记录表　　　　　　　　　　　　　　　表 8-5

项目名称							施工单位				
使用范围					土样编号			试验日期			
试验方法			压力计			取样点			试验规程编号		
土样说明							试验单位				
加载级数	单位压力(kPa)	砝码质量 N 或压力计读数(0.1mm)	量表读数(0.1mm)						回弹变形(0.1mm)		回弹模量(kPa)	备注
			加载			卸载			读数值	修正值		
			左	右	平均	左	右	平均				
1												
2												
3												
4												
变形、单位压力应用变形曲线												
自检意见							监理意见					
计算		记录		计算		复核		质检负责人		项目主管		

任务 8-2　承载能力

(1)掌握贝克曼梁测定路基路面回弹弯沉方法。

(2)了解 FWD 测定回弹弯沉方法。

(3)了解自动弯沉仪测定回弹弯沉方法。

任务描述

国内外普遍采用回弹弯沉值来表示路基路面的承载能力,回弹弯沉值越大,承载能力越小,反之则越大。通常所说的回弹弯沉值是指标准后轴载双轮组轮隙中心处的最大回弹弯沉值。在路表测试的回弹弯沉值可以反映路基路面的综合承载能力。回弹弯沉值在我国已广泛使用且有很多的经验及研究成果,它不仅用于路面结构的设计中(设计回弹弯沉值)和施工控制及施工验收中(竣工验收弯沉值),同时还用在旧路补强设计中,所以正确的测试回弹弯沉具有重要的意义。

某公路设计弯沉为60,沥青面层厚度为10cm,基层为沥青稳定类基层,现需要进行弯沉检测。本任务要求学生按照规范要求,通过不同的方法对路基路面进行弯沉的检测和评定。

相关知识

一、贝克曼梁测定路基路面回弹弯沉试验方法

贝克曼梁法测定路基路面回弹弯沉属于传统方法,检测速度较慢,但是静态测试比较成熟,测定的是静态回弹弯沉,目前属于标准方法。

> 目前工程上广泛使用贝克曼梁测定弯沉,作为检测、交(竣)工验收标准方法,其测量的精确性和代表性非常重要。
>
> 我国规定的标准车型已很少使用,一般选用10~20英寸12PR层级以上,或11~20英寸12PR层级以上的轮胎型号,此类货车基本能达到标准车的要求。另外,测定车的充气压力、轴重、轮胎接地面积与标准车的要求一致,不宜超过规定值。

(一)适用范围

贝克曼梁测定路基路面回弹弯沉试验适用于测定各类路基路面的回弹弯沉,用以评定整体承载能力,可供路面结构设计使用。

沥青路面的弯沉检测以沥青面层平均温度20℃时为准,当路面平均温度在20℃±2℃以内时可以不进行修正,在其他温度条件下进行测试时,对于沥青厚度大于5cm的沥青路面,应对弯沉值予以温度修正。

(二)设备准备

(1)标准车:双轴,后轴双侧4轮的载重车。其标准轴荷载、轮胎尺寸、轮胎间隙及轮胎气压等主要参数应符合表8-6的要求。测试车应采用后轴10t标准轴载BZZ-100的汽车。

标准车参数要求 表8-6

标准轴载等级	BZZ-100
后轴标准轴载 P(kN)	100±1
一侧双轮荷载(kN)	50±0.5
轮胎充气压力(MPa)	0.70±0.05
单轮传压面当量圆直径(cm)	21.3±0.5
轮隙宽度	应满足能自由插入弯沉仪测头的测试要求

(2)路面弯沉仪:由贝克曼梁、百分表及表架组成。贝克曼梁由合金铝制成,上有水准泡,其前臂(接触路面)与后臂(装百分表)长度比为2:1。弯沉仪长度有两种:一种长3.6m,前后臂分别为2.4m和1.2m;另一种加长的弯沉仪长5.4m,前后臂分别为3.6m和1.8m。当在半刚性基层沥青路面或水泥混凝土路面上测定时,应采用长度为5.4m的贝克曼梁弯沉仪;对柔性基层或混合式结构沥青路面,可采用长度为3.6m的贝克曼梁弯沉仪测定。弯沉采用百分表量得,也可用自动记录装置进行测量。

(3)接触式路表温度计:端部为平头,分度不大于1℃。

(4)其他:皮尺、口哨、白油漆或粉笔、指挥旗等。

(三)其他

(1)检查并保持测定用标准车的车况及制动性能良好,轮胎胎压符合规定充气压力。

(2)向汽车车槽中装载(铁块或集料),并用地中衡称量后轴总质量及单侧轮荷载,轴重均应符合规定要求,汽车行驶及测定过程中,轴重不得变化。

(3)测定轮胎接地面积:在平整光滑的硬质路面上用千斤顶将汽车后轴顶起,在轮胎下方铺一张新的复写纸和一张方格纸,轻轻落下千斤顶,即在方格纸上印上轮胎印痕,用求积仪或数方格的方法测算轮胎接地面积,准确至$0.1cm^2$。

(4)检查弯沉仪百分表量测灵敏情况。

(5)当在沥青路面上测定时,用路表温度计测定试验时气温及路表温度(一天中气温不断变化,应随时测定),并通过气象台了解前5d的平均气温(日最高气温与最低气温的平均值)。

(6)记录沥青路面修建或改建材料、结构、厚度、施工及养护等情况。

二、落锤式弯沉仪测定弯沉试验方法

落锤式弯沉仪法是利用重锤自由落下时瞬间产生的冲击荷载测定弯沉,属于动态弯沉,并能反算路面的回弹模量,快速连续测定,使用时应用贝克曼梁进行标定换算。

(一)适用范围

本方法适用于测定在落锤式弯沉仪(FWD)标准质量的重锤落下一定高度发生的冲击荷载的作用下,路基或路面表面所产生的瞬时变形,即测定在动态荷载作用下产生的动态弯沉及弯沉盆,并可由此反算路基路面各层材料的动态弹性模量,作为设计参数使用。所测结果经转换为回弹弯沉值后可用于评定道路承载能力,也可用于调查水泥混凝土路面接缝的传力效果,探查路面板下的空洞等。

(二)设备准备

落锤式弯沉仪:简称FWD,由荷载发生装置、弯沉检测装置、运算控制系统与车辆牵引系统等组成。

(1)荷载发生装置:重锤的质量及落高根据使用目的与道路等级选择,荷载由传感器测定。如无特殊需要,重锤的质量为200kg±10kg,可采用产生50kN±2.5kN的冲击荷载。承载板宜为十字对称分开成4部分且底部固定有橡胶片的承载板。承载板的直径一般为300mm。

(2)弯沉检测装置:由一组高精度位移传感器组成。传感器可为差动变压器式位移计(LVDT)或地震检波器。自承载板中心开始,沿道路纵向隔开一定距离布设一组传感器,传感器总数不少于7个,建议布置在0~250cm范围内,必须包括0、30、60、90四点,其他根据需要及设备性能决定。

(3)运算及控制装置:能在冲击荷载作用的瞬间内,记录冲击荷载及各个传感器所在位置测点的动态变形。

(4)牵引装置:牵引 FWD 并安装运算及控制装置的车辆。

图 8-6 所示为落锤式弯沉仪测量系统示意图。

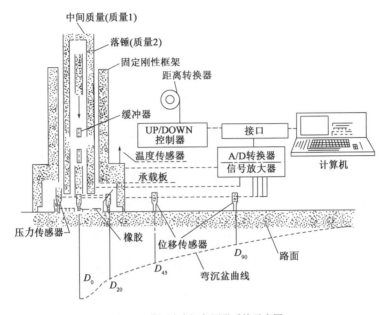

图 8-6 落锤式弯沉仪测量系统示意图

(三)其他

(1)调整重锤的质量及落高,使重锤的质量为 200 kg ± 10kg,产生的冲击荷载为 50kN ± 2.5kN。

(2)在测试路段的路基或路面各层表面布置测点,其位置或距离随测试需要而定。当在路面表面测定时,测点宜布置在行车道的轮迹带上。测试时,还可利用距离传感器定位。

(3)检查 FWD 的车况及使用性能,用手动操作检查,各项指标应符合仪器规定要求。

(4)将 FWD 牵引至测定地点,将仪器打开,进入工作状态。牵引 FWD 行驶的速度不宜超过 50km/h。

(5)对位移传感器按仪器使用说明书进行标定,使之达到规定的精度要求。

三、自动弯沉仪测定弯沉试验方法

自动弯沉仪测定弯沉试验方法是利用贝克曼梁原理快速连续测定,属静态测试范畴,测定的是总弯沉,因此使用时应用贝克曼梁进行标定换算。

自动弯沉仪的测试速度会影响弯沉的测试结果。当弯沉水平小于 40 时,这种影响较小,可不予考虑。但当弯沉水平超过 40 时,测试结果的差别较大。为减少速度的影响,一般控制速度在 3.5km/h ± 0.5km/h 的范围内。

（一）适用范围

本方法适用于各类 Lacroix 型（洛克鲁瓦型）自动弯沉仪在新建、改建路面工程的质量验收中，在无严重坑槽、车辙等病害的正常通车条件下连续采集沥青路面弯沉数据。试验过程中，数据的采集、传输、记录和处理分别由专用软件自动控制进行。

（二）设备准备

(1) Lacroix 型自动弯沉仪：由承载车、测量机架及控制系统、位移、温度和距离传感器、数据采集与处理系统等基本部分组成，如图8-7所示。

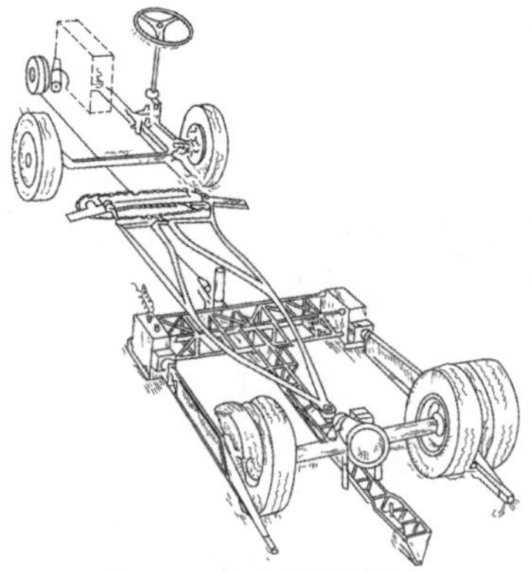

(2) 设备承载车技术要求和参数。

自动弯沉仪的承载车辆应为单后轴、单侧双轮组的载重车，其标准条件与贝克曼梁测定路基路面回弹弯沉试验中标准车 BZZ-100 车型参数一致。

(3) 测试系统基本技术要求和参数。

① 位移传感器分辨率：0.01mm。
② 位移传感器有效量程：≥3mm。
③ 设备工作环境温度：0～60℃。
④ 距离标定误差：≤1%。

图8-7 自动弯沉仪图示

（三）其他

(1) 位移传感器标定。每次测试之前必须按照设备使用手册规定的方法进行位移传感器的标定，记录标定数据并存档。

(2) 检查承载车轮胎气压。每次测试之前都必须检查后轴轮胎气压，气压应满足 0.70MPa ± 0.05MPa 的要求。

(3) 检查承载车轮载。一般每年检查一次，如果承载车因改装等原因而改变了后轴载，也必须进行此项工作，后轴载应满足 100kN ± 1kN 的要求。

(4) 检查测量架的易损部件情况，及时更换损坏部件。

(5) 打开设备电源进行检查，确保控制面板功能键、指示灯、显示器等应正常。

(6) 开动承载车试测 2～3 个步距，观察测试机构，测试机构应正常，否则需要调整。

任务实施

根据所采用方法的不同，按照下列步骤完成路基路面弯沉现场检测任务，并通过查阅规范，完成弯沉最终评定。

一、贝克曼梁测定路基路面回弹弯沉试验

（一）测试步骤

(1) 在测试路段布置测点，其距离随测试需要而定。测点应在路面行车道的轮迹带上，并

用白油漆或粉笔画上标记,如图 8-8 所示。

图 8-8　白油漆或粉笔在测点画上标记

(2)将试验车后轮轮隙对准测点后 3~5cm 处的位置上。

(3)将弯沉仪插入汽车后轮之间的缝隙处,与汽车方向一致,梁臂不得碰到轮胎,使弯沉仪测头置于测点上(轮隙中心前方 3~5cm 处),并安装百分表于弯沉仪的测定杆上,将百分表调零,用手指轻轻叩打弯沉仪,使检查百分表稳定回零(图 8-9)。弯沉仪可以是单侧测定,也可以是双侧同时测定。

图 8-9　测头置于测点上并检查百分表回零

(4)测定者吹哨发令指挥汽车缓缓前进,百分表随路面变形的增加而持续向前转动。当表针转动到最大值时,迅速读取初读数 L_1。汽车仍在继续前进,表针反向回转,待汽车驶出弯沉影响半径(3m 以上)后,吹口哨或挥动指挥红旗,指示汽车停止。待表针回转稳定后,再次读取终读数 L_2(图 8-10)。汽车前进的速度宜为 5km/h 左右。

图 8-10　百分表读数

(二)弯沉仪的支点变形修正

(1)当采用长度为 3.6m 的弯沉仪进行弯沉测定时,有可能引起弯沉仪支座处变形,在测定时应检验支点有无变形。如果有变形,此时应用另一台检测用的弯沉仪安装在测定用弯沉仪的后方,其测点架设于测定用弯沉仪的支点旁。当汽车驶出时,同时测定两台弯沉仪的弯沉读数,如检测弯沉仪百分表有读数,即应该记录并进行支点变形修正。当在同一结构上测定时,可在不同位置测定 5 次,求取平均值,以后每次测定时以此作为修正值。

(2)当采用长度为 5.4m 的弯沉仪测定时,可不进行支点变形修正。

(三)结果计算及温度修正

(1)路面测点的回弹弯沉值可按式(8-10)计算。

$$L_t = (L_1 - L_2) \times 2 \tag{8-10}$$

式中:L_t——在路面温度 t 时的回弹弯沉值(0.01mm);

L_1——车轮中心邻近弯沉仪测头时百分表的最大读数(0.01mm);

L_2——汽车驶出弯沉影响半径后百分表的终读数(0.01mm)。

(2)当需进行弯沉仪支点变形修正时,路面测点回弹弯沉值可按式(8-11)计算。

$$L_t = (L_1 - L_2) \times 2 + (L_3 - L_4) \times 6 \tag{8-11}$$

式中:L_1——车轮中心邻近弯沉仪测头时测定用弯沉仪的最大读数(0.01mm);

L_2——汽车驶出弯沉影响半径后测定用弯沉仪的终读数(0.01mm);

L_3——车轮中心邻近弯沉仪测头时检验用弯沉仪的最大读数(0.01mm);

L_4——汽车驶出弯沉影响半径后检验用弯沉仪的终读数(0.01mm)。

注:式(8-11)适用于测定弯沉仪支座处有变形,但百分表架处路面已无变形的情况。

(3)沥青面层厚度大于 5cm 的沥青路面,对回弹弯沉值应进行温度修正。温度修正及回弹弯沉的计算宜按下列步骤进行。

测定时的沥青层平均温度按式(8-12)计算:

$$t = \frac{t_{25} + t_m + t_e}{3} \tag{8-12}$$

式中:t——测定时沥青层平均温度(℃);

t_{25}——根据 t_0 由图 8-11 决定的路表下 25mm 处的温度(℃);

t_m——根据 t_0 由图 8-11 决定的沥青层中间深度的温度(℃);

t_e——根据 t_0 由图 8-11 决定的沥青层底面处的温度(℃)。

图 8-11 中 t_0 为测定时路表温度与测定前 5d 日平均气温的平均值之和(℃),日平均气温为日最高气温与最低气温的平均值。

根据沥青层平均温度 t 及沥青层厚度,分别由图 8-12 及图 8-13 求取不同基层的沥青路面弯沉值的温度修正系数 K。

沥青路面回弹弯沉可按式(8-13)计算。

$$l_{20} = l_t \cdot K \tag{8-13}$$

式中:K——温度修正系数;

l_{20}——换算为 20℃ 的沥青路面回弹弯沉值(0.01mm);

l_t——测定时沥青面层的平均温度为 t 时的回弹弯沉值(0.01mm)。

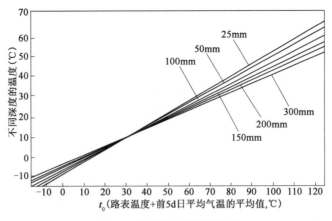

图 8-11 沥青层平均温度的决定

注:线上的数字表示从路表向下的深度(mm)。

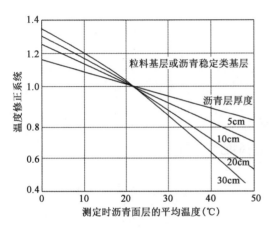

图 8-12 路面弯沉温度修正系数曲线(适用于粒料基层或沥青稳定类基层)

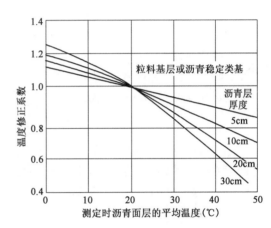

图 8-13 路面弯沉温度修正系数曲线(适用于无机结合料稳定的半刚性基层)

(四)报告

报告应包括下列内容:

(1)弯沉测定表、支点变形修正值、测试时的路面温度及温度修正值。

(2)每一个评定路段的各测点弯沉的平均值、标准差及代表弯沉。

二、落锤式弯沉仪测定弯沉试验方法

(一)试验步骤

(1)将承载板中心位置对准测点,使承载板自动落下,然后放下弯沉装置的各个传感器。

(2)启动落锤装置,落锤瞬即自由落下,冲击力作用于承载板上,然后立即将落锤自动提升至原来位置固定。同时,各个传感器检测结构层表面变形,记录系统将位移信号输入计算机,并得到峰值,即路面弯沉,同时得到弯沉盆。对每一测点重复测定应不少于 3 次,除去第一个测定值,取以后几次测定值的平均值作为计算依据。

(3)提起传感器及承载板,牵引车向前移动至下一个测点。重复上述步骤,进行测定。

(二)落锤式弯沉仪与贝克曼梁弯沉仪对比试验步骤

1. 路段选择

选择结构类型完全相同的路段,针对不同地区选择某种路面结构的代表性路段,进行两种测定方法的对比试验,以便将落锤式弯沉仪测定的动弯沉换算成贝克曼梁测定的回弹弯沉值。选择的对比路段长度为 300~500mm,弯沉值应有一定的变化幅度。

2. 对比试验步骤

(1)采用与实际使用相同且符合要求的落锤式弯沉仪及贝克曼梁弯沉仪测定车。落锤式弯沉仪的冲击荷载应与贝克曼梁弯沉仪测定车的后轴双轮荷载相同。

(2)用油漆标记对比路段起点位置。

(3)布置测点位置,用贝克曼梁定点测定回弹弯沉。测定车开走后,用粉笔以测点为圆心,在周围画一个半径为 15cm 的圆,标明测点位置。

(4)将落锤式弯沉仪的承载板对准圆圈,位置偏差不超过 30mm,进行测定。两种仪器对同一点弯沉测试的时间间隔不应超过 10min。

(5)逐点对应计算两者的相关关系。

通过对比试验得出回归方程式:

$$L_B = a + bL_{FWD}$$

式中:L_{FWD}、L_B——分别为落锤式弯沉仪、贝克曼梁测定的弯沉值。

回归方程式的相关系数 R 应不小于 0.95。

注:由于路面结构和材料、路基状况、温度水文条件、路面使用状况不同,对比关系也有所不同,为了提高数据的准确性,应分各种情况做此项对比试验。

(三)水泥混凝土路面板调查的方法与步骤

(1)在测试路段的水泥混凝土路面板表面布置测点。当为调查水泥混凝土路面接缝的传力效果时,测点布置在接缝的一侧,将位移传感器分开布置在接缝两边。当为探查路面板下的空洞时,测点布置位置随测试需要而定,应在不同位置测定。

(2)按前述方法进行测定。

(四)计算

(1)按桩号记录各测点的弯沉及弯沉盆数据,计算一个评定路段的平均值、标准差、变异系数。

(2)当为调查水泥混凝土路面接缝的传力效果时,利用分开在接缝两边布置的位移传感器的测定值的差异及弯沉盆的形状,进行判断。

(3)当为探查路面板下的空洞时,利用在不同位置测定的测定值的差异及弯沉盆的形状,进行判断。

(五)报告

报告应包括下列内容:

(1)各测点的最大弯沉及弯沉盆测定数据。

(2)每一个评定路段全部测点弯沉的平均值、标准差、变异系数及代表弯沉。如与贝克曼梁弯沉仪进行了对比试验,尚应报告相关关系式、相关系数、换算的回弹弯沉。

三、自动弯沉仪测定弯沉试验方法

(一)试验步骤

(1)测试系统在开始测试前需要通电预热,时间不少于设备操作手册要求,并开启工程警灯和导向标等警告标志。

(2)在测试路段前20m处将测量架放在路面上,并检查各机构的部件情况。

(3)操作人员按照设备使用手册的规定和测试路段的现场技术要求设置完毕所需的测试状态。

(4)驾驶员缓慢加速承载车到正常测试速度,沿正常行车轨迹驶入测试路段。

(5)操作人员将测试路段起终点、桥涵等特殊位置的桩号输入记录数据中。

(6)当测试车辆驶出测试路段后,操作人员停止数据采集和记录,并恢复仪器各部分至初始状态,驾驶员缓慢停止承载车,提起测量架。

(7)操作人员检查数据文件,文件应完整,内容应正常,否则需要重新测试。

(8)关闭测试系统电源,结束测试。

(二)计算

(1)采用自动弯沉仪采集路面弯沉盆峰值数据。

(2)数据组中左臂测值、右臂测值按单独弯沉处理。

(3)对原始弯沉测试数据进行温度、坡度、相关性等修正。

(三)弯沉值的横坡修正

当路面横坡不超过4%时,不进行超高影响修正;当横坡超过4%时,超高影响的修正参照表8-7的规定进行。

弯沉值横坡修正 表8-7

横坡范围	高位修正系数	低位修正系数
>4%	$1/(1-i)$	$1/(1+i)$

注:i是路面横坡(%)。

(四)自动弯沉仪与贝克曼梁弯沉测值对比试验

1.试验条件

(1)按弯沉值不同水平范围选择不少于4段路面结构相似的路段。路段长度可为300~500m,标记好起终点位置。

(2)对比试验路段的路面应清洁干燥,温度应在10~35℃范围内,并且选择温度变化不大的时间,宜选择晴天无风天气条件,试验路段附近不得有重型交通和震动。

2. 试验步骤

(1) 令自动弯沉仪按照正常测试车速测试选定路段,工作人员仔细用油漆每隔 3 个测试步距或约 20m 标记一次测点位置。

(2) 自动弯沉仪测试完毕后,等待 30min;然后在每一个标记位置用贝克曼梁按照贝克曼梁测定路基路面回弹弯沉试验方法测定各点回弹弯沉值。

3. 试验数据处理

从自动弯沉仪的记录数据中按照路面标记点的相应桩号提取各试验点测值,并与贝克曼梁测值一一对应,用数理统计的回归分析方法得到贝克曼梁测值和自动弯沉仪测值之间的相关关系方程,相关系数 R 不得小于 0.95。

4. 报告

测试报告中应包括以下内容:

(1) 弯沉平均值、标准差、代表值、测试时的路面温度及温度修正值。

(2) 自动弯沉仪测值与贝克曼梁测值的相关关系式及相关系数。

 思考与练习

1. 什么叫 CBR？简述土基现场 CBR 值测试要点。

2. 某路段路基施工质量检查中,标准轴载测得 10 点的弯沉值分别为 100、101、102、110、95、98、93、96、103、104(0.01mm),该路段的弯沉值是否满足要求？[保证率系数为 2.0,设计弯沉值为 115(0.01mm)]。

任务9 路面施工控制检测

任务9-1 热拌沥青混合料施工温度测试

学习目标

了解热拌沥青混合料施工温度测试方法。

任务描述

热拌热铺沥青混合料的施工温度,包括拌和温度、摊铺温度、碾压温度等,在施工技术规范中都有明确规定和具体要求,沥青混合料的施工温度直接关系到沥青路面的施工质量,是施工质量管理的重点项目之一。

本任务要求学生根据实际情况对热拌沥青混合料施工温度进行测试,以保证施工质量。

相关知识

各种施工温度的测试方法都是根据实践经验而制定的,部分检测方法参照国外有关规程而制定。

一、适用范围

该方法适用于检测热拌热铺沥青混合料的施工温度,包括拌和厂沥青混合料的出厂温度、施工现场的摊铺温度、碾压开始时混合料的内部温度及碾压终了的内部温度等,供施工质量检验和控制使用。

二、设备准备

(1)温度计:常温至300℃,最小读数为1℃,宜采用有数字显示或度盘指针显示的金属杆插入式热电偶温度计,测杆的长度不小于300mm。

(2)其他:棉纱、软布、螺丝刀等。

任务实施

一、试验步骤

(一)在运料车上测试

(1)混合料出厂温度或运输至现场的温度应在运料车上测试,每车检测一次。当运料车的侧面中部有专用的温度检测孔(距底板高约300mm)时,用插入式温度计直接插入测试孔内的混合料中测试;当运料车无专用的温度检测孔时,可在运料车的混合料堆上部侧面测试。在拌和厂检测的为混合料出厂温度,运输至现场后检测的为现场温度。

(2)测试时,温度计插入深度不应小于150mm,测试人员应注视温度变化直至温度不再继续上升为止,读记温度,准确至1℃。

(二)在摊铺现场检测

(1)混合料摊铺温度宜在摊铺机的一侧拨料器前方的混合料堆上测试。在测试位置将温度计插入混合料堆内至少150mm,并跟着向前走,如料堆向前滚,拔出温度计后重新插入,注视温度变化直至不再继续上升为止,读记温度,准确至1℃。

(2)摊铺温度应每车检测一次,要求符合《公路沥青路面施工技术规范》(JTG F40—2004)的规定。

(三)在沥青混合料碾压过程中测定压实温度

(1)根据需要,随时选择初压开始、复压或终压成形等各个阶段的测点,供测试碾压温度及碾压终了温度用。

(2)将温度计仔细插入路面混合料压实层一半深度,轻轻压紧温度计旁被松动的混合料;当温度上升停止后,立即拔出温度计并再次插入旁边的混合料层中测量;当测杆插入路面较困难时,可用螺丝刀先插一孔后再插入温度计。注视温度变化至不再继续上升为止,读记温度,准确至1℃。

(3)压实温度一次检测不得少于3个测点,取平均值作为测试温度。

二、报告

(1)每车沥青混合料的出厂温度、到达现场温度、摊铺温度。
(2)压实温度,取3次以上测定值的平均值。
(3)气候状况、测定时间、层位、测定位置等。
热拌沥青混合料施工温度检测记录表见表9-1。

热拌沥青混合料施工温度检测记录表 表9-1

页码 共 页

编号:

项目名称		施工单位		施工日期			
合同段		监理单位					
单位工程		检测单位		检测日期			
分部工程			工程部位				
分项工程			桩号范围				
施工范围/层次							
检测桩号	现场气温(℃)	混合料到现场温度(℃)	摊铺温度(℃)	摊铺厚度(mm)	压实温度(℃)			
					初压	复压	终压	平均

续上表

检测桩号	现场气温（℃）	混合料到现场温度（℃）	摊铺温度（℃）	摊铺厚度（mm）	压实温度（℃）			
					初压	复压	终压	平均
温度技术要求(℃)		160~170	155~165		140~160	115~135	110	
自检意见								
监理意见								

检测： 复核： 试验室主任： 试验监理工程师：

思考与练习

简述各种情况下，沥青混合料温度检测的主要步骤。

任务9-2 沥青喷洒法施工沥青用量测试

学习目标

了解沥青喷洒法施工沥青用量测试方法。

任务描述

对于沥青表面处治及贯入法施工来说，沥青洒布量是最重要的质量指标之一，也是施工质量管理及检查验收用的主要项目。

本任务要求学生能对沥青喷洒施工时的沥青用量测试方法有所了解，并且在实际施工时可以根据规范要求进行检测。

相关知识

沥青洒布量检测方法是根据工程实践经验而确定的。本任务中所采用的方法属于宏观控制方法，在实际施工中尤其有效。

一、适用范围

本方法适用于检测沥青表面处治、沥青贯入式、透层、黏层等采用喷洒法施工的沥青材料喷洒数量,供施工质量检验和控制使用。

二、设备准备

(1)天平或磅秤:感量不大于10g。
(2)受样盘:浅搪瓷盘或自制铁皮盘,面积不小于1000cm²,也可用硬质牛皮纸代替。
(3)钢卷尺或皮尺。
(4)地秤。

任务实施

在工程实践中,按以下步骤完成任务。

一、试验步骤

(1)用钢卷尺测量受样盘开口面积或牛皮纸的面积,计算准确至0.1cm²,并称取受样盘或牛皮纸的质量m_1,准确至1g。
(2)根据沥青洒布车的沥青用量预计洒布的路段长度,在距两端1/3长度附近的洒布宽度的任意位置上,放置2个搪瓷盘或硬质牛皮纸,但应避开车轮轨迹。
(3)沥青洒布车按正常施工速度和洒布方法喷洒沥青。
(4)将已接收有沥青的搪瓷盘或牛皮纸小心取走,称取总质量m_2,准确至1g。当采用牛皮纸时,应待沥青稍凝固后将纸角稍稍抬起,以防沥青流失。
(5)取走搪瓷盘或牛皮纸后应在空白处采用适当方式补洒沥青。
(6)沥青洒布车喷洒的沥青用量亦可用洒布车喷洒沥青的总质量与洒布总面积相除求得。此时洒布车喷洒前后的质量应由地秤称重正确测定,洒布总面积由皮尺测量求得。

二、计算

(1)洒布的沥青用量可按式(9-1)计算。

$$Q = \frac{m_2 - m_1}{F} \tag{9-1}$$

式中:Q——沥青洒布车洒布的沥青用量(kg/m²);
　　　m_1——搪瓷盘或牛皮纸质量(kg);
　　　m_2——搪瓷盘或牛皮纸与沥青的合计质量(kg);
　　　F——搪瓷盘或牛皮纸的面积(m²)。

(2)计算所放置的各搪瓷盘或牛皮纸测定值的平均值。当两个测定值的误差不超过平均值的10%时,取两个数据的平均值作为沥青洒布用量的报告值。

三、报告

(1)试验时洒布车的车速、挡数等数据。
(2)施工路段(桩号)、洒布沥青用量的逐次测定值及平均值。
沥青喷洒法施工沥青用量测试记录表见表9-2。

沥青喷洒法施工沥青用量测试记录表 表9-2

建设项目				合同号	
施工单位				监理单位	
工程部位/用途				委托/任务编号	
路面描述				试验依据	
主要仪器设备及编号				试验环境	
结构层次				路面类型	
沥青类型				洒布车车速(km/h)	
桩号	搪瓷盘或牛皮纸质量(kg)	搪瓷盘或牛皮纸与沥青的合计质量(kg)	搪瓷盘或牛皮纸面积(m²)	沥青用量(kg/m²)
平均值				
备注				

 思考与练习

1. 沥青喷洒法施工沥青用量测试的主要步骤是什么？
2. 在实践操作过程中应该注意哪些事项？

任务9-3　沥青混合料质量总量检验

 学习目标

了解沥青混合料质量总量检验方法。

 任务描述

沥青路面的过程控制是保证施工过程中不出次品的手段,目前经常采用的方法是将原来的事后检查改为过程控制,这就要求我们能够掌握沥青混合料质量总量的检验方法。

本任务要求学生了解沥青混合料质量总量过程控制检验的方法。

 相关知识

对沥青路面厚度,以前多采用钻孔取得时间进行检验,数据少,而且会有人为舍弃数据的情况产生,以至于难以保证施工质量。对于现阶段为数不多的可以采用过程控制的项目而言,掌握沥青混合料质量总量检验方法极其重要。

一、适用范围

本方法适用于在热拌沥青混凝土路面施工过程中,对各层沥青混合料的厚度、矿料级配、油石比及拌和温度进行现场监测。

通过拌和厂对混合料生产质量的总量检验,计算摊铺层的平均压实层厚度。

二、设备准备

(1)拌和机类型:按现行《公路沥青路面施工技术规范》(JTG F40—2004)的规定选用。

(2)高速公路和一级公路宜采用间歇式拌和机生产沥青混合料,拌和机必须配备计算机自动采集及记录打印数据的装置,以进行沥青混合料的总量检验。

三、其他准备

(1)对拌和机的各种称重传感器,应逐个认真标定,自动采集、记录打印的结果应经过校验,如与实际数量有差异时应求出修正系数,保证各项施工参数的准确性。

(2)开始拌和前,应设定每拌和一盘沥青混合料的生产量,各个热料仓、矿粉、沥青等的标准配合比用量,设定各项施工温度。

任务实施

本任务具体操作步骤如下:

(1)拌和过程中,计算机通过传感器采集每拌和一盘混合料的各项数据,由计算机自动处理或者逐盘打印这些数据,进行沥青混合料质量的在线监测。当计算机能够实时监测、自动处理、显示、保存所采集的各项数据时,也允许不逐个打印数据,只打印汇总统计值。

(2)计算机必须逐盘采集各项数据,按各个料仓的筛分曲线,逐个计算出矿料级配,与工程设计级配范围及容许的施工波动范围进行比较,实时评定矿料级配是否符合要求。当发现有不合格情况时,必须引起注意。如果连续3个以上都出现不合格情况,宜对设定值进行适当调整。

(3)计算机必须逐盘采集沥青结合料的实际使用量及沥青混合料的生产量,计算油石比(或沥青用量),与设计值及容许的波动范围相比较,评定是否符合要求,如果连续3个以上不符合要求,宜对设定值进行适当调整。

(4)计算机必须实时监测和采集与沥青混合料生产有关的各种施工温度,与施工规范的要求进行比较,评定其是否符合规定。

思考与练习

简述沥青混合料质量总量检验的主要步骤。

任务9-4 半刚性基层透层油渗透深度测试

学习目标

了解半刚性基层透层油渗透深度测试方法。

任务描述

长期以来,由于半刚性基层上透层油的渗透效果不好,以及部分工程技术人员对透层油的重视不够,造成道路建设过程中普遍存在透层油"洒而不透"的现状,致使基层和面层之间没有黏结成一整体,成为我国沥青路面早期损坏的主要因素之一。为保证透层油的渗透效果,保证施工质量,在学习过程中需要了解和掌握半刚性基层透层油渗透深度测试方法。

相关知识

《公路沥青路面施工技术规范》(JTG F40—2004)中明确要求:"根据基层类型选择渗透性好的液体沥青、乳化沥青、煤沥青作透层油,喷洒后通过钻孔或挖掘确认透层油渗透入基层的深度不宜小于5~10mm,并能与基层联结成一体。"根据《公路路基路面现场测试规程》(JTG E60—2008)提出了测定半刚性基层透层油渗透效果的方法。

一、适用范围

本方法适用于测定半刚性基层透层油的渗透深度,以评价透层油的渗透效果。

二、设备准备

(1)路面取芯钻机;
(2)钢板尺:量程不大于200mm,最小刻度为1mm;
(3)填补钻孔材料:与基层材料相同;
(4)填补钻孔用具:夯、锤等;
(5)其他:毛刷、量角器、棉布等。

三、其他

在透层油基本渗透或喷洒48h后,在测试段内随机选取芯样位置,按照钻孔钻取芯样办法进行取样,芯样直径宜为φ100mm,也可为φ150mm,芯样高度不宜小于50mm。

任务实施

根据任务要求,按照规程所给定的检测方法完成任务,具体步骤如下:

一、试验步骤

(1)用水和毛刷(或棉布等)轻轻地将芯样表面沾附的粉尘除净。
(2)将芯样晾干,使其能分辨出芯样侧立面透层油的下渗情况。
(3)用钢板尺或量角器将芯样顶面圆周随机分成约8等份,分别量测圆周上各等分点处透层油渗透的深度(mm),估读至0.5mm,分别以d_i($i=1,2,\cdots,8$)表示。

二、填补钻孔

(1)清理孔中残留物,钻孔时留下的积水用棉布吸干。
(2)采用与基层相同的材料(包括配合比)进行填补,并用夯、锤击实。

三、计算

(1) 单个芯样渗透深度的计算:去掉 3 个最小值,计算其他 5 点渗透深度的算术平均值。
(2) 测试路段渗透深度的计算:取所有芯样渗透深度的算术平均值。
注:检查频度为每 5000m² 取 1 组,每组取 3 个芯样。

四、报告

透层油渗透深度的报告应记录各测点的位置及各个芯样的渗透深度测试值。
半刚性基层透层油渗透深度试验检测记录表见表 9-3。

半刚性基层透层油渗透深度试验检测记录表　　表 9-3

试验室名称:　　　　　　　　记录编号:
工程部位/用途:　　　　　　　委托/任务编号:

试验依据										
样品描述				样品编号						
试验条件				样品名称						
主要仪器设备及编号			试验日期							
桩号(幅段)	位置	透层油渗透深度(mm)								备注
		1	2	3	4	5	6	7	8	芯样均值	
备注											

试验:　　　　　　复核:　　　　　　日期:

思考与练习

自行查找规范,思考:若芯样表面某处刚好有一块石料,那么该处透层油不能下渗,即下渗深度接近零,此数据应如何处理?

任务10　桥梁桩基质量检测

(1)掌握钻孔灌注桩施工工艺。
(2)掌握桥梁桩基成孔质量检测内容和步骤。
(3)掌握反射波法测桩基完整性的内容和步骤。
(4)掌握超声透射法测桩基完整性的内容和步骤。

通过桥梁桩基检测基本概念和理论的学习,结合查阅和学习规范,能够实施桥梁成孔质量检测,能够使用超声波检测设备对桥梁桩基完整性进行检测和评定。

知识链接

桩基础是由若干根桩与承台两部分组成,桩身可全部或部分埋入地基土中,当桩身外露在地面以上较高时,在桩之间应加设横系梁,以加强各桩的横向联系,基桩所承受的荷载由桩通过桩侧的摩擦力及桩端土的抵抗力将荷载传递到桩周土层中去。混凝土结构常用钢筋混凝土作为主要的建筑材料,它是主体为水泥砂浆,加入钢筋的复合材料。混凝土材料在成形时,常常伴随有内部空隙和裂缝,呈现一种内在疏孔、微裂缝的结构状态。在环境因素和外荷载作用下,尤其是结构长期处于动荷载作用下,使混凝土内部原有的裂缝扩展,并且形成一定尺寸的明显裂缝,这将会使混凝土的强度下降,并且存在破坏的危险,降低结构物的可靠度。所以,有必要对混凝土的质量状况作出判断,这就要求寻找快速、准确的检测手段来发现混凝土中存在的隐患,为桥梁结构的安全评价提供可靠的方法。桩基础作为桥梁结构的重点部分,一般要满足两个要求:一是每根桩要满足强度要求,达到设计要求的标准;二是周围的土层要达到足够的承载力,严格控制施工技术和质量仍然是关键,对已经完成的结构进行有效的检测也是十分关键的。在灌注桩的施工过程中,由于施工工艺较为复杂及其他机械设备、人员技术素质、原材料配比等诸多因素的影响,极易形成诸多缺陷。如:断桩、局部截面夹泥或缩颈、分散性泥团及蜂窝、离析、桩底沉渣等,这些缺陷造成了桩身不完整。有资料表明:我国灌注桩的缺陷率高达10%~20%,国外为5%~10%。灌注桩的综合质量是由桩的承载力、桩身完整性及桩的耐久性确定的,如果桩身不完整,如断面、缩颈等就会造成桩身强度不够和钢筋外露等问题,从而会影响桩的承载力和桩的耐久性,造成桩的质量不合格甚至报废。因此,检测桩身完整性即如何测定缺陷的位置,并准确地对其进行评价,成为桩基质量检测的一个核心问题。

(一)灌注桩常见的质量问题

在地下水位较高的场地进行灌注桩施工时,成孔方法有冲抓式、冲击式、回转式、潜钻式等,成孔过程采用就地造浆或制备泥浆护壁,以防止孔壁坍塌。

灌注桩的施工过程中,水下混凝土灌注是成桩的关键性工序。灌注过程中要分工明确,配合密切,操作稍有不当就可能出现质量问题。

(1)混凝土灌注不连续,由于停电、机械故障、导管堵塞等原因,混凝土灌注没能连续进行,先灌混凝土已初凝,后继混凝土无法下灌,只得拔出导管,一旦泥浆进入管内必然形成断桩。

(2)钢筋笼上浮。钢筋笼上浮除了是由于套管上拔、导管提升勾挂等原因所致外,还可能是由于底部混凝土灌注速度过快,混凝土向上顶托钢筋笼,致使钢筋笼上浮。

(3)塌孔。泥浆护壁成孔,不同土层,应配制不同的泥浆;桩孔周围不得堆放重物或有大型机械振动,否则可能会导致孔壁坍塌。

(4)沉渣过厚。清孔时应控制洗孔时间和孔口泥浆密度,确保孔底沉渣厚度满足规范要求,若孔底沉渣过厚,则会影响桩端承载力的发挥。

(5)离析。混凝土和易性不好或者导管连接处漏水,容易引起混凝土离析,桩身夹泥、断桩大都是以上各种事故的次生结果。一旦灌注桩出现质量问题,不能满足设计受力要求时,应根据缺陷情况,采取切实有效的处理办法。为此,加强桩基施工过程中的质量管理和施工后的质量检测,提高桩基础质量检测工作的质量和检测评定结果的可靠性,对确保整个桩基础工程的质量和安全具有重要意义。

(二)检测方法分类

常用的基桩完整性的检测法有钻芯取样法、反射波法、超声脉冲检验法等。

(1)钻芯取样法

钻芯取样法就是用地质钻机在桩身上沿长度方向钻取芯样,通过对芯样的观察和测试确定桩的质量。但这种方法只能反映钻孔范围内的小部分混凝土质量,而且设备庞大、费工费时、价格昂贵,不宜作为大面积检测方法,只适用于抽样检查,或作为对无损检测结果的校核手段。

(2)反射波法

反射波法源于应力波理论,用小锤(手锤、力棒等)在桩顶进行竖向激振,使桩身内产生应力波,应力波沿着桩身向下传播,在桩身波阻抗发生变化的界面(如桩底、断桩或严重离析或桩身截面面积变化的部位),将产生反射波。经接收、放大滤波和数据处理,可识别来自桩身不同部位的反射信息,据此计算桩身波速,判断桩身完整性和混凝土强度等级。

(3)超声脉冲检验法

该法是在检测混凝土缺陷技术的基础上发展起来的。该方法是在桩的混凝土灌注前沿桩的长度方向平行预埋若干根检测用管道,作为超声发射和接收换能器的通道。检测时,探头分别在两个管子中同步移动,沿不同深度逐点测出横截面上超声脉冲穿过混凝土时的各项参数,并根据实测声学参数的变化规律分析每个断面上混凝土的质量。

上述方法是目前我国工程界应用最广泛的几种方法,通常先用反射波法或超生脉冲法对基桩进行无损检测,对有怀疑的桩再采用钻芯的方法进行复核。除以上几种方法外,基桩完整性的检测方法还有射线法等多种方法。

本书着重介绍反射波法和声波透射法对桩基完整性的检测。

 相关知识

一、反射波法检测桩基完整性

(一)反射波法基本内容

反射波法又称应力波法,它是利用应力波在桩身缺陷截面上的反射特征判断混凝土的完

整性,推定缺陷类型及其在桩身中的位置,也可以对桩长进行校核,对桩身混凝土强度等级作出估计。

当应力波沿桩轴线垂直于界面进入另一种介质时,对两种介质都会产生扰动,应力波分别向两种介质进行传播,即在介质分界面上产生反射和透射,此时应力波传播示意图如图10-1所示。

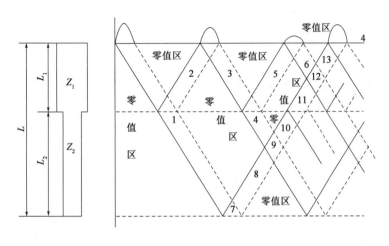

图 10-1 应力波传播示意图

1. 桩身完整性分类

低应变动测是一种定性分析方法。根据反射波的特征,可以把桩身质量分为四类:

Ⅰ类:桩身结构完整;

Ⅱ类:桩身结构轻微缺陷;

Ⅲ类:桩身结构严重缺陷;

Ⅳ类:断桩。

2. 基本判断

通过前面的分析我们可以看到桩身缩径、夹泥、松散等缺陷反映在实测速度曲线上为反射波与入射波同向起跳,而桩身扩径反映在实测速度曲线上为反射波与入射波反向起跳。因此,在实测速度曲线 $0 \sim 2L/c$ 时段内,当出现与入射波同向起跳时,一般情况下(排除土阻力影响)表明桩身存在缺陷(缩径、夹泥或松散);当出现曲线与反射波反向起跳时,一般情况下(排除土阻力影响)表明桩身扩径,见图 10-2 ~ 图 10-7。

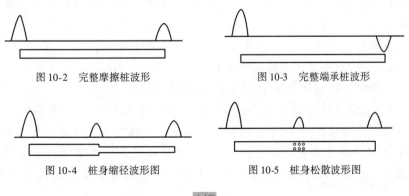

图 10-2 完整摩擦桩波形　　　　　图 10-3 完整端承桩波形

图 10-4 桩身缩径波形图　　　　　图 10-5 桩身松散波形图

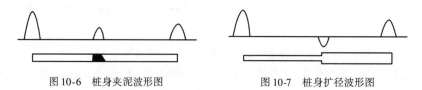

图 10-6 桩身夹泥波形图　　　　图 10-7 桩身扩径波形图

上面的讨论只考虑了最简单的情况,没有考虑桩身多处缺陷、多次反射及土阻力等多种因素的影响。因此,实测波形要复杂得多,只有结合施工现场的地质情况、施工记录等对实测波形、波速进行深入细致的分析,才能得出正确的结论。

3. 仪器设备及要求

反射波法检测系统基本组成如图 10-8 所示。

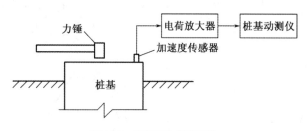

图 10-8　反射波法检测系统

仪器宜由传感器和放大、滤波、记录、处理、监视系统以及激振设备和专用附件组成。检测仪器的主要技术性能指标应符合《基桩动测仪》(JG/T 518—2017)的有关规定;瞬态激振设备应包括能激发宽脉冲和窄脉冲的力锤和锤垫;力锤可装有力传感器;稳态激振设备应包括激振力可调、扫频范围为 10～2000Hz 的电磁式稳态激振器。

(1)低应变动力检测采用的测量响应传感器主要是压电式加速度传感器(国内多数厂家生产的仪器尚能兼容磁电式速度传感器测试),根据其结构特点和动态性能,当压电式传感器的可用上限频率在其安装谐振频率的 1/5 以下时,可保证较高的冲击测量精度,且在此范围内,相位误差几乎可以忽略。所以应尽量选用安装谐振频率较高的加速度传感器。

(2)对于桩顶瞬态响应测量,习惯上是将加速度计的实测信号积分成速度曲线,并据此进行判读。实践表明:除采用小锤硬碰硬敲击外,速度信号中的有效高频成分一般在 2000Hz 以内。但这并不等于说,加速度计的频响线性段达到 2000Hz 就足够了。这是因为,加速度原始波形比积分后的速度波形要包含更多和更尖的毛刺,高频尖峰毛刺的宽窄和多寡决定了它们在频谱上占据的频带宽窄和能量大小。事实上,对加速度信号的积分相当于低通滤波,这种滤波作用对尖峰毛刺特别明显。当加速度计的频响线性段较窄时,就会造成信号失真。所以,在 ±10% 幅频误差内,加速度计幅频线性段的高限不宜小于 5000Hz,同时也应避免在桩顶敲击处表面凹凸不平时用硬质材料锤(或不加锤垫)直接敲击。

(3)瞬态激振操作应通过现场试验选择不同材质的锤头或锤垫,以获得低频宽脉冲或高频窄脉冲。除大直径桩外,冲击脉冲中的有效高频分量可选择不超过 2000Hz(钟形力脉冲宽度为 1ms,对应的高频截止分量约为 2000Hz)。目前激振设备普遍使用的是力锤、力棒,其锤头或锤垫多选用工程塑料、高强尼龙、铝、铜、铁、橡皮垫等,锤的质量为几百克至几十千克不等。

（4）稳态激振设备包括扫频信号发生器、功率放大器及电磁式激振器。由扫频信号发生器输出等幅值、频率可调的正弦信号，通过功率放大器放大至电磁激振器输出同频率正弦激振力作用于桩顶。

（5）影响基桩质量检测波形的因素分析。

①露出桩头的钢筋对波形的影响。

由于桩头均有钢筋露出，对实测波形产生干扰，严重时可影响反射信息的识别。克服的方法是，将检波器用细砂或粒土屏蔽起来，使检波器收不到声波信息。

②桩头破损对波形的影响。

预制桩在贯入过程中，桩头可能产生破损，灌注桩桩头表面松散，这将使弹性波能量很快衰减，从而削弱桩间及桩底反射信息，影响波形的识别。解决该问题的有效途径是将破损处或松散处铲去。

总之，影响基桩质量检测波形的因素较多，工作中应逐一排除，以便对桩间、桩底反射信息的辨识，避免产生误判。

本方法适用于检测混凝土桩的桩身完整性，判定桩身缺陷的程度及位置。桩的有效检测桩长范围应通过现场试验确定。

对桩身截面多变且变化幅度较大的灌注桩，应采用其他方法辅助验证低应变法检测的有效性。

低应变动测流程图见图10-9。

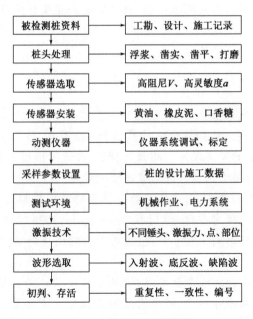

图10-9 低应变动测流程图

(二)反射波法现场检测

应力波反射法动测桩基质量是以一维连续杆件的振动为理论基础，当桩顶受到一瞬态激励后，应力波沿桩身往下传播，遇到桩身某一波阻抗界面时，其部分能量就反射回到桩顶，人们利用桩顶设定的传感器接收桩顶的速度响应信号，借助信号分析技术判别桩身完整性和桩身缺陷位置及性质。

受检桩应符合下列规定：

(1)桩头的材质、强度应与桩身相同，桩头的截面尺寸不宜与桩身有明显差异。

(2)桩顶面应平整、密实，并与桩轴线垂直。

 知识链接 1

(1)桩顶条件和桩头处理好坏直接影响测试信号的质量。因此，要求受检桩桩顶的混凝土质量、截面尺寸应与桩身设计条件基本等同。对灌注桩应凿去桩顶浮浆或松散、破损部分，并露出坚硬的混凝土表面；桩顶表面应平整、干净且无积水；对于妨碍正常测试的桩顶外露主筋应割掉。对于预应力管桩，当法兰盘与桩身混凝土之间结合紧密时，可不进行处理；否则，应采用电锯将桩头锯平。

(2)当桩头与承台或垫层相连时，相当于桩头处存在很大的截面阻抗变化，对测试信号会产生影响。因此，测试时桩头应与混凝土承台断开；当桩头侧面与垫层相连时，除非对测试信号没有影响，否则应断开。

(3)测试参数设定，应符合下列规定：

①时域信号记录的时间段长度应在 $2L/c$ 时刻后延续不少于 5ms；幅频信号分析的频率范围上限不应小于 2000Hz。

②设定桩长应为桩顶测点至桩底的施工桩长，设定桩身截面积应为施工截面积。

③桩身波速可根据本地区同类型桩的测试值初步设定。

④采样时间间隔或采样频率应根据桩长、桩身波速和频域分辨率合理选择；时域信号采样点数不宜少于 1024 点。

⑤传感器的设定值应按计量检定或校准结果设定。

 知识链接 2

从时域波形中找到桩底反射位置，仅仅是确定了桩底反射的时间，根据 $\Delta T = 2L/c$，只有已知桩长 L 才能计算波速 c，或已知波速 c 计算桩长 L。因此，桩长参数应以实际记录的施工桩长为依据，按测点至桩底的距离设定。测试前，桩身波速可根据本地区同类桩型的测试值初步设定，实际分析过程中应按由桩长计算的波速重新设定。

对于时域信号，采样频率越高，则采集的数字信号越接近模拟信号，越有利于缺陷位置的准确判断。一般应在保证测得完整信号（时段 $2L/c + 5ms$，1024 个采样点）的前提下，选用较高的采样频率或较小的采样时间间隔。但是，若要兼顾频域分辨率，则应按采样定理适当降低采样频率或增加采样点数。

稳态激振是按一定频率间隔逐个频率激振，并持续一段时间。频率间隔的选择决定于速度幅频曲线和导纳曲线的频率分辨率，频率间隙影响桩身缺陷位置的判定精度；间隔越小，精度越高，但检测时间也越长，会降低工作效率。一般频率间隔设置为 3Hz、5Hz 和 10Hz。每一频率下激振持续时间的选择，理论上越长越好，这样有利于消除信号中的随机噪声。实际测试过程中，为提高工作效率，只要保证获得稳定的激振力和响应信号即可。

测量传感器安装和激振操作，应符合下列规定：

(1)安装传感器部位的混凝土应平整；传感器安装应与桩顶面垂直；用耦合剂粘结时，应具有足够的黏结强度。

(2)激振点与测量传感器的安装位置应避开钢筋笼的主筋影响。

(3)激振方向应沿桩轴线方向。

(4)瞬态激振应通过现场敲击试验,选择合适重量的激振力锤和软硬适宜的锤垫;宜用宽脉冲获取桩底或桩身下部缺陷反射信号,用窄脉冲获取桩身上部缺陷反射信号。

(5)稳态激振应在每一个设定频率下获得稳定响应信号,并应根据桩径、桩长及桩周土约束情况调整激振力大小。

知识链接3

(1)传感器安装底面与桩顶面之间不得留有缝隙,安装部位混凝土凹凸不平时应磨平,传感器用耦合剂粘结时,黏结层应尽可能薄。

(2)激振点与传感器安装点应远离钢筋笼的主筋,其目的是减少外露主筋对测试产生干扰信号。若外露主筋过长而影响正常测试时,应将其割短。

(3)激振方向应沿桩轴线方向的要求,是为了有效减少敲击时的水平分量。

(4)瞬态激振通过改变锤的重量及锤头材料,可改变冲击入射波的脉冲宽度及频率成分。锤头质量较大或硬度较小时,冲击入射波脉冲较宽,以低频成分为主;当冲击力大小相同时,其能量较大,应力波衰减较慢,适合于获得长桩桩底信号或识别下部缺陷。锤头较轻或硬度较大时,冲击入射波脉冲较窄,含高频成分较多;冲击力大小相同时,虽其能量较小并加剧大直径桩的尺寸效应影响,但较适宜于桩身浅部缺陷的识别及定位。

(5)稳态激振在每个设定的频率下激振时,为避免频率变换过程产生失真信号,应具有足够的稳定激振时间,以获得稳定的激振力和响应信号,并根据桩径、桩长及桩周土约束情况调整激振力。稳态激振器的安装方式及好坏对测试结果起着很大的作用。为保证激振系统本身在测试频率范围内不至于出现谐振,激振器的安装宜采用柔性悬挂装置,同时在测试过程中应避免激振器出现横向振动。

知识链接4

信号采集和筛选,应符合下列规定:

(1)根据桩径大小,桩心对称布置2~4个安装传感器的检测点;实心桩的激振点应选择在桩中心,检测点宜在距桩中心2/3半径处;空心桩的激振点和检测点宜为桩壁厚的1/2处,激振点和检测点与桩中心连线形成的夹角宜为90°。

(2)当桩径较大或桩上部横截面尺寸不规则时,除应按第(1)条的要求在规定的激振点和检测点位置采集信号外,尚应根据实测信号特征,改变激振点和检测点的位置采集信号。

(3)不同检测点及多次实测时域信号一致性较差时,应分析原因,增加检测点数量。

(4)检查判断实测信号反映的桩身完整性情况,据此决定是否需要进一步增加检测点数量或变换激振点和检测点位置。

(5)信号不应失真和产生零漂,信号幅值不应超过测量系统的量程。

(6)在每个检测点记录的有效信号数不宜少于3个。

知识链接5

对激振点和检测点位置进行规定,以保证从现场获取的信息尽量完备:

第一是减小尺寸效应影响。相对桩顶横截面尺寸而言,激振点处为集中力作用,在桩顶部位可能出现与桩的横向振型相对应的高频干扰。当锤击脉冲变窄或桩径增加时,这种由三维尺寸效应引起的干扰会加剧。传感器安装点与激振点距离和位置不同,所受干扰的程度各异。理论研究表明:实心桩安装点在距桩中心约 2/3 半径 R 时,所受干扰相对较小;空心桩安装点与激振点平面夹角等于或略大于 90°时也有类似效果,该处相当于横向耦合低阶振型的驻点。传感器安装点、激振(锤击)点布置见图 10-10。另应注意:加大安装与激振两点距离或平面夹角将增大锤击点与安装点响应信号时间差,造成波速或缺陷定位误差。

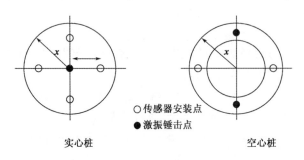

图 10-10　传感器安装点、激振(锤击)点布置示意图

第二是使同一场地同一类型桩的检测信号具有可比性。因不同的激振点和检测点所测信号的差异主要随桩径或桩上部截面尺寸不规则程度变大而变强,因此尽量找出同一场地相近条件下各桩信号的规律性,这对复杂波形的判断有利。

当预制桩桩顶高于地面很多,或灌注桩桩顶部分桩身截面很不规则,或桩顶与承台等其他结构相连而不具备传感器安装条件时,可将两支测量响应传感器对称安装在桩顶以下的桩侧表面,且宜远离桩顶。

桩径增大时,桩截面各部位的运动不均匀性也会增加,桩浅部的阻抗变化往往表现出明显的方向性,故应增加检测点数量,使检测结果能全面反映桩身结构完整性情况。

对现场检测人员的要求绝不能仅满足于熟练操作仪器,因为只有通过检测人员对所获波形在现场的合理、快速判断,才有可能决定下一步激振点、检测点以及敲击方式(锤重、锤垫等)的选择。

应合理选择测试系统量程范围,特别是传感器的量程范围,避免信号波峰削波。

每个检测点有效信号数不宜少于 3 个,通过叠加平均可提高信噪比。

(三)检测数据的分析与判定

桩身完整性类别应结合缺陷出现的深度、测试信号衰减特性以及设计桩型、成桩工艺、地质条件、施工情况,按表 10-1 所列实测时域或幅频信号特征进行综合分析判定。

表 10-1 列出了根据实测时域或幅频信号特征所划分的桩身完整性类别。

桩身完整性判定　　　　　　　　　　　　　　表 10-1

类别	时域信号特征	幅频信号特征
Ⅰ	$2L/c$ 时刻前无缺陷反射波,有桩底反射波	桩底谐振峰排列基本等间距,其相邻频差 $\Delta f \approx c/2L$
Ⅱ	$2L/c$ 时刻前出现轻微缺陷反射波,有桩底反射波	桩底谐振峰排列基本等间距,其相邻频差 $\Delta f \approx c/2L$,轻微缺陷产生的谐振峰与桩底谐振峰之间的频差 $\Delta f' > c/2L$
Ⅲ	有明显缺陷反射波,其他特征介于Ⅱ类和Ⅳ类之间	

续上表

类别	时域信号特征	幅频信号特征
Ⅳ	$2L/c$ 时刻前出现严重缺陷反射波或周期性反射波，无桩底反射波； 或因桩身浅部严重缺陷使波形呈现低频大振幅衰减振动，无桩底反射波	缺陷谐振峰排列基本等间距，相邻频差 $\Delta f' > c/2L$，无桩底谐振峰； 或因桩身浅部严重缺陷只出现单一谐振峰，无桩底谐振峰

注：对同一场地、地质条件相近、桩型和成桩工艺相同的基桩，因桩端部分桩身阻抗与持力层阻抗相匹配导致实测信号无桩底反射波时，可按本场地同条件下有桩底反射波的其他桩实测信号判定桩身完整性类别。

二、声波透射法检测桩基完整性

（一）声波透射法基本知识

声波透射法在基桩完整性评价中是比较准确可靠的，且操作简单，不受桩长和桩径的限制，对现场条件的要求低，而且桩顶无需露出地面。其检测结果可对有缺陷的大小和位置进行估测，为缺陷处理提供重要资料，有利于解决桩身出现的问题。该方法能够准确反映混凝土桩身的均匀性和估测混凝土的强度，通过检测数据还能推测出夹层、离析等缺陷的类型，可以了解桩身内部的性质。对超长桩的完整性检测，低应变法已不适用，而钻芯法成本高、工期长、取芯难，效果也不太理想。声波透射法不受桩长、桩径限制，检测细致全面，是目前最为经济有效的超长桩完整性检测方法。超声波进入混凝土后，被接收换能器所接收。该接收信号带有混凝土内部许多信息，目前已被用于混凝土内部缺陷判断的物理参量主要有以下几种：

（1）声时。即超声脉冲穿过混凝土所需要的时间。当混凝土存在缺陷时，由于缺陷区的泥、气等内含物的声速远小于完好混凝土的声速，所以穿越时间明显增大，而且当缺陷区中物质的声阻抗与混凝土的声阻抗不同时，界面透过率很小，根据惠更斯原理，声波将绕过缺陷继续传播，波线呈折线状。由于绕行声程比直达声程长，因此，声时值也相应增加。可见，声时值是桩身内部是否有缺陷的重要判断参数。在实际工程实践中，常把声时转化为声速。

（2）幅值。幅值是超声波穿过混凝土后衰减程度的指标之一。混凝土对超声脉冲的衰减越大，接收波幅值就越低。根据混凝土中衰减的原因可知，当混凝土中存在低强区、离析、夹泥、蜂窝等缺陷时，将产生吸收衰减和散射衰减，使接收波波幅明显下降。声幅与混凝土的质量紧密相关，它对缺陷区的反应相当敏感，也是判断缺陷的重要参数之一。

（3）频率。超声波是复频波，具有多种频率成分。当它们穿过混凝土后，各频率成分的衰减程度不同，高频比低频衰减严重，因而导致接收信号的主频向低频漂移。其漂移的多少取决于衰减因素的严重程度。所以，实际上，接收频率是衰减值的一个表征值，当遇到缺陷时，由于衰减严重，使接收频率降低。

（4）波形。由于超声脉冲在缺陷界面的反射和折射，形成波线不同的波束，这些波线由于传播路径不同，或由于界面上产生波形转换而形成横波等原因，使得到达接收换能器的时间不同，因而使接收波成为许多同相位或不同相位波束的叠加波，导致波形畸变。实践证明，凡超声脉冲在传播的过程中遇到缺陷，其接收波形往往产生畸变。所以，波形是否畸变可以作为桩身内部是否有缺陷的参考依据之一。

钻孔灌注桩是一种由多种材料组成的非均质材料，它由水泥、砂石、水和空气空隙等组成，可能存在孔洞、裂缝、夹泥夹砂、疏松,甚至断桩等缺陷,使混凝土产生声阻。声波是弹性波的一种,若视混凝土介质为弹性体,则声波在混凝土传播时服从弹性波在介质中的传播规律。由发射换能器探头发射的声波经过水的耦合传到测管,再到混凝土介质中,到接收端的测管,再经水耦合,最后到达接收换能器探头。液体或气体没有剪切弹性,只能传播纵波,因此超声波测桩技术采用波分量。

当声波透过存在缺陷时,接收到的声波信号将会出现波速降低、振幅减小、波形接收信号主频发生变化等特征。超声波透射法桩基检测就是根据混凝土声学参数测量值的相对分析,可判别其缺陷的位置和范围,评定桩基混凝土质量类别。

基桩声波透射法是一种检测混凝土灌注桩完整性的有效手段,它是利用声波的透射原理对桩身混凝土介质状况进行检测,因此仅适用于在灌注成形过程中已经埋了两根或两根以上声测管的基桩。在桩身预埋一定数量的声测管,通过水的耦合,超声波从一根声测管中发射,在另一根声测管中接收,或单孔中发射并接收,可以测出被测混凝土介质的声学参数。由于超声波在混凝土中遇到缺陷时会产生绕射、反射和折射,因而到达接收换能器的声时、波幅及主频发生改变。超声波法就是利用这些声波特征参数来判别桩身的完整性。对跨孔透射法,当桩径较小时,声测管间距也较小,其测试误差相对较大,同时预埋声测管可能引起附加的灌注桩施工质量问题。因此,超声波检测方法适用于检测直径不小于800mm的混凝土灌注桩的完整性。用超声波法检测钻孔灌注桩完整性的优点在于结果准确可靠,不受桩长、桩径限制,无盲区(声测管范围内都可检测),可测桩顶低强区和桩底沉渣厚度,桩顶不露出地面即可检测,方便施工,也可粗略估测混凝土强度。声波透射法示意如图10-11所示。

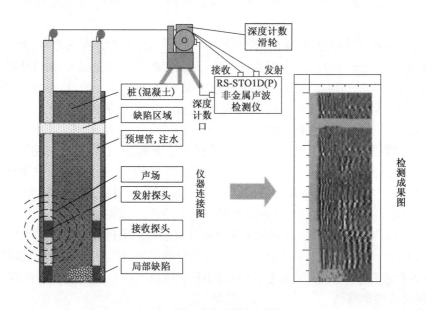

图10-11　声波透射法示意图

(二)声波透射法基本要求

1.适用范围

声波透射法适用于混凝土灌注桩的桩身完整性检测,判定桩身缺陷的位置、范围和程度。

声波透射法是利用声波的透射原理对桩身混凝土介质状况进行检测。当桩径小于0.6m时,声测管的声耦合会造成较大的测试误差,因此该方法适用于桩径不小于0.6m,在灌注成形过程中已经预埋了两根或两根以上声测管的基桩的完整性检测;基桩经钻芯法检测后(有两个以及两个以上的钻孔)需进一步了解钻芯孔之间的混凝土质量时也可采用本方法检测。

由于桩内跨孔测试的测试误差高于上部结构混凝土的检测,且桩身混凝土纵向各部位硬化环境不同,粗细集料分布不均匀,因此该方法不宜用于推定桩身混凝土强度。

2. 仪器设备

声波发射与接收换能器应符合下列规定:

(1)圆柱状径向振动,沿径向无指向性。

(2)外径小于声测管内径,有效工作段长度不大于150mm。

(3)谐振频率为30~60kHz。

(4)水密性满足1MPa水压不渗水。

知识链接 1

声波换能器有效工作面长度是指起到换能作用的部分的实际轴向尺寸,该长度过大将夸大缺陷实际尺寸并影响测试结果。

换能器的谐振频率越高,对缺陷的分辨率越高,但高频声波在介质中衰减快,有效测距变小。选配换能器时,在保证有一定的接收灵敏度的前提下,原则上应尽可能选择较高频率的换能器。提高换能器谐振频率,可使其外径减小到30mm以下,有利于换能器在声测管中升降顺畅或减小声测管直径。但因声波发射频率的提高,将使声波穿透能力下降。

桩中的声波检测一般以水作为耦合剂,换能器在1MPa水压下不渗水也就是在100m水深能正常工作,这可以满足一般的工程桩检测要求。对于超长桩,宜考虑更高的水密性指标。

当测距较大、接收信号较弱时,宜选用带前置放大器的接收换能器,也可采用低频换能器,提高接收信号的幅度。

声波换能器宜配置扶正器,防止换能器在声测管内摆动,从而影响测试声参数的稳定性。

常用换能器按波形不同分为纵波换能器与横波换能器,分别用于纵波与横波的测量。目前,一般检测中所用的多是纵波换能器。以发射和接收纵波为目的的换能器,又分为平面换能器、径向换能器以及一发多收换能器,见图10-12。

```
                      ┌── 平面换能器
          ┌─ 纵波换能器 ┤          ┌── 增压式换能器
换能器 ──┤            └── 径向换能器┤
          └─ 横波换能器              └── 一发双(多)收换能器
```

测距(cm)	选用换能器频率(kHz)	最小横截面尺寸(cm)
10~20	100~200	100
20~100	50~100	20
100~300	50	20
300~500	30~50	30
>500	20	50

图10-12 换能器分类及参数

声波检测仪应符合下列要求：

（1）具有实时显示和记录接收信号的时程曲线以及频率测量或频谱分析的功能。

（2）最小采样时间间隔小于或等于 0.5μs，声波幅值测量相对误差小于 5%，系统频带宽度为 5~200kHz，系统最大动态范围不小于 100dB。

（3）声波发射脉冲为阶跃或矩形脉冲，电压幅值为 200~1000V。

（4）具有首波实时显示功能。

（5）具有自动记录声波发射与接收换能器位置功能。

 知识链接 2

由于混凝土灌注桩的声波透射法检测没有涉及桩身混凝土强度的推定，因此系统的最小采样时间间隔放宽至 0.5μs。首波自动判读可采用阈值法，亦可采用其他方法，对于判定为异常的波形，应人工校核数据。

超声波仪是混凝土灌注桩缺陷检测的基本装置。它的作用是产生重复的电脉冲并激励发射换能器。发射换能器发射的超声波经耦合进入混凝土，在混凝土中传播后被接收换能器接收并转换为电信号，电信号送至超声仪，经放大后显示在示波屏上。超声检测系统应包括三大部分，即接收信号放大器、数据采集及处理存储器和径向振动换能器。为了提高现场检测及室内数据处理的工作效率，保证检测结果的准确性和科学性，声波测试仪器必须具有实时显示波形和分析功能以及一发双收等功能。声波发射应采用高压阶跃脉冲或矩形脉冲，其电压最大值不应小于 1000V，且分档可调。数字式超声波仪的基本工作原理如图 10-13 所示。

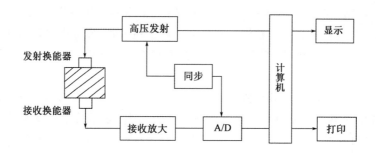

图 10-13　数字式超声波仪的基本工作原理框图

超声波仪除了产生、接收、显示超声波外，还必须量测超声波的有关参数，如声传播时间、接收波振幅、频率等。

3. 声测管埋设

声测管埋设应符合下列规定：

（1）声测管内径应大于换能器外径。

（2）声测管应有足够的径向刚度，声测管材料的温度系数应与混凝土接近。

（3）声测管应下端封闭、上端加盖、管内无异物；声测管应牢固焊接或绑扎在钢筋笼的内侧，且互相平行、定位准确，并埋设至桩底，声测管连接处应光滑过渡，管口高出混凝土顶面 100mm 以上。

（4）浇灌混凝土前应将声测管有效固定。

知识链接 3

声测管是进行超声脉冲法检测时换能器进入桩体的通道。它是灌注桩超声脉冲检测系统的重要组成部分。它在桩内的预埋方式及其在桩的横截面上的布置形式,将直接影响检测结果。因此,对于需检测的桩应在设计时将声测管的布置和埋置方式标在图纸上,施工时应严格控制埋置的质量,以确保检测工作顺利进行。

声测管的选择,以透声率较大、便于安装及费用较低为原则。考虑到公路基桩大多数是大桩、长桩,加上混凝土的水化热作用及钢筋笼安放和混凝土浇注过程中存在较大的作用力,容易造成检测管变形、断裂,从而影响检测工作的顺利进行。因此,声测管应采用强度较高的金属管。

声测管常用的内径规格是 50~60mm。为了便于换能器在管中上下移动,声测管的内径通常比径向换能器的外径大 15mm;声测管内径与换能器外径相差过大时,声耦合误差明显增加;相差过小时,影响换能器在管中的移动,声测管管壁太薄或材质较软时,混凝土灌注后的径向压力可能会使声测管产生过大的径向变形,影响换能器正常升降,甚至导致试验无法进行,因此要求声测管有一定的径向刚度,如采用钢管、镀锌管等管材,不宜采用 PVC 管。由于钢材的温度系数与混凝土相近,可避免混凝土凝固后与声测管脱开产生空隙。声测管的平行度是影响测试数据可靠性的关键,因此,应保证成桩后各声测管之间是基本平行的。安装管子时,应注意管子接头不得漏浆,内壁光滑平顺,管底密封。声测管安装图如图 10-14 所示。

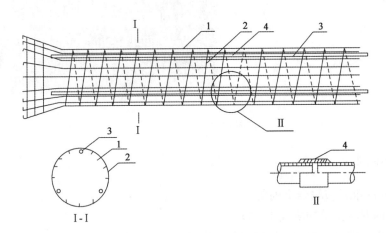

图 10-14 声测管安装图
1-钢筋;2-箍筋;3-声侧管;4-套管

声测管应沿钢筋笼内侧呈对称形状布置(图 10-15),并可按正北方向顺时针旋转依次编号(图 10-16)。声测管埋设数量应符合下列要求:

(1)$D \leqslant 800mm$,不少于 2 根管。
(2)$800mm < D \leqslant 1500mm$,不少于 3 根管。
(3)$D > 1500mm$,不少于 4 根管。

当桩径 D 大于 2500mm 时,宜增加预埋声测管数量。

测管的布置以路线前进方向的顶点为起始点,按顺时针旋转方向进行编号和分组,每两根编为一组。

注:检测剖面编组(检测剖面序号为 j)分别为:2 根管时,AB 剖面($j=1$);3 根管时,AB 剖面($j=1$),BC 剖面($j=2$),CA 剖面($j=3$);4 根管时,AB 剖面($j=1$),BC 剖面($j=2$),CD 剖面($j=3$),DA 剖面($j=4$),AC 剖面($j=5$),BD 剖面($j=6$)。

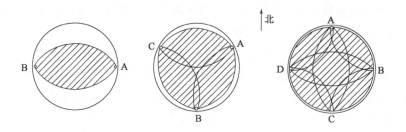

图 10-15　声测管布置图

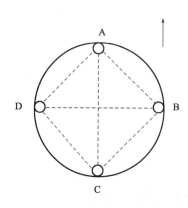

图 10-16　声测管编号

(三)现场检测

(1)检测前的准备应符合下列要求:
①被检桩的混凝土龄期应大于 14d。
②声测管内应灌满清水,且保证畅通。
③标定超声波检测仪发射至接收的系统延迟时间 t_0。
④准确量测声测管的内、外径和两相邻声测管外壁间的距离,量测精度为 ±1mm。
⑤取芯孔的垂直度误差不应大于 0.5%,检测前应进行孔内清洗。

 知识链接 1

原则上,桩身混凝土满 28d 龄期后进行声波透射法检测是合理的。但是,为了加快工程建设进度、缩短工期,当采用声波透射法检测桩身缺陷和判定其完整性类别时,可适当将检测时间提前,以便能在施工过程中尽早发现问题,及时补救,赢得宝贵的时间。这种适当提前检测时间的做法基于以下两个原因:一是声波透射法是一种非破损检测方法,不会因检测导致桩身混凝土强度降低或破坏;二是在声波透射法检测桩身完整性时,没有涉及混凝土强度问题,对各种声参数的判别采用的是相对比较法,混凝土的早期强度和满龄期后的强度有一定的相关性,而混凝土内因各种原因导致的内部缺陷一般不会因时间的增长而明显改善。因此,原则上只要求混凝土硬化并达到一定强度即可进行检测。《建筑基桩检测技术规范》(JGJ 106—2014)规定:当采用低应变法或声波透射法检测桩身完整性时,受检桩混凝土强度至少达到设计强度的70%。

如图10-17所示,由超声仪测得的声时,除包括在混凝土中的传播时间外,还包括系统延迟时间(t_0)、超声波在管壁(t_t)及管内水中(t_w)的传播时间。因此应进行声时修正,将这三个时间(有些规范或超声仪生产厂家将这三个时间统称为零声时或声时初读数)减去,得到超声波在混凝土中实际的传播时间。

一次性扣除,如图10-18所示,将换能器放入管中,将两管平行相靠放入水中,直接测量声时修正值。这样测出的声时应为系统延迟时间、超声波在管壁及管内水中的传播时间三者之和。这种方法虽然方便,但应注意以下两点:①标定用的钢管应与桩中埋设的声测管尺寸相同;②标定时应设法使换能器处于钢管的中心并且相互平行。

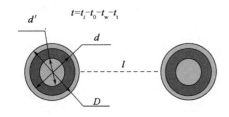

图10-17　声时计算示意图　　　　　　　图10-18　一次扣除实图

(2)现场平测和斜测应符合下列规定:

①将发射与接收声波换能器通过深度标志分别置于两个声测管道中。平测时,发射与接收声波换能器始终保持相同深度[图10-19a)];斜测时,发射与接收声波换能器始终保持固定高差[图10-19b)],且两个换能器中点连线的水平夹角不应大于30°。

②检测过程中,应将发射与接收声波换能器同步升降,声测线间距不应大于100mm,并应及时校核换能器的深度。检测时,应从桩底开始向上同步提升声波发射与接收换能器进行检测,提升过程中应根据桩的长短进行1~3次换能器高差校正,提升过程中应确保测试波形的稳定性,同步提升声波发射与接收换能器的提升速度,不宜超过0.5m/s。

③对于每条声测线,应实时显示和记录接收信号的时程曲线,读取首波声时、幅值,保存检测数据时应同时保存波列图信息,当需要采用信号主频值作为异常点辅助判据时,还应读取信号主频值。

④在同一受检桩各检测剖面的平测或斜测过程中,声测线间距、声波发射电压和仪器设置参数应保持不变。

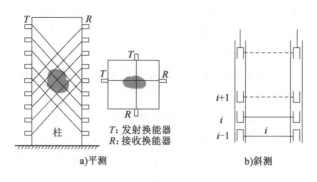

图 10-19 平测、斜测示意图

 知识链接 2

由于每一个声测管中的测点可能对应多个检测剖面,而声测线则是组成某一检测剖面的两声测管中测点之间的连线,它的声学特征反映的是其声场辐射区域的混凝土质量,二者有明确的对应关系,径向换能器在径向无指向性,但在垂直面上有指向性,且换能器的接收响应随着发、收换能器中心连线与水平面夹角 θ 的增大而非线性递减。因此,为了达到斜测的目的,同时保证测试系统有足够的灵敏度,夹角 θ 应不大于 30°。

声测线间距将影响桩身缺陷纵向尺寸的检测精度,间距越小,检测精度越高,但需花费更多的时间。一般混凝土灌注桩的缺陷在空间有一定的分布范围。《建筑基桩检测技术规范》(JGJ 106—2014)规定,声测线间距不大于100mm,可满足工程检测精度的要求。当采用自动提升装置时,声测线间距还可进一步减小。

换能器提升过程中,电缆线始终处于张拉状态,换能器位置是准确的,而下降过程中换能器在水中受到一定的悬浮力,下沉不及时可能导致电缆线处于松弛状态,从而导致换能器位置不准确,因此须从桩底开始同步提升换能器进行检测,才能保证记录的换能器位置的准确性。

自动记录声波发射与接收换能器位置时,提升过程中电缆线带动编码器卡线轮转动,由编码器计数卡线轮转动值换算得到换能器位置。电缆线与编码器卡线轮之间滑动、卡线轮直径误差等因素均会导致编码器位置计数与实际传感器位置有一定误差,因此每隔一定间距应进行一次高差校核。此外,自动记录声波发射与接收换能器位置时,如果同步提升声波发射与接收换能器的提升速度过快,会导致换能器在声测管中剧烈摆动,甚至与声测管管壁发生碰撞,对接收的声波波形产生不可预测的影响。因此换能器的同步提升速度不宜过快,必须保证测试波形的稳定性。

在现场对可疑声测线应结合声时(声速)、波幅、主频、实测波形等指标进行综合判定。

检测同一根桩时,强调各检测剖面声波发射电压和仪器设置参数不变,目的是使各检测剖面的声学参数具有可比性,便于综合判定。

在桩身质量可疑的声测线附近,应采用增加声测线或采用扇形扫测(图 10-20)、交叉斜测、CT影像技术等方式进行复测和加密测试,进一步确定缺陷的位置和空间分布范围。采用扇形扫测时,两个换能器中点连线的水平夹角不应大于40°,见图10-20。

经平测或斜测普查后,找出各检测剖面的可疑声测线,再通过加密平测(减小测线间距)、交叉斜测等方式既可检验平测普查的结论是否正确,又可以依据加密测试结果判定桩身缺陷的边界,进而推断桩身缺陷的范围和空间分布特征。

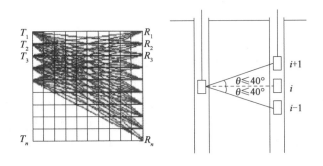

图 10-20　扇形扫测示意图

(四)检测数据分析与判定

(1)当因声测管倾斜导致声速数据有规律地产生偏高或偏低变化时,应先对管距进行合理修正,然后对数据进行统计分析。当实测数据明显有规律地偏离正常值而又无法进行合理修正时,该数据不得作为评价桩身完整性的依据。

一般情况下,声测管倾斜造成的各测线测距变化沿深度方向有一定规律,表现为各条声测线的声速值有规律地偏离混凝土正常取值,此时可采用高阶曲线拟合等方法对各条测线测距作合理修正,然后重新计算各测线的声速。

如果不对斜管进行合理的修正,将严重影响声速的临界值的合理取值,因此声测管倾斜时应作测距修正。但是,对于各声测线声速值的偏离沿深度方向无变化规律的,不得随意修正。因堵管导致数据不全时,只能对有效检测范围内的桩身进行评价,不能整桩评价。

(2)接收信号的能量与接收信号的幅值存在正相关性,可以将约定的某一足够长时间段内的声波信号时域曲线的绝对值对时间积分后得到的结果(或约定的某一足够长时段内的声波信号时域曲线的平均幅值)作为能量指标。接收信号的能量反映了声波在混凝土介质中各个声传播路径上能量总体衰减情况,是测区混凝土质量的全面、综合反映,也是波形畸变程度的量化指标。

(3)在桩身缺陷的边缘,实测声时将发生突变,桩身存在缺陷的声测线对应声时—深度曲线上的突变点。经声时差加权后的 PSD 判据图更能突出桩身存在缺陷的声测线,并在一定程度上减小了声测管的平行度差或混凝土不均匀等非缺陷因素对数据分析判断的影响。在实际应用时,可先假定缺陷的性质(如夹层、空洞、蜂窝等)和尺寸,来计算临界状态的 PSD 值,作为 PSD 临界值判据,但需对缺陷区的声波波速作假定。

(4)声波透射法与其他的桩身完整性检测方法相比,具有信息量更丰富、全面、细致的特点。可以依据对桩身缺陷处进行加密测试(斜测、交叉斜测、扇形扫测以及 CT 影像技术)来确定缺陷几何尺寸;可以将不同检测剖面在同一深度的桩身缺陷状况进行横向关联,来判定桩身缺陷的横向分布。

(5)检测报告还应包括下列内容:
①声测管布置图及声测剖面编号。

②受检桩每个检测剖面声速—深度曲线、波幅—深度曲线,并将相应判据临界值所对应的标志线绘制于同一个坐标系。

③当采用主频值、PSD 值、接收信号能量进行辅助分析判定时,绘制主频—深度曲线、PSD 曲线、能量—深度曲线。

④各检测剖面实测波列图。

⑤必要时,对加密测试、扇形扫测的有关情况进行说明。

⑥当对管距进行修正时,应注明进行管距修正的范围及方法。

实测波形的后续部分可反映声波在接、收换能器之间的混凝土介质中各种声传播路径上总能量衰减状况,其影响区域大于首波,因此检测剖面的实测波形波列图有助于测试人员对桩身缺陷程度及位置进行直观的判定。

某桥大直径钻孔灌注桩,如图 10-21 所示,设计桩径为 1.5m、设计桩长 47m、预埋 4 根声测管,测点间距为 0.25m。平测法的 1-2、1-3、1-4 剖面在 13.2～14m 处同时出现声参量异常,波速下降 15%,幅度下降 30dB。为局部缺陷。

(一)检测前的准备工作

(1)了解有关技术资料及施工资料。

主要了解桩的编号、设计强度、桩长、灌注日期等。现场实测时,往往存在堵管或管深不一致的问题,了解桩长是很有必要的,而了解强度及灌注日期,能对波速的情况有一个大概的了解。

(2)零声时的概念和计算方法(图 10-22)。

零声时 = 系统延时 + 声波通过声测管声时修正值 + 声波通过耦合水层声时修正值

系统延时的测量方法:

①把径向换能器十字交叉,点采样读取的首波声时即是系统延时。

②计算声测管及耦合水层声时修正值。

③声波从探头里发射直到另一个管里的探头接收,实际上不仅是在桩中间传播,有一段时间其实是在管内的水里和声管里传播,为了获得桩的准确波速,应该扣除掉这部分时间。

(3)在桩顶测量相应声测管外壁间净距离。

由于已经在上一步工作中进行了修正,所以在测量跨距时,应该以两管内边距为准,见图 10-23。

(4)将各声测管内注满清水,检查声测畅通情况;换能器应能在全程范围内正常升降,见图 10-24。

注意:这里管内一定要注清水,水是超声波良好的耦合剂,但如水中含有大量的杂质,对声速和声幅影响。

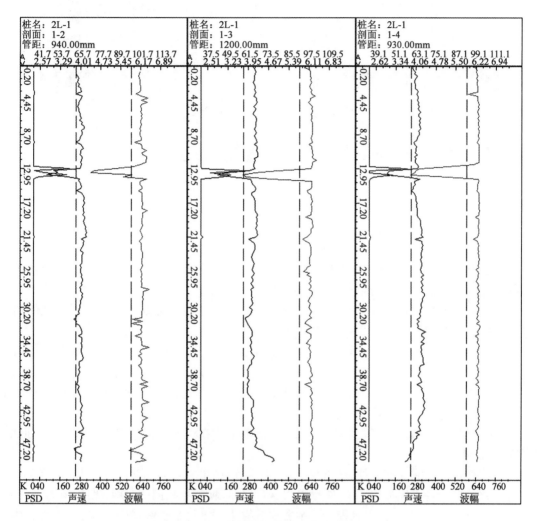

图 10-21　某钻孔灌注桩实测曲线和数据

图 10-22　声时修正值的计算

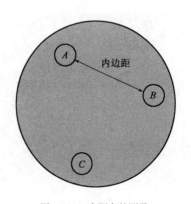

图 10-23　净距离的测量

a)正确的方式　　　　　　　　　　　　b)错误的方式

图 10-24　注水

(二)现场采集系统架设

(1)打开仪器电源,检查仪器电量,如电量不足,应使用外接电源或选配的外接电池,确认无误后可暂时关闭仪器,以节省电量。

(2)选择干燥稳固位置放置仪器,并通过调整仪器把手将仪器显示屏调整到合适的角度以便观察,见图 10-25。

(3)架设三脚架时,尽量选择稳固位置架设,且通过调整尽量保持安装深度计数器卡口水平,见图 10-26。

(4)将深度计数器下部对准卡口,并从三脚架底部向上将固定螺栓拧紧。注意将有两根竖直理线轴对准桩的方向,见图 10-27。

(5)在声测管管口宜安装管口滑轮,以防换能器电缆在快速提升过程中被管口毛刺损伤,见图 10-28。

(6)将换能器放到管底后检查管口深度是否一致,见图 10-29。

(7)逐一收紧各管换能器电缆,观察管口深度,保证换能器在同一深度,见图 10-30。

(8)打开深度计数器盖,将换能器电缆顺序放置进深度计数器线槽中,并向下压紧锁住深度计数器盖。

(9)将深度编码器接头连接仪器,延长接头放置在干燥处。

图 10-25　现场检测　　　　　　　　　　图 10-26　架设仪器

图 10-27 深度计数器的安装

图 10-28 管口滑轮

图 10-29 换能器深度检查

图 10-30 调节换能器深度

思考与练习

1. 预埋声测管时应注意哪些问题？

2. 采用声波透射法时，判断桩内缺陷的数值判据有几种，它们的含义各是什么？

3. 换能器直径 D 为 30mm，将发、收换能器置于水中，在换能器表面净距离 $d_1=500$mm，$d_2=200$mm 时测得仪器声时读数分别为 $t_1=342.8\mu s$，$t_2=140.1\mu s$，请计算仪器系统延迟时间(即仪器零读数)t_0。将上述换能器放入 50 号钢管(内径 $\phi_1=53$mm，外径 $\phi_2=60$mm)的声测管中进行测桩，请列出算式并计算出该测试中的声时初读数(水的声速为 1480m/s；钢的声速为 5940m/s)。

任务11　桥梁技术状况评定

**学习目标**

(1) 掌握桥梁经常检查的内容与要求。
(2) 掌握桥梁定期检查的内容与要求。
(3) 了解桥梁特殊检查的类型与内容。
(4) 掌握依据外观检查对桥梁进行评定的方法。
(5) 了解其他桥梁评定方法。

**任务描述**

通过桥梁检查与评定的基本概念和理论的学习,结合规范的查阅、学习,完成某典型桥梁的检查与评定,掌握桥梁检查的类型、内容、步骤,掌握评定的方法,形成对常规桥梁进行经常检查和定期检查的能力。

**相关知识**

一、公路桥梁的检查

桥梁检查是桥梁养护的基础工作。公路桥涵的检查可分为以下三个层次:经常检查、定期检查、特殊检查。

这里所指的检查主要是指以目测观察为主的外观检查。

桥梁检查是保证桥梁正常工作的基本环节,是防止垮桥事故的第一道防线,检查不及时或不充分就有可能使桥梁病害得不到发现而潜藏着隐患;病害发现得越早,维修工作量就越小,发现得越晚,维修工作量就会越大。

桥梁的经常检查,也称为日常检查,主要指对桥面设施、上部结构、下部结构和附属构造物的技术状况进行日常巡视检查,及时发现缺损并进行小修保养工作。

桥梁的定期检查是指为评定桥梁的使用功能,制订管理养护计划提供基础数据,按规定周期,对桥梁主体结构及其附属构造物的技术状况进行定期跟踪的全面检查。主要检查各部件的功能是否完善有效,构造是否合理耐用,发现需要大、中修、改善或限制交通的桥梁缺损状况;同时检查小修保养状况。定期检查还为桥梁养护管理系统提供动态数据。

桥梁的特殊检查是指查清桥梁结构的病害原因、构件破损程度、承载能力、抗灾能力,确定桥梁技术状况的工作。特殊检查分为应急检查和专门检验。

应急检查是指当桥梁遭受洪水、流冰、漂流物、船舶撞击、滑坡、地震、风灾和超重车辆自行通过等自然灾害或事故后,应立即对结构作详细检查。查明破损状况,采取应急措施,尽快恢复交通。

专门检查是指对需要进一步判明损坏原因、缺损程度或使用能力的桥梁,要求针对病害进行专门的现场试验检测、检算与分析等鉴定工作,以便进行有效的养护。

(一)经常检查

经常性检查又叫日常检查或例行检查,以直接目测为主,配合简单工具量测。由县级公路管理机构专职桥梁养护工程师(或技术员)负责,旨在确保结构功能正常,使结构能得到及时的养护和保养或紧急处理,对需要检修的情况和一些重大问题作出报告。

经常检查每月至少进行一次(在诸如大风雨、暴雨和洪水等特殊自然现象发生之后,对暴露性建筑物还应进行更大规模的经常检查)。

检查时,路段检查人员或桥工班或护桥人员进行扫视性检查,需当场填写桥梁经常检查记录表(表11-1)。

桥梁经常检查记录表　　　　　表11-1

(县级公路管理机构名称)					
路线编码		路线名称		桥位桩号	
桥梁编码		桥梁名称		养护单位	
部件名称	缺损类型	缺损范围		养护意见	
桥面铺装					
桥头跳车					
伸缩缝					
泄水孔					
桥面清洁					
人行道、缘石					
栏杆、护栏					
照明、灯柱					
翼墙					
锥坡					
桥头排水沟					
桥头人行台阶					
其他					
负责人		记录人		检查日期	

经常检查中应特别注意以下问题:

(1)桥面铺装是否平整,有无裂缝、局部坑槽、积水、沉陷、波浪、碎边,混凝土桥是否有剥离、渗漏,钢筋是否锈蚀,桥头有无跳车。

(2)排水设施是否良好,桥面泄水管是否堵塞和破损。

(3)桥面是否清洁,有无杂物堆积、杂草蔓生。

(4)伸缩缝是否堵塞卡死,连接部件有无松动、脱落、局部破损,支座是否完好。

(5)人行道、缘石、栏杆、扶手和引道护栏(柱)有无撞坏、断裂、松动、错位、缺件、剥落、锈蚀等。

(6)河床是否受到冲刷而下切以至低于设计高程。

(7)墩台的基础是否受到冲刷变形、下沉。

(8)墩台是否受到船只或漂浮物撞击而受损。

(9)翼墙(侧墙、耳墙)有无开裂、风化剥落和异常变形。

(10)锥坡、护坡有无局部塌陷,铺砌面是否塌陷、缺损,有无垃圾成堆、灌木杂草丛生,桥头排水沟和行人台阶是否完好。

(11)交通信号、标志、标线、照明设施是否完好。

(12)当在定期检查中发现桥梁重要(部)构件存在明显缺陷,达到三~五类技术状况的病害时,应向地(市)级公路管理机构专职桥梁养护工程师及时汇报。

(二)定期检查

(1)定期检查的目的:通过对结构物进行彻底的、视觉的和系统的检查,建立结构管理和养护档案,是桥梁养护管理系统中采集结构技术状况动态数据的一项工作。通过定期检查可以对结构的损坏情况作出评估,评定结构构件和整体结构的技术状况,从而可以确定需特别检查的需求与结构维修、加固或更换的优先排序。

(2)定期检查由地(市)级公路管理机构的专职桥梁养护工程师负责,制订桥梁年度定期检查计划,组织实施辖区内桥梁定期检查工作。县级公路管理机构的桥梁养护技术人员协同实施。负责的检查工程师应根据管辖区内登记的桥梁基本数据表(桥梁卡片),制订出年度桥梁检查实施计划。

(3)定期检查人员必须事先准备和携带下列文件:桥梁检查清单(表11-2)、桥梁基本数据表。对于新建桥梁应根据技术档案事前登记好基本数据表,对于最近经过专门检验或维修(大、中修)、加固改善的桥梁,其内容必须事先登记在基本数据表内。桥梁定期检查记录表包括本次用的和上次(最近的)记录的检查数据表。本次用的表应事先将表头的基本数据填好。

(4)定期检查以目视观察为主,必要时辅以测量仪器(表11-3)。市级检查组应配备专用小型检查车(车顶装载伸缩人梯)。

桥梁检查清单 表11-2

桥梁名称	路线编号	桥梁编号	桥梁里程	下穿通道名称	养护单位编号	上次 □ 本次 □			
						定期检查日期	状况评定	补充检验日期	维修日期

桥梁定期检查用设备和器材 表11-3

安全、保护用品	检测仪具	工具、器材	附加设备
警告标志	照相机	电筒(强光)	软梯
警告信号灯	长焦镜头	扁刮刀	伸缩梯
反光背心	广角镜头	地质锤	充气皮艇
安全帽	闪光灯	地铲	工作船
安全带	望远镜	铁锹	拼装式悬挂作业架
工作服	刻度放大镜	钢丝刷	桥梁专用检查作业架
防滑鞋	地质罗盘	油漆刷	专用检查作业车

续上表

安全、保护用品	检测仪具	工具、器材	附加设备
雨靴	100m 钢卷尺	特种铅笔	
水裤	2～3m 钢卷尺	喷雾筒漆	
救生衣	1～2m 木折尺	彩色粉笔	
救生索	30～50m 水尺	器具箱	
防护眼镜	垂球测绳	工具袋	
其他劳保用品	测量花杆	文件包	
	水准仪及塔尺	其他文具	
	不平尺		
	量角器(大号)		
	测量记录本		
	记录文件夹		

(5)定期检查必须接近或进入各部件仔细检查其功能及材料的缺损状况,并在现场完成下列工作:

①现场校核桥梁基本数据。
②当场填写桥梁定期检查数据表,记录各部件缺损状况。
③根据调查作出技术状况评分。
④实地判断缺损原因,估定维修范围及方式。
⑤对难以判断损坏原因和程度的部件,提出特殊检查(专门检验)的要求。
⑥对损坏严重、危及安全运行的危险桥梁,提出暂时限制交通的建议。
⑦根据桥梁的技术状况,确定下次检查时间。

(6)定期检查的时间按桥梁的不同情况规定如下:

①新建桥梁竣工接养一年后必须进行定期检查。
②一般桥梁检查周期不得超过3年。
③非永久性桥梁每年检查一次。
④桥梁技术状况在三类以上的,必须安排定期检查。
⑤定期检查一般安排在有利于检查的气候条件下进行。

(7)定期检查工作流程。

桥梁定期检查一般工作流程,如图11-1所示。

(8)定期检查的顺序与缺损位置描述规则。

①定期检查顺序规定如下。

按路线里程增长方向和从右至左的顺序检查(注意防止漏检),见图11-2。

从下往上顺序检查:首先检查下部结构和基础冲刷,同时检查上部结构的底面和侧面,然后顺序检查支座、箱梁内部,最后检查桥面系统。

桥梁主体结构检查完成后,检查调治构造物的状况。

在检查结构缺损状况过程中,同时校对桥梁结构的基本数据是否与实际相符。

②缺损位置描述规则如下:

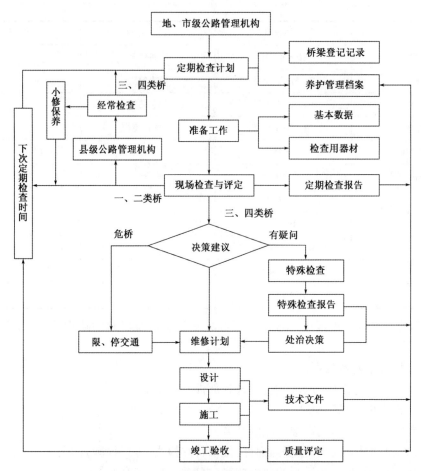

图 11-1　公路桥梁定期检查工作流程图

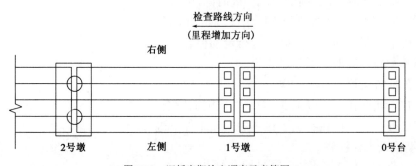

图 11-2　旧桥定期检查顺序示意简图

先描述发生缺损构件所在的桥跨号和墩台号,如图 11-3 所示。然后再在同一墩台或桥跨中按里程增长方向从右至左对相同类型构件顺序编号,起始号一般定为 1。

给定构件的缺损位置,可以用右侧面(R)、左侧面(L)、高桩号侧面(HX)、低桩号侧面(S)、上面(UP)、底面(UD)等来描述损坏出现构件在哪一个面上。

对于构件任一面上的损坏位置,可以用"跨中""支点处""中部""端部""顶部""底部"等来详细描述。

(9)定期检查的要点。

对于桥跨结构,应首先观察是否有异常变形、声音、振动、摆动。如上部结构竖向曲线是否平顺,拱轴线变位状况,桥跨有无异常的竖向振动或横向摆动等;其次再检查各部件的技术状况,并查找异常原因。

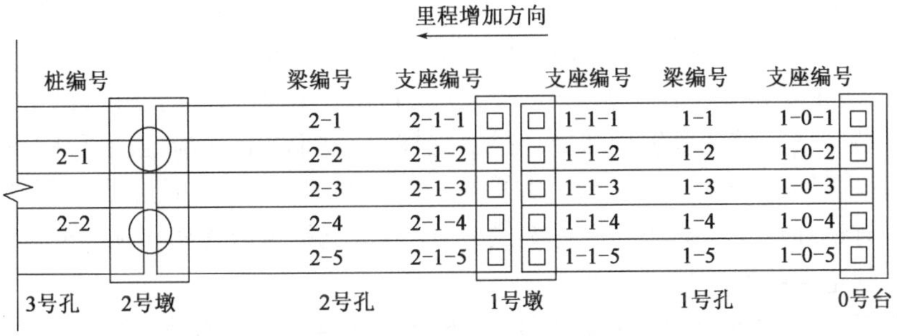

图 11-3 旧桥定期检查构件编号示意简图

对于支座主要应检查其位移是否正常、功能是否完好,组件是否完好、清洁,有无断裂、错位和脱空现象,其固定端是否松动、剪断、开裂。

对于各种类型支座的检查,应注意的问题分别如下:
①简易支座的油毡是否老化、破裂或失效。
②钢板滑动支座和弧形支座是否干涩、锈蚀。
③摆柱支座各组件相对位置是否准确,受力是否均匀。
④四氟板支座是否脏污、老化。
⑤橡胶支座是否老化、变形。
⑥盆式橡胶支座的固定螺栓是否有剪断,螺母是否松动。
⑦辊轴支座的辊轴是否出现不允许的爬动、歪斜。
⑧摇轴支座的辊轴是否倾斜。
⑨活动支座是否灵活,实际位移量是否正常。
⑩支座垫石是否破碎。

墩台与基础的检查应包括下列内容:
①桥墩、台及与基础有无滑动、倾斜、下沉、冻拔或冲撞损坏。
②混凝土墩台及台帽有无冻胀、风化、腐蚀、开裂、剥落、空洞、露筋、变形等。
③台背填土有无沉降、裂缝、挤压、受冲刷等情况。
④空心墩的水下通水洞是否堵塞。
⑤石砌墩台有无砌块断裂、通缝脱开、变形,砌体泄水孔是否堵塞,防水层是否损坏。
⑥墩台顶面是否清洁,有无泥土杂物堆积、滋生草木,伸缩缝处是否漏水。
⑦基础下是否发生不许可的冲刷或淘空现象。
⑧扩大基础的地基有无侵蚀。
⑨桩基顶段在水位涨落、干湿交替变化处有无冲刷磨损、颈缩、露筋,有无环状冻裂,有无受到污水、咸水或生物的腐蚀。

钢筋混凝土和预应力混凝土桥跨结构的检查,包括下列内容:
①混凝土有无裂缝、渗水、表面风化、剥落、露筋和钢筋锈蚀,有无活性集料硅碱反应引起的整体龟裂现象。
②预应力钢束锚固区段混凝土有无开裂,沿预应力筋的混凝土表面有无纵向裂缝。
③对于梁(板)式结构,主要检查梁(板)跨中、支点、变截面处、悬臂端牛腿或中间铰部位;对

于刚构和桁架结构，主要检查刚构固结处和桁架节点部位的混凝土开裂和钢筋锈蚀等缺损状况。

④对于装配式梁桥，应注意联结部位的缺损状况。如：组合梁的桥面板与梁的结合部位，以及桥面板之间的接头处混凝土有无开裂、渗水；梁（板）接缝混凝土有无开裂和钢筋横向联结构件是否开裂，连接钢板的焊缝有无锈蚀、断裂，边梁有无横移或向外倾斜。

对于拱桥，应主要检查主拱圈的拱脚、$L/4$、$(3/4)L$、拱顶处和横向联系、拱上结构的变形，以及混凝土开裂与钢筋锈蚀等缺损状况。拱上立柱（或立墙）上下端、盖梁和横系梁的混凝土有无开裂、剥落、露筋和锈蚀。中下承式拱桥的吊杆上下锚固区的混凝土有无开裂、渗水，吊杆锚头附近是否有锈蚀现象。对于劲性骨架拱桥，还要检查是否沿骨架出现纵向或横向裂缝。

双曲拱桥的定期检查应特别注意：
①拱脚有无压裂；拱肋 $L/4$、$(3/4)L$ 处、顶部是否开裂、破损、露筋锈蚀。
②拱肋间横向联结拉杆是否松动、开裂、破损。
③拱波与拱肋结合处是否开裂、脱裂。
④拱波之间砂浆有无松散脱落，拱波顶是否开裂、渗水等。

圬工拱桥的定期检查应特别注意：
①主拱圈有无开裂、渗水、砂浆松动、脱落变形；砌块有无断裂、脱落；拱脚是否开裂；腹拱是否变形；拱铰功能是否正常。
②实腹拱的侧墙与主拱圈间有无脱落，侧墙有无变形，拱上填土有无沉陷或开裂。
③空腹拱的小拱有无变形、错位，立墙或立柱有无倾斜、开裂。
④砌体表面有无苔藓，砌缝有否滋生草木。

钢桥的检查，应包括下列内容：
①构件（特别是受压构件）是否扭曲变形、局部损伤。
②铆钉和螺栓有无松动、脱落或断裂，节点是否滑动错裂。
③焊缝及其边缘（热影响区）有无裂纹或脱开。
④油漆层有无裂纹、起皮、脱落，构件是否腐蚀生锈。

悬索桥和斜拉桥的检查，应包括下列内容：
①主梁按相应的预应力混凝土或钢结构的要求进行检查。
②索塔有无异常的沉降、倾斜，柱身、横系梁和锚固区有无开裂、渗水和锈蚀。
③吊桥锚锭及锚杆有无异常的拔动滑移，锚锭混凝土有无开裂、渗水，锚（洞）室内的锚杆、主索锚固段和散索鞍等部件是否锈蚀、断裂。
④吊杆、拉索的两端锚固部位，包括索端及锚头、主梁锚固构造有无浸水、锈蚀和开裂，吊杆上端与主缆联结的索夹（箍）紧固螺栓有无松弛和锈死。
⑤主缆、吊杆束和拉索的防护层是否破损、老化和漏水。
⑥斜拉桥索颤震是否明显、减震措施是否失效。
⑦吊桥的索鞍是否工作正常，有无锈蚀、辊轴歪斜、卡死等现象，主缆索有无明显挤偏现象。

钢管混凝土拱桥的定期检查应特别注意：
①检查混凝土是否填充密实（通常可用敲击法检查）。
②对于翼墙、侧墙、耳墙，应检查其是否有开裂、倾斜、滑移、沉陷等降低或丧失挡土能力的状况。对于锥坡、护坡，应检查其是否有冲刷、滑坍、沉陷等现象，造成坡顶高度显著下降。土质锥形护坡表面覆盖草皮是否损坏，有无沟槽和坍塌现象。铺砌面是否开裂，有无勾缝砂浆脱落、隆起或下陷、灌木杂草丛生和下滑，坡脚是否损坏。埋置式桥台台前溜坡基础埋置深度是

否足够,有无冲刷损坏。

桥面系构造的检查,应包括下列内容:

①桥面铺装层:是否有坑槽、开裂、车辙、松散、不平、桥头跳车等现象;有无严重的裂缝(龟裂、纵横裂缝);纵横坡是否顺适;防水层是否漏水。

②伸缩缝:是否破损、结构脱落、淤塞、填料凹凸、跳车、漏水等。

③人行道、栏杆:人行道有无开裂、断裂、缺损;栏杆是否有松动、撞坏、锈蚀、变形。

④排水设施(防水层):桥面横坡、纵坡是否顺适,有无积水;泄水管有无损坏、堵塞;泄水能力情况;防水层是否工作正常,有无渗水现象等。

⑤桥上交通信号、标志、标线、照明设施是否腐蚀、老化,需要更换,是否适用。

⑥河床及调治构造物:河床是否变迁,有无漂浮物堵塞河道,调治构造物是否发挥正常作用,有无损坏、水毁等。

(10)定期检查的记录,见表11-4、表11-5。

桥梁定期检查记录总表　　　　　　　　　　　　　　　　　　表11-4

1.路线编码		2.路线名称			3.桥位桩号		
4.桥梁编码		5.桥梁名称			6.下穿通道名		
7.桥长(m)		8.主跨结构			9.最大跨径(m)		
10.管养单位		11.建成年月			12.上次大中修日期		
13.上次检查日期		14.本次检查日期			15.气候状况		
16.部件号	17.部件名称	18.评分(0~5)	19.特殊检查	20.维修范围	21.维修方式	22.维修时间	23.费用(元)
1	翼墙						
2	锥坡						
3	桥台及基础						
4	桥墩及基础						
5	地基冲刷						
6	支座						
7	上部承重构件						
8	桥面铺装						
9	伸缩缝						
10	人行道						
11	栏杆、护栏						
12	照明、标志						
13	排水设施						
14	调治构造物						
15	其他						
24.总体状况评定等级		25.全桥清洁状况评分			26.保养、小修状况评分		
27.经常性养护建议							
28.记录人		29.负责人			30.下次检查时间		
31.缺损说明							

桥梁定期检查记录评分表　　　　　　　表11-5

部件号	部件名称	缺损位置	缺损状况				照片或简图（编号/年）
			类型	性质	范围	程度	
1	翼墙、耳墙						
2	锥坡、护坡						
3	桥台及基础						
4	桥墩及基础						
5	地基冲刷						
6	支座						
7	上部承重构件						
8	桥面铺装						
9	伸缩缝						
10	人行道						
11	栏杆、护栏						
12	照明、标志						
13	排水设施						
14	调治构造物						
15	其他						

注：1. 定期检查中发现的各种缺损均应用油漆将其范围及日期标记清楚。
　　2. 发现属于三、四类桥的严重缺损和难以判明缺损原因及程度的病害，应照相记录，并附病害状态说明。
　　3. 对缺损状态的描述，应采用专业标准术语。
　　4. 应附以简图和照片来阐明结构或构件典型的缺损状态。

（11）桥梁定期检查后应提交下列文件：

①桥梁定期检查数据表。对于每天检查的桥梁现场记录，应在次日内整理成每座桥梁定期检查数据表。

②典型缺损和病害的照片及说明。说明应对缺损的部位、类型、性质、范围、数量和程度等加以阐述。

③两张总体照片。一张为桥面正面照片，在低桩号侧引道中心拍摄；另一张为桥梁立面照片，在桥梁右侧拍摄。

④桥梁清单。

⑤桥梁基本数据表。定期检查完成后，应将本次检查的桥梁各部件技术状况评定结果登记在桥梁基本数据表内。

（12）定期检查报告。

桥梁定期检查后应提交报告，定期检查报告通常包括以下内容：

①本次定期检查涉及所有桥梁的小修保养情况。

②需要大中修或改善的桥梁计划（说明大中修或改善的项目，拟用修建或改善方案、估计费用和实施时间等）。

③要求特殊检查的桥梁报告，说明需要检验的项目及理由。

④需限制交通或中断交通的桥梁建议报告。

⑤桥梁定期检查报告,由地(市)级公路管理机构主管领导审定后,报省级公路管理机构;同时通知有关县级公路管理机构,对一、二类桥梁进行针对性、预防性的小修保养工作。

二、结果的评定

对桥梁定期检查结果,一般从缺损状态、结构与构件的技术状况和改进工作这三个方面,由有经验的桥梁检查工程师,依据桥梁定期检查资料,凭借自己丰富的知识和经验,通过对桥梁各部件技术状况的综合评定,确定桥梁的技术等级,提出各类桥梁的改进工作措施。这是一种数量级评价,属于桥梁一般评价的范畴。在结构各部件技术状况的评定中,主要考虑缺损状况的评定结果,同时兼顾结构各部件的功能、价值及美观要求。改进工作的评定主要决定改进时间和改进方法,一般通过对改进工作的技术和经济分析来实现这一评定。全桥总体技术状况等级评定,主要采用考虑桥梁各部件权重的综合评定方法。

(一)公路桥梁外观调查评定

公路桥梁外观调查评定,由有经验的桥梁检查工程师负责,依据桥梁调查资料(以定期检查结果为主),从缺损状况、技术状况、养护对策等方面,对桥梁质量作出综合评定。

1. 桥梁部件缺损状况评定(累加评分)

根据缺损程度(大小、多少、轻重)、缺损对结构使用功能的影响程度(无、小、大)和缺损发展变化状况(趋向稳定、发展缓慢、发展较快)三个方面,以累加评分方法对各部件缺损状况作出等级评定,详见表11-6。

桥梁部件缺损状况评定方法　　　　表11-6

缺损程度及标度		组合评定标度					
	程度	小→大 少→多 轻度→严重					
	标度	0	1	2			
缺损对结构使用功能的影响程度	无、不重要　0	0	1	2			
	小、次要　　1	1	2	3			
	大、重要　　2	2	3	4			
以上两项评定组合标度		0	1	2	3	4	
缺损发展变化状况的修正	趋向稳定　-1	0	1	2	3		
	发展缓慢　 0	0	1	2	3	4	
	发展较快　+1	1	2	3	4	5	
最终评定结果		0	1	2	3	4	5
桥梁技术状况及分类		完好 一类	较好 二类	较好 三类	较差 四类	坏的 五类	危险

注:"0"表示完好状态,或表示没有设置的构造部件,如调治构造物;"5"表示危险状态,或表示原无设置,而调查表明需要补设的结构部件。

对重要部件(墩台、基础、上部承重构件、支座等),以其中缺损最严重的构件评分;对其他部件,根据多数构件缺损状况评分。

2. 桥梁部件权重及综合评定

采用考虑桥梁各部件权重的综合评定方法,或以重要部件最差的缺损状况评定,对全桥技术状况等级作出评定。推荐的桥梁各部件权重及算式见表11-7。

推荐的桥梁各部位权重及综合评定方法 表11-7

部件	部件名称	权重 W_i	桥梁技术状况评定办法
1	翼墙、耳墙	1	综合评定采用下列计算式: $$D_r = 100 - \sum_{i=1}^{s} R_i W_i / 5$$ 式中:R_i——依据桥梁部件缺损状况评定方法所得各部件的评定标度(0~5); W_i——各部件权重,$\sum W_i = 100$; D_r——全桥结构技术状况评分(0~100); 评分高表示结构状况好,缺损少。 评定分类采用下列界限: $D_r \geq 88$ 一类 $88 > D_r \geq 60$ 二类 $60 > D_r \geq 40$ 三类 $40 > D_r$ 四类、五类 注:$D_r \geq 60$ 的桥梁,并不排除其中有评定标度 $R_i \geq 3$ 的部件,仍有维修的需求
2	锥坡、护坡	1	
3	桥台及基础	23	
4	桥墩及基础	24	
5	地基冲刷	8	
6	支座	3	
7	上部主要承重构件	20	
8	上部一般承重构件	5	
9	桥面铺装	1	
10	桥头与路堤连接部	3	
11	伸缩缝		
12	人行道	1	
13	栏杆、护栏	1	
14	灯具、标志	1	
15	排水设施	1	
16	调治构造物	3	
17	其他	1	

3. 全桥技术状况综合评定

全桥技术状况评定等级可分为一类、二类、三类、四类和五类。根据桥梁技术状况分类,确定相应的养护措施:对一类桥梁进行正常保养;对二类桥梁需进行小修;对三类桥梁需进行中修,酌情进行交通管制;对四类桥梁需进行大修或改造,及时进行交通管制,如限载、限速通过,当缺损较严重时应关闭交通;对五类桥梁需要进行改建或重建,及时关闭交通。

(二)规范对公路桥梁技术状况评定的相关规定

(1)桥梁技术状况评定

桥梁定期检查的目的是根据标准、规范的方法来取得对现有桥梁状况的把握,并对桥梁状况发展的趋势作出预测,以尽可能地反映桥梁的当前状况。

桥梁技术状况反映了桥梁现状等级。桥梁技术状况评定的主要任务是通过桥梁存在的缺损状况研究桥梁退化的原因,确定维护维修方案,以使结构(或构件)维持在安全的状况。桥梁结构状况评定的另一任务是根据技术状况评定结果得到正确的维修措施,根据桥梁状况评定结果确定哪些桥梁破坏最严重和最迫切需要维修;将有限的资源作最优的分配,使桥梁发挥它的最大效用。

公路桥梁评定是对桥梁的使用功能(宏观)、使用价值(微观)、承载能力(微观)进行的综合评价。通过旧桥评定,可鉴定其是否仍具有原设计的工作性能及承载能力,进而为桥梁的维修、改造、加固提供决策性的意见。

公路桥梁评定是一个综合评价的问题,涉及评定方法与评定标准(依据相关标准、规范、试验结果及专家经验等所制定的分类等级)。桥梁状况评定,涉及许多相关因素:一条线路包括许多桥梁;一座桥梁包括上部、下部和基础,每部分又包含许多基本构件;一个基本构件,因设计、施工、使用中的多种原因可能存在一种或多种缺损。可见,公路旧桥评定是十分复杂的。

(2)桥梁评定的分类

桥梁评定分为一般评定和适应性评定。

一般评定是依据桥梁定期检查资料,通过对桥梁各部件,桥面系、上部结构、下部结构以及全桥进行技术状况的综合评定,确定桥梁的技术状况等级,提出各类桥梁的养护措施。一般评定由定期检查者负责。

适应性评定是依据桥梁定期及特殊检查资料,结合试验与结构受力分析,评定桥梁的实际承载能力、通行能力、抗洪能力。适应性评定应委托有相应资质及能力的单位进行。

(3)《公路桥梁技术状况评定标准》(JTG/T H21—2011)评定方法(以下简称《标准》)

①评定的内容包括部件、桥面系、上部结构、下部结构和全桥评定。公路桥梁技术状况评定应采用分层综合评定与5类桥梁单项控制指标相结合的方法。

②5类桥单项控制指标具有最高优先级别,若桥梁满足5类桥单项控制指标中的任意一项,那么全桥直接评定为5类危桥。若不满足5类桥单项控制指标,则采用分层综合评定法进行评定,在分层评定过程中应考虑特殊情况处理及最差部件评定法。

评定顺序:首先需要依据《标准》中各章节中各检测指标的技术状况评定表对指标进行评定,确定各构件指标的类别(1~5类)。对《标准》中各构件检测指标的评定,是整个技术状况评定工作的关键和基础。然后依次计算构件、部件、上部结构(下部结构、桥面系)的技术状况,最后根据上部结构、下部结构、桥面系的技术状况计算全桥技术状况。

③当单个桥梁存在不同结构形式时,可根据结构形式的分布情况划分评定单元,分别对各评定单元进行桥梁技术状况的等级评定。

由于实际中桥梁可能由两种或者多种不同结构形式组成,当单个桥梁存在既有梁桥又有拱桥或其他桥型,或者主桥和引桥结构形式不同等情况时,可根据结构形式的分布情况采用划分评定单元的方式,各单元中不存在的部件权重可以根据其隶属关系划分给其他部件,逐一对各评定单元进行桥梁技术状况的等级评定,然后以技术状况等级评定结果最差的一个评定单元作为全桥的评定结果。

④不同的桥梁构件对桥梁技术状况影响程度不同,将桥梁结构分成两大部分,分别为主要部件和次要部件。主要部件中的构件分数在[0,40]区间时,部件的分数取最差构件的得分值。当主要部件评分达到4类或5类且影响桥梁安全时,可按照桥梁主要部件最差的缺损状况评定。主要部件的判断影响到桥梁的技术状况评定工作,对是否能对桥梁正确评定起着重要作用,因此《标准》中的表3.3.2所列各结构类型桥梁的主要部件需要牢记于心。

⑤《标准》中的表 3.2.3～表 3.2.5 分别对桥梁总体、主要部件、次要部件的等级及标度进行了描述,桥梁总体技术状况评定等级和主要部件技术状况评定等级分为 5 个等级,次要部件技术状况评定等级分为 4 个等级。对照这三个表,可根据桥梁缺损状况对桥梁进行评定,评定结果为一个定性描述。切记不是根据这三个表格进行桥梁技术状况评定。

(4)桥梁技术状况评定模型

①检测指标扣分值见表 11-8。

构件各检测指标扣分值　　　　　　　表 11-8

检测指标所能达到的最高等级类别	指 标 类 别				
	1 类	2 类	3 类	4 类	5 类
3 类	0	20	35	—	—
4 类	0	25	40	50	—
5 类	0	35	45	60	100

表 11-8 所列指标扣分值表中第一列表示指标所能达到的最高标度类别,由于发生在不同构件各病害对桥梁影响程度不同,每种病害的最严重等级也不同。病害最严重等级分为 3 级、4 级、5 级(例如:蜂窝麻面最严重等级为 3 级,主梁的裂缝最严重等级为 5 级)。

指标标度是指对病害实际评定的等级,对病害实际评定的指标等级应根据构件中病害的数量、尺寸、范围,查看《标准》的第 5 章至第 10 章中对应的定性定量描述,来确定病害实际的评定标度,当定性定量描述出现矛盾时,例如某病害按定性描述评定为 2 类指标,按定量描述评定为 3 类指标,那么检测工程师可根据实际情况判断该病害指标类别。

通过表 11-8(构件各检测指标扣分值表)将不同病害进行分级扣分,某些病害达到最严重也仅能评为 3 级,此病害扣分为 35 分;某些病害达到最严重评为 4 级,此病害扣分为 50 分;某些病害达到最严重能评为 5 级,此病害扣分为 100 分。按照这种扣分方法能体现出不同病害对桥梁影响程度的不同。

②构件技术状况评分。

$$\text{PMCI}_l(\text{BMCI}_l \text{ 或 } \text{DMCI}_l) = 100 - \sum_{x=1}^{k} U_x \tag{11-1}$$

当 $x = 1$ 时:

$$U_1 = \text{DP}_{i1}$$

当 $x \geq 2$ 时:

$$U_x = \frac{\text{DP}_{ij}}{100 \times \sqrt{x}} \times \left(100 - \sum_{y=1}^{x-1} U_y\right) \tag{11-2}$$

(其中,$j = x, x$ 取 $2、3、4 \cdots k$)

当 $k \geq 2$ 时,$U_2,\cdots,U_x$ 计算公式中的扣分值 DP_{ij} 按照从大到小的顺序排列。

当 $\text{DP}_{ij} = 100$ 时,$\text{PMCI}_l(\text{BMCI}_l \text{ 或 } \text{DMCI}_l) = 0$。

式中:PMCI_l——上部结构第 i 类部件的 l 构件的得分,值域为 0～100 分;

BMCI_l——下部结构第 i 类部件的 l 构件的得分,值域为 0～100 分;

DMCI_l——桥面系第 i 类部件的 l 构件的得分,值域为 0～100 分;

k——第 i 类部件 l 构件出现扣分的指标的种类数;

$U_x、U_y$——引入的变量;

i——部件类别,例如 i 表示上部承重构件、支座、桥墩等;

j——第 i 类部件 l 构件的第 j 类检测指标;

DP_{ij}——第 i 类部件 l 构件的第 j 类检测指标的扣分值;根据构件各种检测指标扣分值进行计算,扣分值按表11-8规定取值。

构件技术状况评分方法特点:

a. 构件病害增多,则构件分数降低。

b. 无论构件病害程度与病害数量如何增加,构件得分数始终≥0分。

评定计算的构件、部件、桥面系、上部结构、下部结构、全桥技术状况评分均四舍五入保留一位小数。构件只有技术状况评分,无技术状况等级;部件、桥面系、上部结构、下部结构、全桥技术状况等级应根据评分结果以及《标准》中的表4.1.5(桥梁技术状况分类界限表)来确定。

③ 部件技术状况评分。

根据《标准》中第4.1.2条款规定,对桥梁部件技术状况评分,按照式(11-3)计算。

$$\left.\begin{array}{l} PCCI_i = \overline{PCCI} - (100 - PMCI_{min})/t \\ BCCI_i = \overline{BMCI} - (100 - BMCI_{min})/t \\ DCCI_i = \overline{DMCI} - (100 - DMCI_{min})/t \end{array}\right\} \quad (11-3)$$

式中:$PCCI_i$——上部结构第 i 类部件的得分,值域为 0~100分;当上部结构中的重要部件某一构件评分值 $PMCI_i$ 在[0,40]区间时,其相应的部件评分值 $PCCI_i = PMCI_i$;

$\overline{PCCI}$——上部结构第 i 类部件各构件的得分平均值,值域为 0~100分;

$BCCI_i$——下部结构第 i 类部件的得分,值域为 0~100分;当下部结构中的重要部件某一构件评分值 $BMCI_i$ 在[0,40]区间时,其相应的部件评分值 $BCCI_i = BMCI_i$;

$\overline{BMCI}$——下部结构第 i 类部件各构件的得分平均值,值域为 0~100分;

$DCCI_i$——桥面系第 i 类部件的得分,值域为 0~100分;

$\overline{DMCI}$——桥面系第 i 类部件各构件的得分平均值,值域为 0~100分;

$PMCI_{min}$——上部结构第 i 类部件中分值最低的构件得分值;

$BMCI_{min}$——下部结构第 i 类部件中分值最低的构件得分值;

$DMCI_{min}$——桥面系第 i 类部件中分值最低的构件得分值;

t——随构件的数量而变化的系数,见表11-9。

t 值　　　　　　　表11-9

构件数 n	t	构件数 n	t	构件数 n	t
1	∞	10	8.1	19	6.72
2	10	11	7.9	20	6.60
3	9.7	12	7.7	21	6.48
4	9.5	13	7.5	22	6.36
5	9.2	14	7.3	23	6.24
6	8.9	15	7.2	24	6.12
7	8.7	16	7.08	25	6.00
8	8.5	17	6.96	26	5.88
9	8.3	18	6.84	27	5.76

续上表

构件数 n	t	构件数 n	t	构件数 n	t
28	5.64	50	4.4	90	2.8
29	5.52	60	4.0	100	2.5
30	5.4	70	3.6	≥200	2.3
40	4.9	80	3.2		

部件技术状况评分方法的特点：

a. 组成部件的单个构件分数越低，则部件分数越低。

b. 考虑最差构件对桥梁整体安全性、实用性的影响，通过最差构件得分对构件得分平均值进行修正。

c. 主要部件中缺损状况严重的构件对桥梁安全影响非常大，当主要部件中的构件评分值在[0,40)时，主要部件的评分值不再按《标准》中的公式(4.1.2)进行计算，部件直接取此构件的评分值，若多个构件评分值均低于40分，则选取最低构件得分值作为部件得分值。

④上部结构、下部结构、桥面系技术状况评分。

$$\mathrm{SPCI(SBCI\ 或\ BDCI)} = \sum_{j=1}^{m} \mathrm{PCCI}_i(\mathrm{BCCI}_i\ 或\ \mathrm{DCCI}_i) \times W_3 \tag{11-4}$$

式(11-4)与全桥的技术状况评分计算方法类似，都是采用加权求和法进行，与通过部件计算全桥技术状况评分的方法相似。在采用该方法进行计算时，应注意实际工作中当存在某座桥梁没有设置部件，如单跨桥梁无桥墩、部分桥梁无人行道等类似情况。需要根据此构件隶属于上部构件、下部构件或桥面系关系，将此缺失构件的权重值分配给其他部件。分配方法采用将缺失部件权重值按照既有部件权重在全部既有部件权重中所占比例进行分配的方法，保证既有部件参与评价，使桥梁评价更符合实际情况。

⑤桥梁总体技术状况评分。

根据《标准》中4.1.4规定，对桥梁总体的技术状况评分，按照式(11-5)计算。

$$D_r = \mathrm{DCI} \times W_D + \mathrm{SPCI} \times W_{SP} + \mathrm{SBCI} \times W_{SB} \tag{11-5}$$

式中：D_r——桥梁总体技术状况评分，值域为0~100；

W_D——桥面系在全桥中的权重，按表11-10规定取值；

W_{SP}——上部结构在全桥中的权重，按表11-10规定取值；

W_{SB}——下部结构在全桥中的权重，按表11-10规定取值。

桥梁结构组成权重表　　　　　　　　　　　　　　　　表11-10

桥梁部位	权重	桥梁部位	权重
上部结构	0.40	桥面系	0.20
下部结构	0.40		

在进行上部结构、下部结构、桥面系的综合评定时，依据不同桥型各部件重要程度的不同，给予各类型桥梁部件不同的权重。在进行全桥的综合评定时，依据上部结构、下部结构、桥面系重要程度的不同，分别给予上部结构、下部结构、桥面系不同的权重。由于各地环境条件不同，除了采用《标准》推荐值外，还允许依据实际情况进行调整。调整权重可采用专家评估法，调整值应经过批准认可，对主要构件的权重则不宜减小。

⑥特殊情况评定。

当上部结构和下部结构技术状况等级为 3 类、桥面系技术状况等级为 4 类,且桥梁总体技术状况评分为 $40 \leqslant D_r < 60$ 时,桥梁总体技术状况等级可评定为 3 类。

⑦最差部件评定法。

全桥总体技术状况等级评定时,当主要部件评分达到 4 类或 5 类且影响桥梁安全时,可按照桥梁主要部件最差的缺损状况评定。

⑧5 类桥单项控制指标。

在桥梁技术状况评定时,当满足《标准》4.3 节中规定的任一情况时,桥梁总体技术状况应评为 5 类桥。

任务实施

一、桥梁概况

某桥位于省道 S303 宜定线,桥梁中心桩号为 K287+700,桥梁全长 81.5m,桥宽 10.0m,净宽 9.0m。上部结构采用 3×25.0m 预应力混凝土箱梁,每跨 3 片梁。下部结构桥墩为双柱墩,桩基础;桥台为轻型桥台,桩基础。设计荷载公路—Ⅰ级,该桥 2012 年建成。

桥梁养管单位:××班。

养管责任人:×××。

桥梁基础及管理资料情况:桥梁卡片齐全;桥梁图纸齐全;桥梁养护管理资料基本齐全。

桥梁的正面、立面照片见图 11-4、图 11-5,桥梁基本状况一览表见表 11-11。

图 11-4 桥梁正面照

图 11-5 桥梁立面照

桥梁基本状况一览表　　　　　表 11-11

路线名称	S303	桥梁桩号	K287+700
桥梁名称	××桥	桥长(m)	81.5
桥宽(m)	10.0	跨径组合(m)	3×25.0
上部结构形式	预应力混凝土箱梁	下部结构形式	双柱墩、桩基础 轻型桥台、桩基础
设计荷载等级	公路—Ⅰ级	通车时间	2012 年

二、检查结果

（一）桥面系

(1)桥面铺装:变形、泛油、破损、裂缝等项评定标准均完好,无明显病害。

(2)伸缩缝装置:0 号台、3 号台伸缩缝堵塞,典型病害见图 11-6、图 11-7,具体病害描述见上部承重构件病害记录表 11-12。

图 11-6　0 号台伸缩缝堵塞

图 11-7　3 号台伸缩缝堵塞

病害记录表　　　　　　　　　　　表 11-12

序号	评定指标		伸缩缝装置			
	评定标度	标度	病害位置	病害描述	病害标度	图片编号
1	凹凸不平	1~4	—	完好	1	—
2	锚固区缺陷	1~4	—	完好	1	—
3	破损	1~4	—	完好	1	—
4	失效	1~4	0 号、3 号台	伸缩缝堵塞	2	—

(3)栏杆、护栏:撞坏缺失、破损等项评定标准均完好,无明显病害。

(4)防排水系统:排水不畅,泄水管、引水槽缺陷等项评定标准均完好,无明显病害。

(5)照明、标志:照明设施缺失,标志脱落、缺失等评定标准完好,无明显病害。

（二）上部结构

(1)上部承重构件:1-1 号梁右侧腹板距 0 号台 2m 处纵向裂缝 $L=0.9\mathrm{m}$,$\Delta=0.2\mathrm{mm}$;1-2 号梁左侧腹板纵向裂缝 $L=1\mathrm{m}$,$\Delta=0.2\mathrm{mm}$,右侧腹板距 0 号台 2m 处纵向裂缝 $L=0.9\mathrm{m}$,$\Delta=0.2\mathrm{mm}$;1-3 号梁右侧腹板距 0 号台 2m 处纵向裂缝 $L=0.6\mathrm{m}$,$\Delta=0.2\mathrm{mm}$;3-1 号梁左侧腹板距

3号台2m处纵向裂缝$L=1$m、$\Delta=0.2$mm;3-2号梁右侧腹板距3号台2m处纵向裂缝$L=0.5$m、$\Delta=0.1$mm;3-3号梁右翼缘板混凝土破损$S=0.7$m×0.5m,典型病害见图11-8~图11-12,具体病害描述见上部承重构件病害记录表11-13。

图11-8　1-1号梁右侧腹板纵向裂缝
$L=0.9$m,$\Delta=0.2$mm

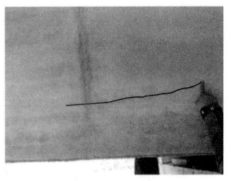

图11-9　1-2号梁左侧腹板纵向裂缝
$L=1$m,$\Delta=0.2$mm

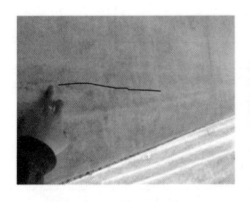

图11-10　3-1号梁左侧腹板纵向裂缝
$L=1$m,$\Delta=0.2$mm

图11-11　3-2号梁右侧腹板纵向裂缝
$L=0.5$m,$\Delta=0.1$mm

图11-12　3-3号梁右翼缘板混凝土破损 $S=0.7$m×0.5m

病害记录表　　　　　　　　　　　　　　　　表 11-13

序号	评定指标		上部承重构件			
	评定标准	标度	病害位置	病害类型	病害标度	图片编号
1	蜂窝、麻面	1~3	—	完好	1	—
2	剥落、掉角	1~4	3-3号梁	右翼缘板混凝土破损 $S=0.7m \times 0.5m$	2	—
3	空洞、孔洞	1~4	—	完好	1	—
4	混凝土保护层厚度	1~4	—	完好	1	—
5	钢筋锈蚀	1~5	—	完好	1	—
6	混凝土碳化	1~4	—	完好	1	—
7	混凝土强度	1~5	—	完好	1	—
8	跨中挠度	1~5	—	完好	1	—
9	结构变位	1~5	—	完好	1	—
10	预应力构件损伤	1~5	—	完好	1	—
11	简支梁(板)桥、刚架桥裂缝	1~5	—	—	—	—
12	连续梁桥、连续刚构桥、悬臂梁桥、T形刚构桥裂缝	1~5	1号跨	1号梁右侧腹板距0号台2m处纵向裂缝 $L=0.9m, \Delta=0.2mm$	2	—
				2号梁左侧腹板纵向裂缝 $L=1m, \Delta=0.2mm$	2	—
				2号梁右侧腹板距0号台2m处纵向裂缝 $L=0.9m, \Delta=0.2mm$	2	—
				3号梁右侧腹板距0号台2m处纵向裂缝 $L=0.6m, \Delta=0.2mm$	2	—
			1号跨	1号梁距3号台2m处左侧腹板纵向裂缝 $L=1m, \Delta=0.2mm$	2	—
				2号梁距3号台2m处右侧腹板纵向裂缝 $L=0.5m, \Delta=0.1mm$	2	—

(2)上部一般构件:0号台1号、2号横隔板破损,3孔1号、2号梁间湿接缝局部渗水(距2号墩2m),3号台1号、2号梁横隔板局部渗水泛碱,典型病害见图 11-13~图 11-15,具体病害描述见上部一般构件病害记录表 11-14。

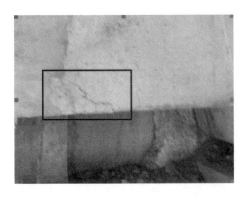
图 11-13　0 号台 1 号、2 号横隔板破损

图 11-14　第 3 跨 1 号、2 号梁间湿接缝局部渗水

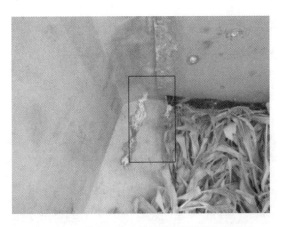
图 11-15　3 号台 1 号、2 号梁横隔板局部渗水泛碱

病害记录表　　　　　　　　　　　　　表 11-14

序号	评定指标		上部一般构件			
	评定标准	标度	病害位置	病害类型	病害标度	图片编号
1	蜂窝、麻面	1~3	—	完好	1	
2	剥落、掉角	1~4	第1跨	0 号台 1 号、2 号横隔板破损	2	
3	空洞、孔洞	1~4	第3跨	1 号、2 号梁间湿接缝局部渗水；3 号台 1 号、2 号梁横隔板局部渗水、泛碱	2	
4	混凝土保护层厚度	1~4	—	完好	1	
5	钢筋锈蚀	1~5	—	完好	1	
6	混凝土碳化	1~4	—	完好	1	
7	混凝土强度	1~5	—	完好	1	

（3）支座：板式支座老化变质、开裂，板式支座缺陷，板式支座位置窜动、脱空或剪切超限等项评定标准均完好，无明显病害。

（三）下部结构

（1）锥坡、护坡：0 号台护坡右侧灰缝脱落，3 号台左锥坡灰缝脱落，3 号台前墙护坡下沉开裂，典型病害见图 11-16 ~ 图 11-18，具体病害描述见锥坡、护坡病害记录表 11-15。

图 11-16　0 号台护坡右侧灰缝脱落　　　　　图 11-17　3 号台左锥坡灰缝脱落

图 11-18　3 号台前墙护坡下沉开裂

病 害 记 录 表　　　　　　　　　　　　　表 11-15

序号	评定指标		锥坡、护坡			
	评定标准	标度	病害位置	病害描述	病害标度	图片编号
1	缺陷	1~4	0 号台、3 号台	0 号台护坡右侧灰缝脱落；3 号台左锥坡灰缝脱落；3 号台前墙护坡下沉开裂	2	—
2	冲刷	1~4	—	完好	1	—

　　(2)桥墩：蜂窝、麻面、剥落、露筋、空洞、孔洞、钢筋锈蚀、混凝土碳化、腐蚀、磨损、圬工砌体缺陷、位移、裂缝等项评定标准完好，无明显病害。

　　盖梁、系梁：蜂窝、麻面、剥落、露筋、空洞、孔洞、钢筋锈蚀、混凝土碳化、腐蚀、裂缝等项评定标准完好，无明显病害。

　　(3)桥台：剥落、空洞、孔洞、磨损、混凝土碳化腐蚀、圬工砌体缺陷、桥头跳车、台背排水状况、位移、裂缝等项评定标准完好，无明显病害。

　　台帽：破损、混凝土碳化、腐蚀，裂缝等评定标准完好，无明显病害。

　　(4)基础：冲刷、掏空、剥落、露筋、冲蚀、河底铺砌损坏、沉降、滑移和倾斜、裂缝等项评定标准均完好，无明显病害。

(5)河床:堵塞,冲刷,河床变迁等项评定标准均完好,无明显病害。

病害示意图如图11-19、图11-20所示。

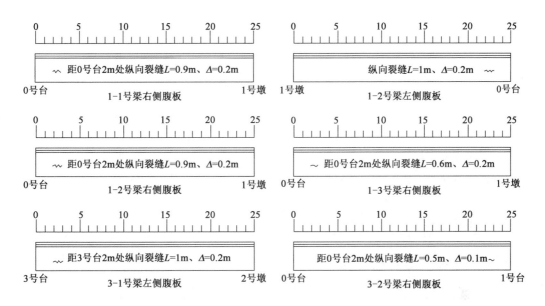

图11-19 上部承重结构病害示意图

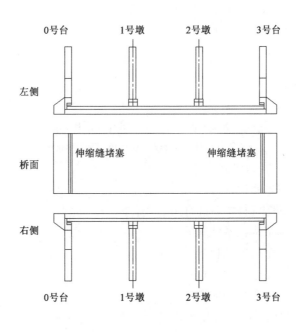

图11-20 桥面病害示意图

(四)桥梁技术状况评定结果

依据《公路桥梁技术状况评定标准》(JTG/T H21—2011)中对运营阶段公路桥梁技术状况评定等级的相关规定,评定分值见表11-16。

桥梁技术状况评定表　　　　表 11-16

部位	类别	评价部件	权重	重新分配后权重	部件得分	桥梁上部、下部、桥面系技术状况评分	结构等级	桥梁总体技术状况评分	总体等级
上部结构	1	上部承重构件	0.70	0.70	73.6	80.1	2	90.5	2
	2	上部一般构件	0.18	0.18	92.1				
	3	支座	0.12	0.12	100.0				
下部结构	4	翼墙、耳墙	0.02	0.00	—	99.9	1		
	5	锥坡、护坡	0.01	0.01	89.1				
	6	桥墩	0.3	0.31	100.0				
	7	桥台	0.30	0.31	100.0				
	8	墩台基础	0.28	0.30	100.0				
	9	河床	0.07	0.07	100.0				
	10	调治构造物	0.02	0.00	—				
桥面系	11	桥面铺装	0.40	0.44	100.0	92.4	2		
	12	伸缩缝装置	0.25	0.28	72.7				
	13	人行道	0.10	0.00	—				
	14	栏杆、护栏	0.10	0.11	100.0				
	15	排水系统	0.10	0.11	100.0				
	16	照明、标志	0.05	0.06	100.0				

技术状况等级评定：

计算方法：

$$D_r = BDCI \times W_D + SPCI \times W_{SP} + SBCI \times W_{SB}$$
$$= 92.4 \times 0.2 + 80.1 \times 0.4 + 99.9 \times 0.4$$
$$= 90.5$$

式中：BDCI——桥面系技术状况评分；

　　　SPCI——桥梁上部结构技术状况评分；

　　　SBCI——桥梁下部结构技术状况评分；

　　　W_D——桥面系在全桥中的权重；

　　　W_{SP}——上部结构在全桥中的权重；

　　　W_{SB}——下部结构在全桥中的权重。

经评分计算，上部结构 80.1 分，技术状况为 2 类；下部结构 99.9 分，技术状况为 1 类；桥面系 92.4 分，技术状况为 2 类；总体 90.5 分，因此该桥桥梁技术状况评定为 2 类。

三、检查结论及建议

（1）本次检查对桥梁外观质量情况进行了全面的检查，通过检查，该桥主要存在的病害是：

①0 号、3 号台伸缩缝堵塞。

②1-1 号梁右侧腹板距 0 号台 2m 处纵向裂缝 $L=0.9m,\Delta=0.2mm$;1-2 号梁左侧腹板纵向裂缝 $L=1m,\Delta=0.2mm$,右侧腹板距 0 号台 2m 处纵向裂缝 $L=0.9m,\Delta=0.2mm$;1-3 号梁右侧腹板距 0 号台 2m 处纵向裂缝 $L=0.6m,\Delta=0.2mm$;3-1 号梁左侧腹板距 3 号台 2m 处纵向裂缝 $L=1m,\Delta=0.2mm$;3-2 号梁右侧腹板距 3 号台 2m 处纵向裂缝 $L=0.5m,\Delta=0.1mm$;3-3 号梁右翼缘板混凝土破损 $S=0.7m\times0.5m$。

③0 号台 1 号、2 号横隔板破损,3 孔 1 号、2 号梁间湿接缝局部渗水(距 2 号墩 2m),3 号台 1 号、2 号梁横隔板局部渗水泛碱。

④0 号台护坡右侧灰缝脱落,3 号台左锥坡灰缝脱落,3 号台前墙护坡下沉开裂。

(2)主要病害原因分析

①箱梁腹板纵向裂缝是由于混凝土浇筑质量不良、混凝土收缩等原因引起的。

②湿接缝渗水是由于湿接缝与翼缘板结合不良引起的。

(3)建议

养护管理建议:按照桥涵养护规范对该桥进行日常检查及养护。

维修加固建议:

①对腹板纵向裂缝采取封闭、灌缝处理。

②加强桥面排水设施养护。

③对横隔板破损进行修复。

④对护坡、锥坡脱落灰缝进行清理,重新勾缝。

思考与练习

1. 桥梁检查分为哪几个层次?
2. 桥梁定期检查的周期是多少?检查内容有哪些?
3. 桥梁技术状况等级含义是什么?如何评定?

参 考 文 献

[1] 陆勇.公路工程检测技术[M].北京:高等教育出版社,2011.
[2] 费月英,任小艳.公路工程检测技术[M].成都:西南交通大学出版社,2011.
[3] 赵一飞,许娅娅.公路几何线形检测技术[M].北京:人民交通出版社,2004.
[4] 中华人民共和国行业标准.JTG B01—2014 公路工程技术标准[S].北京:人民交通出版社股份有限公司,2014.
[5] 中华人民共和国行业标准.JTG F80/1—2017 公路工程质量检验评定标准 第一册 土建工程[S].北京:人民交通出版社股份有限公司,2018.
[6] 中华人民共和国行业标准.JTG H20—2007 公路技术状况评定标准[S].北京:人民交通出版社,2007.
[7] 中华人民共和国行业标准.JTG E60—2008 公路路基路面现场测试规程[S].北京:人民交通出版社,2008.
[8] 中华人民共和国行业标准.JTG/T H21—2011 公路桥梁技术状况评定标准[S].北京:人民交通出版社,2011.
[9] 中华人民共和国行业标准.JTG/T F81—01—2004 公路工程基桩动测技术规程[S].北京:人民交通出版社,2004.
[10] 中华人民共和国行业标准.JGJ 106—2014 建筑基桩检测技术规范[S].北京:建筑工业出版社,2014.
[11] 中华人民共和国行业标准.JTG H11—2004 公路桥涵养护规范[S].北京:人民交通出版社,2004.